Wilhelm Kühlmann
Wissen als Poesie

Frühe Neuzeit

Studien und Dokumente zur deutschen Literatur
und Kultur im europäischen Kontext

Herausgegeben von
Achim Aurnhammer, Wilhelm Kühlmann,
Jan-Dirk Müller, Martin Mulsow und Friedrich Vollhardt

Band 204

Wilhelm Kühlmann

Wissen als Poesie

Ein Grundriss zu Formen und Funktionen
der frühneuzeitlichen Lehrdichtung
im deutschen Kulturraum des 16. und 17. Jahrhunderts

DE GRUYTER

ISBN 978-3-11-065192-8
e-ISBN (PDF) 978-3-11-048874-6
e-ISBN (EPUB) 978-3-11-048788-6
ISSN 0934-5531

Library of Congress Cataloging-in-Publication Data
A CIP catalog record for this book has been applied for at the Library of Congress.

Bibliografische Information der Deutschen Nationalbibliothek
Die Deutsche Nationalbibliothek verzeichnet diese Publikation in der Deutschen Nationalbibliografie; detaillierte bibliografische Daten sind im Internet über http://dnb.dnb.de abrufbar.

© 2019 Walter de Gruyter GmbH, Berlin/Boston
Dieser Band ist text- und seitenidentisch mit der 2016 erschienenen gebundenen Ausgabe.
Druck und Bindung: CPI books GmbH, Leck
♾ Gedruckt auf säurefreiem Papier
Printed in Germany

www.degruyter.com

At cultura animi, cuius sapientia nobis
Quaeritur auxilio, nobis bona tanta parabit,
Quanta malum certè nunquam continget apisci:
Quae neque mobilitas fortunae laedere possit,
Nec tempus queat, aut grauis obscurare senectus,
Nec morbi uiolent.

Wilhelm Xylander (1532–1576)
Professor in Heidelberg

Vorwort

Die nachfolgenden Ausführungen setzen im Kern einen knappen Überblick über die frühneuzeitliche Lehrdichtung in Deutschland voraus, den ich für meinen leider vor kurzem verstorbenen wissenschaftlichen Partner Joachim Telle geschrieben habe und der, bibliografisch verborgen, im Vorspann seiner monumentalen Aufsatzsammlung über die deutschsprachigen gereimten Alchemikerdichtungen des 15. bis 17. Jahrhunderts gedruckt wurde (Telle 2013; mein Beitrag in Bd. 1, S. 1–84). Der von Telle in seinen beiden hier immer hinzunehmenden Bänden musterhaft erforschte und geradezu enzyklopädisch ausgebreitete, formal oft auf das späte Mittelalter zurückweisende muttersprachliche Textsektor wird im Folgenden eben deshalb nur am Rande erwähnt. Während die Lehrdichtung des 18. Jahrhunderts durch mancherlei Studien (z. B. seit Jäger 1970 bzw. 1980, Siegrist 1974 bzw. 1980, Grimm 1983 und Baasner 1991) schon recht früh vorwärtsweisende Aufmerksamkeit gefunden hat, lag das literarisch-didaktische Terrain, was den deutschen Kulturraum angeht, für das 16. und 17. Jahrhundert, sieht man ab von verstreuten Studien bzw. Editionen (vor allem zu Martin Opitz), die hier eingearbeitet und verzeichnet sind, bislang weitgehend im Schatten, dies erst recht, wenn der lateinische Kommunikations- und Rezeptionsbereich nach Gebühr einbezogen wird. Die sich so seit langem auftuende literarhistorische Lücke kann ich – angesichts zwingender lebensgeschichtlicher Hindernisse – zwar nicht mehr, wie erträumt, mit einem umfangreichen Werk auf der Basis weiter ausgreifender Detailforschungen oder gar der notwendigen Textkommentare (an ihrer Stelle hie und da nur ein exemplarischer Hinweis) schließen, wohl aber, auch auf Drängen kompetenter Freunde, meinen älteren kleinen Beitrag hier erheblich und sichtbar ausarbeiten und ergänzen. Auch im Nachweis systematischer und textsortenspezifischer Probleme im Blick auf neuralgische historische Bewertungen oder funktionale Überschneidungen bzw. Differenzierungen, vor allem aber durch deutlich vermehrte und erweiterte Charakterisierungen und Textproben, ggf. mit Übersetzungen (oftmals ersten Versuchen, die, wenn nicht anders angegeben, von mir stammen) hoffe ich, einen begründeteren Eindruck zu vermitteln von den tatsächlichen Dimensionen dieses ausgedehnten, manchmal durchaus synkretistischen bzw. hybriden Textfeldes, das nicht in die Grenzen der altepischen Großdichtung einzuschränken ist. Am Schluss steht ein Ausblick. Geboten werden soll im Ganzen nicht mehr, aber auch nicht weniger als ein erster, auch bibliografisch nutzbarer, Grundriss, der hoffentlich weitere notwendige Einzelstudien anzuregen vermag.

Für Schreib- und Bibliotheksarbeiten danke ich besonders Ladislaus Ludescher, aber auch Oberstudienrätin i. R. Hanna Leybrand. Hermann Wiegand und den Heidelberger Sodales danke ich dafür, dass ich manche meiner Übersetzungen mit ihnen besprechen konnte, den jüngeren Professorenkollegen im Heidelberger Seminar dafür, dass sie dem Emeritus nach seiner Krankheit sehr freundlich ein kleines, aber komfortables Plätzchen zur Weiterarbeit eingerichtet haben.

Heidelberg, im April 2016 Wilhelm Kühlmann

Inhalt

Vorwort —— VII

I Historische und systematische Gattungsbestimmungen
Von Aristoteles bis Goethe —— 1

II Kernbereiche – Grenzformen – Ausstrahlungen – strukturelle und intentionale Interferenzen
Versuch eines Spektrums der Formen und Funktionen —— 15

III Zur Ausbildung, Bandbreite und deutschen Rezeption der antiken und rinascimentalen außerdeutschen Lehrepik —— 29

IV Poetik, Sprache und Nation
Horaz-Rezeption (Andreas H. Bucholtz), Hieronymus Vida und Justus G. Schottelius —— 41

V Poetische Verhaltensdidaxe im alten Reich
Autoren und Paradigmen —— 61

Palingenius in der deutschen Fassung von Johann Spreng – Caspar von Barth – Bartholomäus Ringwaldt – Wilhelm Fabry – Friedrich Dedekind – Vincentius Opsopoeus – Gregor Wickram

VI Scientifik und poetische Naturkunde —— 97

Nicodemus Frischlin und die Straßburger Münsteruhr – Wilhelm Xylanders Epos über die enzyklopädische Bildung – Henricus Smetius' Epos zum Lob der Medizin – Alchemie, Utopie und mythische Fantasie: Laurentius Span von Spanau, Michael Toxites, Nicolaus Furichius, Michael Maier

VII Schwerpunkte des 17. Jahrhunderts —— 125

Der Lehrdichter Martin Opitz – Katastrophendichtung: Jakob Bidermann SJ und der Vesuvausbruch von 1631 – Zur Eindeutschung von Du Bartas' Hexameralepik – Im langen Schatten Vergils: Poetische Landwirtschaft bei W. H. von Hohberg – Jacob Balde SJ und sein Werkradius: Didaxe, Satire und allegorischer Dialog

VIII Ausblick —— 153

IX Literaturverzeichnis —— 161

X   Namenregister —— 185

I Historische und systematische Gattungsbestimmungen

Von Aristoteles bis Goethe

Bis hin zur komplexen Ausdifferenzierung neuer ästhetischer Konzeptionen im späteren 18. Jahrhundert gehörte es über mehr als 2000 Jahre lang zu den wesentlichen, ja selbstverständlichen Funktionen des ganz überwiegenden Teils der abendländischen Literatur, etabliertes oder auch neues Wissen bewusst und sichtbar zu vermitteln bzw. zu verarbeiten und deshalb in dieser oder jener Hinsicht ›belehrend‹ zu sein. Die Grenzen zwischen Fiktionalität, Historizität und Faktualität des Geschriebenen waren oft genug fließend. Hybride textuelle Vermittlungsformen signalisieren, dass sich in der Frühen Neuzeit Leser und Autoren mit einer offenkundigen Pluralisierung, Differenzierung und Expansion der epistemischen Diskurse sowie weitläufigen Austauschprozessen zwischen literarischen Texten und Textmodellen in divergenten Kontexten auch über die deutsch-lateinische Sprachgrenze hinaus konfrontiert sahen.[1] Sehen wir ab von den Formen lehrhafter, auch fiktional organisierter Prosa (z. B. der Dialogliteratur oder dem Lehrbrief),[2] fassen wir unter dem Begriff ›Lehrdichtung‹[3] das versgebundene, mehr oder weniger

---

[1] Generell zu den deutschen Literaturverhältnissen im 16. Jahrhundert die *Einleitung der Herausgeber* in: Erzählen und Episteme 2011, S. 1–19. Zur Gattungsdiskussion der Lehrdichtung s. vor allem Fabian 1968, Jäger 1970 bzw. 1980 und Siegrist 1976 (2. Kap., S. 20–88); zum neulateinischen Sektor erhellend Czapla 1999 sowie die großen Monografien zur Romania, in erster Linie Roellenbleck 1975. In einem kürzlich erschienenen »interdisziplinärem Handbuch« zum Thema »Literatur und Wissen« (Borgards u. a. 2013) kommen gemäß dem detaillierten Inhaltsverzeichnis die historischen Dimensionen der Gattungen bzw. diversen Typen der Lehrdichtung bzw. des Lehrepos gar nicht vor. Mit genauer Not hat man diese spektakuläre Lücke irgendwann notdürftig mit einem Beitrag von Jörg Robert über Opitz' *Vesuv*-Gedicht (S. 301–305) geschlossen.
[2] Auf außerdeutsche Lehrdichtungen der frühen Moderne gehe ich nur in wenigen Streiflichtern ein, sofern die betreffenden Werke im deutschen Sprachraum rezipiert wurden.
[3] Der Begriff ›Lehrdichtung‹ ist ein jüngeres wissenschaftliches Abstraktum für ein traditionsreiches Konzept. Spätestens seit Harsdörffer war (als Lehnübersetzung) der Terminus ›Lehrgedicht‹ möglich, rein funktional verstanden im Sinne fabulöser oder parabolischer Didaxe (*Frauenzimmer Gesprächspiele* VII, 1647, Nr. CCLVIII; dann im Titel der erbaulichen Sammlung *Nathan und Jotham. Das ist Geistliche und Weltliche Lehrgedichte*, 1659). In der Frühaufklärung überschnitt sich der Begriff im Sinne handlungsloser Poesie mit verwandten Bezeichnungen (Lehrlied, Lehrode, Lehrgesang, philosophisches oder moralisches Gedicht); Belege dazu bei Albertsen 1967, bes. S. 10–39; seine von Ignoranz gekennzeichnete Darstellung der »Neolatinisten« [!], d. h. nur zu Rapin und Heinsius (S. 58–63 [!]), und sein Kategoriensystem

ästhetisch ambitionierte Schrifttum zur Vermittlung oder poetischen Nobilitierung von Sach-, Verhaltens- und Orientierungswissen. Unter systematischen Gesichtspunkten hielt sich dieses Textkontinuum nicht an Axiome des mimetischen, eine zweite (ästhetische) Wirklichkeit konstruierenden Literatursystems, sondern setzte das rhetorisch konzipierte Vorverständnis von Literatur voraus:

1. In der funktionalen und rezeptionsorientierten Zuordnung von *res* (Gegenständen) und *verba* (Formkalkül und Aussageverhalten). Darin impliziert waren Möglichkeiten des Sprecherwechsels und des ganz unterschiedlichen Redegestus: vom nüchternen ›docere‹ bis hin zu mimetischen, deskriptiven, panegyrischen, satirisch-aggressiven oder narrativen Exkursen und allen Nuancen der meditierenden, deliberativen oder auch appellativen und engagierten Rede, sodass wir es in der lehrhaften Dichtung grundsätzlich mit offenen, nicht selten strukturell synkretistischen Textformaten zu tun haben, innerhalb derer sich einzelne Gattungen (wie das große Lehrepos) autoritativ über Jahrhunderte hinweg im historischen Dialog ausdifferenzierten und verfestigten, dies auf der Basis einer Imitationsästhetik, die von Kennern und Lesern verlangte, die spezifische auktoriale Originalität gerade in divergenter Anverwandlung und intertextuellen Transparenz artistisch eingeschmolzener älterer Textmodelle bzw. Textteile oder stilistischer Merkmale zu erkennen, anzuerkennen und zu genießen.
2. In der Konzeption von Dichtung als *oratio ligata* (metrisch gebundener Rede) unabhängig von der Gesamtheit aller möglichen Gegenstände; so zum Beispiel definierte Johann Heinrich Alsted in seiner *Encyclopaedia* (1630):[4]

   > Subjectum Poëticae est informationis, tractationis et operationis. Subjectum informationis est ingenium poëticum. Subjectum tractationis est modus bene effingendi orationem ligatam, sive numeris adstrictam. Subjectum operationis est omne ens & non-ens; & ens quidem secundùm omnes facultates.

3. In der Lehrhaftigkeit (*docere*) und Nutzbarkeit (*prodesse*) von Literatur, wie sie in Horazens kontinuierlich verbreiteten und bis ins 18. Jahrhundert autoritativen, in Verse gefassten Lehrbrief (*Ars poetica*, V. 333) beglaubigt war.
4. In der spätestens seit Ciceros *De Oratore* geforderten universalen Bildung und damit auch unbegrenzten Zuständigkeit des perfekten Redners für alles verfügbare, d. h. erlernbare Wissen; dem entsprach die in der Frühen Neuzeit

---

als ganzes bedürfen der gründlichen Revision; dazu trefflich auch schon Jäger 1970; zum genregeschichtlichen Überblick in Kurzform nützlich, jedoch noch sehr vorläufig, was die Frühe Neuzeit angeht, die Artikel *Lehrdichtung* von Liebermann u. a. 2001 sowie Kühlmann 2001.
4 Alsted 1630 (ed. 1989), hier Bd. 1 (Liber X, cap. II), S. 510. Zu Alsteds Poetik jetzt Hintzen 2013.

immer wieder auch am Exempel Homers, auch an dem der Vorsokratikern abgesicherte, meist apologetisch akzentuierte.
5. Personalunion des Poeten mit dem Naturkundler und Philosophen, festgeschrieben z. B. auch in Martin Opitz' wegweisendem *Buch von der Deutschen Poeterey* (1624, Kap. 3), nicht zuletzt im Verweis auf kanonische Lehrdichter:[5]

> So ist auch ferner nichts närrischer/ als wann sie meinen/ die Poetrey bestehe bloß in jhr selber; die doch alle andere künste vnd wissenschafften in sich helt. [...]. Wann auch die verse nur blosse worte sindt (wiewohl das so wenig möglich ist/ als das der Cörper ohne die Seele bestehen könne) was ist es denn das Eratosthenes ein getichte von beschreibung der Welt/ so Hermus geheissen/ das Parmenides vnnd Empedocles von Natur der Dinge/ das Seruilius und Heliodorus/ derer Galenus erwehnet/ von der ärtzney geschrieben haben? Oder/ wer kan leugnen/ das nicht Virgilius ein gutter Ackersman/ Lucretius ein vornemer naturkündiger/ Manilius ein Astronomus/ Lucanus ein Historienschreiber/ Oppianus ein Jägermeister/ vnd einer vnd der andere der Philosophie obristen sein/ da sie doch nichts als Poeten sein.

Im 17. Jahrhundert wurde diese funktionale Maxime in Poetiken weiter tradiert, wenn auch, wie etwa bei dem Wittenberger Poetikprofessor Augustus Buchner (1591–1661), mit der deutlich abgrenzenden Empfehlung, dass der »Poet nicht auf eine vollkommene Wissenschaft/ wie der Philosophus« ziele, »sondern nur auf eine äusserliche Erkäntnis derer Dinge/ davon Er Jhme zu handeln fürgenommen/ anderen zu Nutze«.[6] Dem geht voran ein längerer Katalog der antiken und rinascimentalen (außerdeutschen) Lehrepik, in dem sich das aktuelle gattungstypologische Bezugsfeld auch in heute so gut wie verschollenen Werken konstituiert (S. 22–25 zur »Materie des Poeten«):

> [...] So nun die Poëterey in Warheit eine Philosophie ist/ die Philosophie aber alle Göttliche und Menschliche Sachen in sich begreiffet/ so erscheinet hieraus/ daß die Poeterey nicht enger/ als die Welt und Natur an ihr selbsten/ eingeschrencket sey/ und der Poet nicht allein bey allerley Menschlichen Händeln/ Kriegen/ Schlachten/ Bündnissen/ Friedestifftunge/ Hochzeiten/ Begräbnissen/ und dergleichen unzählichen Verrichtungen/ so täglich vorlauffen; Sondern auch von Gött- und natürlichen Sachen/ wie die Nahmen haben mögen/ mit allem fuge schreiben könne. Wie dann bey den Lateinern (die Griechen wollen wir itzo übergehen) Lucretius von der Natur/ Manilius von der Astronomie/ Macer[7] von den Artzeneyen wieder den Gift der Schlangen und anderer Thiere/ dergleichen Bücher bey den Griechen Nicander uns hinterlassen hat/ Serenus Sammonicus von der Artzney ins gemein/

---

[5] Zit. nach Opitz 1624 (ed. 2002), S. 17 (Umlaute hier in der Schreibung modernisiert).
[6] Buchner 1665 (ed. 1966), S. 27 f.
[7] Dazu und zu den in diesem Zitat erwähnten, von mir hier nicht nicht weiter kommentierten Verfassern s. im Folgenden. Für die antiken Autoren sei ein für allemal auf die neueren Artikel des Neuen Pauly (NP) verwiesen.

Virgilius vom Ackerbau/ Columella von Bestellung eines Garten/[8] Palladius von pfropffen und impffen/[9] Gratius[10] und Nemesianus vom Weidewerck[11] geschrieben haben/ welches alles theils zu dem Haußwesen/ theils in die Physic gehöret. Also hat der gelehrte Italiäner Jovianus Pontanus/ welchem/ als seinem hochverdieneten Präceptori und treuen Rathe/ Alphonsus der jüngere/ König in Arragonien/ zu unsterblichen Ehren ein Metallines Bildniß in seinem herrlichen und von ihme ganz neu erbauetem Schlosse und Lust-Hause/ nahe bey Neapolis/ setzen lassen/ von den Meteoris/ item von dem Gestirn unterschiedene Bücher in Versen verfertiget. Wie denn nach ihm der berühmte Poet Buchananus von der Sphär/ der Herr von Nordwick[12] aber von himmlischen Sachen geschrieben haben. Es hat auch der Fracastorius von der abscheulichen Kranckheit der Frantzosen/ ein gar schön und herrliches Gedichte uns hinterlassen. So lesen wir ein anders des Vida von Seidenwürmern/ so wol des Augurellus Bücher vom Goldmachen/ welche er Leoni dem Zehenden/ Römischen Pabste/ zugeschrieben hat. Und könten wir dergleichen viel andere/ als den Thuanus/ der von der Falcknerey[13] und beitzen/ den Bargelius/ der von der Hirschjagt[14] geschrieben/ anführen/ wann solches die Zeit und unser Fürsatz uns zulassen wolte/ denn wir zu eilen haben/ und demnach dieses zurücke setzen müssen.

Die Symbiose von poetischem Anspruch und der Verfügung über weitreichende Wissensbestände hielt sich auch noch durch in der emphatischen Charakteristik des Dichters bei dem Mitbegründer der Nürnberger ›Pegnitzschäfer‹, dem Großliteraten Georg Philipp Harsdörffer (1607–1658), auch wenn er hier in erster Linie eine die neue poetische Stilistik begründende Theorie ›Natursprache‹ bedenkt:[15]

---

8 Gemeint ist das 10., in Hexametern verfasste Buch über den Gartenbau des römischen Agrarschriftstellers L. Iunius Moderatus Columella (1. Jahrhundert n. Chr.) als Teils seiner *Rei rusticae libri*, mit beträchtlichen Wirkungen in Mittelalter und Neuzeit.
9 Palladius Rutilius (um 400 n. Chr.); im Rahmen seiner agrarwissenschaftlichen Werke schrieb er eine in Distichen gefasste Abhandlung über die Veredlung von Bäumen, besonders im Mittelalter oft gelesen.
10 Marcus Aurelius Nemesianus (ca 280 n. Chr.), Verfasser hochgeschätzter bukolischer Dichtungen; gemeint ist hier aber das in Teilen (325 Verse) erhaltene Lehrgedicht *Cynegetica*, das sich in seinem Proömium bewusst an Lukrez und Vergil anschloss.
11 Grattius, Zeitgenosse Ovids, schrieb unter dem Titel *Cynegetica* ein Lehrgedicht über die Jagd mit Hunden sowie über deren Pflege und deren Krankheiten, nd 1976.
12 Das ist der schon im Alter von 25 Jahren 1596 oder Anfang 1597 verstorbenen Janus Dousa (van der Does) d. J. mit seinem an Buchanan und anderen angelehnten astronomischen Lehrgedicht (nur ein Buch der ursprünglich geplanten fünf Bücher ist erschienen) *Rerum caelestium liber primus*. Leiden. 1591; dazu wichtig Faller 2009.
13 Der berühmte Jurist und Historiker Jacques Auguste de Thou (1553–1617) mit seinem Werk *Hieracosophiou sive De Re Accipitaria libri tres*. Paris 1584.
14 Wohl der in Bologna lehrende Professor Scipione Bargelius (Bargagli).
15 Poetischer Trichter 1650 (Harsdörffer 1969), 3. Teil, S. 377 f. (unter dem Lemma »Poet/ Poeterey«).

> Keine Kunst ist/ er hat sie durchsuchet/ keine Wissenschafft er hat sie erforschet/ und mit hochgestirnten Geist/ glücklich und schicklich zu Nutzen gebracht. Die Natur ist sein grosses Buch daraus er die Gleichheit und Ungleichheit aller Sachen suchet und findet/ reimet und bindet.

Auch Opitz' paradigmatische Inanspruchnahme gerade der Lehrdichtung kongruiert in der Grundposition wie in der Praxis des frühneuzeitlichen Schulhumanismus nach wie vor mit den wegweisenden Thesen Ciceros von der engsten ›Nachbarschaft‹ des Poeten, d. h. hier des Lehrdichters, und des Redners (De Oratore I, 69 f.):[16]

> Etenim si constat inter doctos, hominem ignarum astrologiae ornatissimis atque optimis versibus Aratum de caelo stellisque dixisse; si de rebus rusticis hominem ab agro remotissimum Nicandrum Colophonium poetica quadam facultate, non rustica, scripsisse praeclare: quid est cur non orator de rebus iis eloquentissime dicat, quas ad certam causam tempusque cognorit? Est enim finitimus oratori poeta, numeris astrictior paulo, verborum autem licentia liberior, multi vero ornandi generibus socius ac paene par; in hoc quidem certe prope idem, nullis ut terminis circumscribat aut definiat ius suum, quominus ei liceat eadem illa facultate et copia vagari qua velit.

Solcher Anerkennung thematischer Universalität und didaktischer, formal durchaus freier Literarizität kontrastierte freilich ein Theorie-Komplex, der gerade der Lehrdichtung poetische Dignität verweigerte. Wortführer war hier Aristoteles, der in seiner *Poetik* nach Maßgabe eines mimetischen Fiktionalitäts- und Handlungskriteriums (Homer *versus* Empedokles, Kap. 1, 1447b) der Lehrdichtung den Poesiecharakter absprach. Diese Skepsis setzte sich sehr viel später fort in Lessings *Laokoon* (Handlungspostulat *versus* Deskription).[17] Höchst unschlüssig und ambivalent zeigte sich Goethe in seinem Aufsatz *Über das Lehrgedicht* von

---

16 Zit. nach der Edition und Übersetzung von Merklin 1991, S. 80–83: »Denn die Gelehrten sind sich doch darüber einig, dass Arat, ein Laie, auf astronomischem Gebiet, in Versen von besonderer Schönheit und hohem Rang den Himmel und die Sterne behandelte und dass Nikander von Kolophon, der nichts vom Ackerbau verstand, dank seiner Fähigkeiten als Dichter, nicht als Landmann, in glänzendem Stil über Fragen der Landwirtschaft geschrieben hat. Was gibt es da für einen Grund, weshalb ein Redner nicht besonders wortgewandt über die Dinge reden sollte, die er für einen ganz bestimmten Fall und eine ganz bestimmte Situation studiert hat? Der Dichter nämlich steht dem Redner nahe, etwas gebundener im Rhythmus, aber freier in der Ungebundenheit der Sprache; in vielen Formen schmückender Gestaltung ist er gar sein Gefährte und ihm fast gleich; in dem Punkte jedenfalls stimmt er gewiß beinahe mit ihm überein, dass er durch keine Grenzen sein Recht beschneidet und begrenzt, sich mit demselben Spielraum und Reichtum des Ausdrucks zu bewegen, wo er will.«
17 Unter anderem in der Diskussion der Schildbeschreibung bei Homer konstatierte Lessing, grundsätzlich gerichtet gegen das horazische »ut pictura poesis« (Horaz: Ars poetica 361), in Kap. XVI (ed. Vollhardt 2012, dort üppige Literaturhinweise, S. 115): »Gegenstände, die auf

1827,[18] hatte er doch selbst zeitweise Pläne eines großangelegten Lehrgedichts (*Die Geheimnisse*) gehegt.[19] Sehr genau verfolgte Goethe die über 30 Jahre lang andauernden Lukrez-Studien und die Lukrez-Übersetzung (Erstdruck Leipzig zweisprachig 1821, nach der 2. überarbeiteten Auflage ebd. 1831 als Taschenbuch neugedruckt 1960) seines »Ur-Freundes« Karl Ludwig von Knebel (1744–1834) und ehrte sie (als »wohlgelungen«) mit einer Rezension.[20] Als Knebel ihm seine Übersetzung des ersten Lukrez-Buches übergab, sandte Goethe dem Freund einen einfühlsamen Brief (7. Juli 1803), der, auch deshalb lesenswert, recht genau die stilistischen Valeurs der lateinischen Vorlage und die daraus abzuleitenden Probleme des Übersetzens beleuchtete:[21]

> Lieber Knebel! Ihre Übersetzung des Lukrez, so weit ich sie nach diesem ersten Buche beurtheilen kann, ist ein Meisterwerk, woran Scharfsinn, Gewandtheit des Geistes, Geschmack und eiserner Fleiß gleichviel Antheil haben. Eine solche Übersetzung ist das beste Originalwerk werth, ja in Rücksicht auf die unsäglichen Schwierigkeiten, womit Sie zu kämpfen hatten, und die von Ihnen so tapfer als glücklich besiegt worden sind, mehr werth, als ein das Lukrezische Werk weit übertreffendes Original. Ich müßte mich sehr irren, oder den Lukrez in *gleichviel* Versen so zu übersetzen, war ungleich schwerer, als Vossens treffliche Übersetzung der Ilias. Daß Sie Ihren wackern und gelehrten Vorgänger Meineke hundert Parasangen hinter Sich gelassen haben, ist das Wenigste, was ich sagen muß, um Ihnen

---

einander, oder deren Theile auf einander folgen, heissen überhaupt Handlungen. Folglich sind Handlungen der eigentliche Gegenstand der Poesie.«

18 Zit. nach Goethe 1999, S. 317 f., dazu der Kommentar S. 1141–1143; hier auch der Hinweis auf eine der Anregungen Goethes, das 1819 in London erschienene humoristisch-geognostische Epos von John Scafe († 1843): King Coal's Levee or Geological Etiquette, das Goethe (so zu Eckermann am 18. Mai 1824) als gelungenes Beispiel der didaktischen Poesie ansah (ebd., S. 1143).

19 Aus diesem Projekt entstammte das auch poetologisch relevante berühmte Stanzengedicht *Zueignung*; dazu Otto 1982 sowie dies. in GHb 1 (1996), S. 205–209.

20 Zu Knebel s. den zusammenfassenden Artikel (*sub verbo*) von Otto in GHb 4/1. (1998), S. 613–616. Goethes Rezension ist abgedruckt in: Goethe 1998, S. 285–287, dazu der Kommentar mit Literaturhinweisen S. 871–877; zu dem der Rezension von Goethe beigedruckten anonymen lateinischen Gedicht auf Lukrez s. Bernays 2002. Das Gedicht stammte, wie mittlerweile entdeckt wurde, von dem holländischen Orientalisten Adrian Reland (1676–1718): Nachträgliche freundliche Mitteilung an mich von Herrn Bernays. – Goethe fühlte sich durch Knebels Arbeit an Lukrez (dazu Maltzahn 1929, bes. S. 212–218, ferner Schmidt 1962) auch zu seiner »Metamorphose der Pflanzen« angeregt.

21 Zit. nach Knebel's literarischer Nachlaß (1835), S. 215 f., Nr. 7; dazu kommt später der Entwurf einer Vorrede zu Knebels Lukrez-Übersetzung, abgedruckt in: Goethe: Weimarer Ausgabe, Bd. 42 (1907), S. 448–452; s. auch die Stellensammlung von Grumach 1949, Bd. 1, S. 325–353, sowie die Studien von Nisbet 1986 und 1988, außerdem dessen Lukrez-Artikel (1996). Zur Bewertung des Lukrez bei Herder im Kontext der damals modernen Lehrdichtung: Haller, Pope u. a.) s. dessen »Fragmente über die neuere deutsche Literatur«, 3. Sammlung. 1767, abgedruckt in Herder 1985, S. 475–482.

einige Gerechtigkeit zu erzeigen. Ich habe Ihre Arbeit sorgfältig mit dem Original verglichen, und sie durchaus (es müßten mir dann nur, wo so viel zu loben ist, unmerkliche *maculae* entwischt sein) so getreu, so kräftig, so geistreich, in Allem, was an Ihrem Autor charakteristisch ist, so ganz Lukrezisch gefunden, daß ich Ihnen meine Bewunderung und (was vielleicht noch mehr ist) meine gänzliche Befriedigung nicht genug auszudrücken weiß. Was zu dieser Vollständigkeit meines Wohlgefallens an dieser Ihrer herkulischen Geistesarbeit nicht am wenigsten beiträgt, ist, daß es Ihnen, gewiß in einem hohen Grade, gelungen ist, Ihrem geliebten Lukrez, so viel als in einer, ungleich mehr als seine damalige, gebildeten Sprache möglich scheint, selbst in der öfters schmucklosen Einfalt und Austerität, oder, so zu sagen, in der Rostfarbe des Alterthums, so nahe gekommen sind. In dieser Rücksicht möchte ich Sie wegen dessen, was Sie (zumal da verschönern gerade das Leichteste war) nicht gethan, eben so sehr loben, als wegen dessen, was Sie gethan haben, denn, in meinen Augen wenigstens, ist es ein unvergleichbar größeres Verdienst, eine dem Original so getreu und doch mit so freiem Geist und sicherm Geschmack nachgebildete Kopie, als eine *si Dis placet* verschönerte Paraphrase eines Dichters wie Lukrez geliefert zu haben. Das Einzige, worin Sie ihn übertroffen haben und als Übersetzer übertreffen mußten, ist die Klarheit des Ausdrucks auch in den dunklern Stellen, wo eine noch nicht genug durchgearbeitete, spröde und ungelenksame Sprache, verbunden mit den natürlichen Schwierigkeiten der epikureischen Dogmatik, dem Autor nicht erlauben wollte, seinen Gedanken, oder den abstrakten Satz, den er darstellen wollte, bestimmt genug auszudrücken – wobei Ihnen zuweilen eine Art von glücklicher Divination, immer aber das tiefe Eindringen in die Mysterien der epikureischen Philosophie und in den Geist Ihres Autors zu Hülfe gekommen zu sein scheint.

Lesenswert ist auch die Reaktion Herders, die er in seiner Zeitschrift *Adrastea* (V. Bd., 9. Stück 1803, ed. Arnold 2000, hier S. 766 f.) publizierte, indem er mit sichtlichem Verständnis auf die englische Lukrez-Begeisterung eingeht (Edition von Thomas Creech. Oxford 1695, Amsterdam 1701), dann mit Ausblick auf Knebels *Lukrez* eigene Leserfahrungen andeutet und die älteren Verdammungen des epikureischen Lustprinzips nachdrücklich wider alle Vorurteile des Aberglaubens und »Pfaffentums« korrigiert (»Wohllust« statt »Wollust«!):

Vielleicht hatte keine Schule so begeisterte Jünger, als diese [die Schule Epikurs]. Woher dies? Den schlechten Triebfedern, denen nur Unwissende dieses Systems diese treue und ganze Anhänglichkeit beimessen, wollen wir nicht zuschreiben, träger *Wollust* nämlich oder einer *Laffen-Irreligiosität*, in dem Sinne, wie Wir das Wort nehmen. Epikurs Wohllust (schöner, aber missbrauchter Name) war das reinste Vergnügen, dessen die menschliche Natur fähig ist. Den Wahn, die schädlichen Irrtümer, die das Menschengeschlecht unter dem Joch des Aberglaubens und Pfaffentums, unter der Hülle ewiger Blindheit zurückhielten, bestreiten auch wir; auch wir suchen das Licht und die Freude sicherer Wahrtheit, deren Er und seine Schüler sich so hoch freuen. Diesem Wahn entkommen zu sein, im Äther reinerer Ideen zu atmen; das war ihre Wollust, ihr Nektar. Die feste Ordnung der Natur zu kennen und in ihr sicher zu wohnen, war ihre Prometheische, mehr als Götterfreude. [...] Sprachen, (wenn gleich nicht so laut und kühn), in späteren Zeiten die *Bruno's*, die *Campanella's* und wer sonst die wahre Ordnung der Natur einzusehen und festzustellen glaubte, anders? Lobpreisungen dieser Art dringen uns in Lucrez ans Herz, weil sie vom Herzen kommen, da inniggefühlte Wahrheit und Wärme sie belebt. Frei von Banden fühlen wir uns, wie sie; hoch über dem Wahn, in Götter-Ruhe, in Götter-Klarheit.

Zwar beharrte Goethe in seinem Lehrgedicht-Aufsatz anfangs sogleich auf dem ästhetischen Diktat, es sei »nicht zulässig, daß man zu den drey Dichtarten, der lyrischen, epischen und dramatischen, noch die didaktische hinzufüge«, doch wird im Folgenden trotz solcher kunstrichterlichen, alle Argumentation verweigernden Attitüde dieses Verdikt angesicht der »Popularität« des Genres sichtbar aufgelockert. Goethes Probleme der Bewertung resultierten aus der noch immer letzthin vergeblichen Anstrengung, die Zusammengehörigkeit von Dichtkunst und Rhetorik aufzulösen (Auszug):

> Die didaktische oder schulmeisterliche Poesie ist und bleibt ein Mittelgeschöpf zwischen Poesie und Rhetorik, deshalb sie sich denn bald der einen bald der andern nähert, auch mehr oder weniger dichterischen Wert haben kann; aber sie ist, so wie die beschreibende, die scheltende Poesie, immer eine Ab- und Nebenart die in einer wahren Aesthetik zwischen Dicht- und Redekunst vorgetragen werden sollte. Der eigene Werth der didaktischen Poesie d. h. eines lehrreichen mit rhythmischem Wohllaut und Schmuck der Einbildungskraft verzierten, lieblich oder energisch vorgetragenen Kunstwerkes wird deshalb keinesfalls verkümmert: Von gereimten Chroniken an, von den Denkversen der älteren Pädagogen bis hin zu dem besten was man dahin zählen mag, möge alles gelten, nur in seiner Stellung und gebührenden Würde. Dem näher und billig Betrachtenden daher fällt sogleich auf, daß die didaktische Poesie um ihrer Popularität willen schätzbar sey; selbst der begabteste Dichter sollte es sich zur Ehre rechnen, auch irgend ein Capitel des Wissenswerthen also behandelt zu haben.

Hegel bemängelte später in seiner *Ästhetik* (bes. III, 1) beim Lehrgedicht das Fehlen der »individuellen Handlung«, die »poetische Abrundung« und Totalität, was auch immer das heißen mag.[22] Bis hin zum Klassizismus des 18. Jahrhunderts, in dem verschiedene Genera der Lehrdichtung noch einmal in spektakulärer Fülle aufblühten, waren diese poetologischen Urteile in der literarischen Empirie allerdings so gut wie wirkungslos, zumal Aristoteles' *Poetik* nur sehr allmählich im Laufe des 16. Jahrhunderts kommentiert und rezipiert wurde, jedenfalls eher im Blick auf das Drama als für die Differenzierung der didaktischen und narrativ-epischen Genera der Versdichtung eine ausschlaggebende Geltung gewann.[23] Dies gilt auch angesichts der Tatsache, dass die Vorstellung von Poetik

---

[22] Hegel 1971, Dritter Teil, 2. Tl./Bd., S. 114.
[23] Zur der hier interessierenden weitläufigen Diskussion der aristotelischen Poetik in der Renaissance (am Beispiel der Dialogtheorie) hilfreich auch durch das Referat der Kommenare und der Forschungsliteratur Müller 2013 sowie Wels 2009, S. 11–21, hier passim zum Thema ›Lehrdichtung‹ (s. Sachregister), z. B. auch zu Campanella (S. 40 f.), der gegen Aristoteles bestritt, daß die Handlung das Wesen der Dichtung ausmache.

als ein gestalterische Freiheit ermöglichender Teilbereich der Rhetorik im 17. Jahrhundert durchweg mit den platonischen bzw. aristotelischen Kategorien schöpferischer und ›sinnreicher‹ Fantasie bzw. *inventio* sowie ästhetischer Mimesis (*imitatio*) kompromisshaft vermittelt wurden.[24] Im Gegensatz zu bekannten Theoretikern wie Charles Batteux (*Traité sur les beaux arts réduits à un même principe*, 1746; deutsch von Karl Wilhelm Ramler, Leipzig 1756–1758), der eine vierte, die didaktische Gattung neben den drei mittlerweile fast kanonisierten »Naturformen« (Goethe) der Dichtung anerkannte, hatte Lessing, obwohl selbst eigene Lehrgedichte publizierend, in seinem *Laokoon* mit dem vorliegenden Korpus selbst der renommierten Lehrdichtung seine Probleme.

Zwar konnte er Lukrez zitieren, um die Unvereinbarkeit von Poesie und Malerei zu untermauern,[25] doch wählte er groteskerweise aus Vergils *Georgica*, dem grandiosen, von Lessing offenbar gar nicht solches wahrgenommenen Weltgedicht, ausgerechnet die Darstellung einer »tüchtigen Kuh« bzw. eines »schönen Füllens« (georg. 3, 51–59 bzw. 79–81), um den Ausschluss »aus der Poesie« dekretieren:[26]

> Überall, wo es daher auf das Täuschende nicht ankömmt, wo man nur mit dem Verstande seiner Leser zu thun hat, und nur auf deutliche und so viel möglich vollständige Begriffe gehet: können diese aus der Poesie ausgeschlossene Schilderungen der Körper gar wohl Platz haben, und nicht allein der Prosaist, sondern auch der dogmatische Dichter (denn da wo er dogmatisiret, ist er kein Dichter), können sich ihrer mit vielem Nutzen bedienen. [...] Denn wer sieht nicht, daß dem Dichter hier mehr an der Auseinandersetzung der Theile, als an dem Ganzen gelegen gewesen? Er will uns die Kennzeichen eines schönen Füllens, einer tüchtigen Kuh zuzählen, um uns in den Stand zu setzen, nach dem wir deren mehrere oder wenigere antreffen, von der Güte der einen oder des andern urtheilen zu können; ob sich aber alle diese Kennzeichen in ein lebhaftes Bild leicht zusammen fassen lassen, oder nicht, das konnte ihm sehr gleichgültig seyn.

Das von den Zeitgenossen vielgerühmte *Frühlingsgedicht* des Ewald von Kleist (1715–1759), wie James Thomsons *Seasons* (1726–1730), von Knebel offenkundig verehrt,[27] ein später Spross am weit verzweigten Baum der abendländischen Jahreszeiten-Poesie, an dem Kleist jahrelang gearbeitet hatte und das als Teil einer Landleben-Dichtung konzipiert war, wusste Lessing dadurch höflich zu kritisie-

---

24 Dazu umfassend und materialreich Fischer 1968.
25 Ed. Vollhardt 2012, S. 73.
26 Ebd. S. 127 f.
27 Abzulesen in: Hymnus zum Schlusse der Jahreszeiten von Thomson. In: Knebel 1835, Erster Bd., S. 12–16.

ren, dass er dem Verfasser nicht das Geschriebene, sondern das angeblich anders Gedachte unterschob: [28]

> Von dem Herrn von Kleist kann ich versichern, dass er sich auf seinen Frühling das wenigste einbildete. Hätte er länger gelebt, so würde er ihm eine ganz andere Gestalt gegeben haben. Er dachte darauf, einen Plan hinein zu legen, und sann auf Mittel, wie er die Menge von Bildern, die er aus dem unendlichen Raume der verjüngten Schöpfung, auf Gerathewohl, bald hier bald da, gerissen zu haben schien, in einer natürlichen Ordnung vor seinen Augen entstehen und auf einander folgen lassen wolle.

Mit der rhetorischen Beschreibung von Textsorten war dagegen sehr gut zu vereinbaren die auf den antiken Vergil-Kommentator Servius und den Grammatiker Diomedes (4. Jahrhundert n. Chr.) zurückgehende, von Isidor von Sevilla aufgenommene,[29] letzthin auch von Platon (Resp. III, 394 b) beeinflusste, über das Mittelalter auch die Neuzeit, so auch in der Poetik (1518) des Joachim Vadian (1484–1551),[30] erreichende triadische Gattungstheorie. Sie unterschied, anders als die seit dem 18. Jahrhundert postulierten ›Grundformen‹ oder vorgeblichen ›Naturformen‹ der Dichtung (Epik, Lyrik, Dramatik) nach dem sog. Redekriterium, d. h. danach, ob ein Text (wie im Drama) von fremden (ggf. erfundenen) Personen, vom Autor (dazu gehörend Vergils *Georgica* und Lukrez) oder von beiden Sprecherinstanzen (als ›Mischform‹) gestaltet wurde. Auch Julius Cäsar Scaliger (1484–1558) übernahm in seinen berühmten *Poetices Libri Septem* (postumer Erstdruck Lyon 1561) dieses Modell (Buch I, Kap. 3)[31] und hielt am Verskriterium für den Begriff von Dichtung fest. Zwar findet sich in seinem Katalog von Textsorten (bes. Buch III), wohl in Anlehnung an Aristoteles, keine definitorische Rubrik für das Lehrgedicht (als Lehrepos), doch vergleicht Scaliger die griechische Lehrdichtung des älteren bzw. den jüngeren Oppianos (1. bzw. 2. Jahrhundert n. Chr.)[32] unter anderem mit Passagen aus Vergils *Georgica* bzw. mit denen

---

[28] Lessing: Laokoon, ed. Vollhardt 2012, S. 128 f.
[29] Dazu mit den entsprechenden Nachweisen und Rezeptionszeugnissen Trappen 1998, S. 58 f.
[30] Siehe die Neuausgabe von Peter Schäffer (Vadianus 1973), hier in Bd. I (lateinische Edition), Kap. VIII, bes. S. 74 f.
[31] Zur Diomedes-Rezeption s. die zweisprachige Ausgabe von Deitz/Spira 1994, hier Bd. I, bes. S. 90 f.: Lukrez als Beispiel der »narratio simplex«, d. h. des »dihegematischen und exegematischen und apodihegematischen Gedichts«.
[32] In der Frühen Neuzeit unterschied man noch nicht wie in der späteren Philologie zwischen zwei gleichnamigen Dichterpersönlichkeiten: Oppian aus Korykos in Kilikien mit seinem Lehrgedicht über den Fischfang (*Halieutica*, 5 Bücher in 3506 Versen) und Oppian aus Apameia in Syrien mit seinem Lehrgedicht über die Jagd (*Kynegetica*, 2144 Hexameter in vier Büchern); s. dazu Effe 1977, S. 137–157 bzw. 173–184 sowie den Artikel (*sub verbo*) in NP 8 (2000), Sp. 1259 f. Für beide Epen ist in der Frühen Neuzeit eine beachtliche, aber, soweit ich sehe, noch kaum

des Lukrez (Buch V, Kap. 9) und setzt sich intensiv und selbstverständlich mit der sachlichen Konzeption bzw. Genauigkeit, vor allem aber mit dem stilistischen Habitus berühmter rinascimentaler Lehrdichter auseinander. So eindeutig er zum Beispiel Girolamo Fracastoro (1478–1552), den Dichterarzt und Verfasser des ehrgeizigen Lehrgedichts über die Syphilis (*Syphilidis sive morbi Gallici libri tres*, zuerst Verona 1530)[33] verehrte und in Gedichten rühmte,[34] so akribisch kritisierte er Einzelheiten der Lexik und stilistischen Politur. An der Poetizität des didaktischen Genus wird auch bei dem Aristoteles-Kenner Scaliger offenkundig nicht gezweifelt.[35] Dies gilt auch für Lukrez, gegen dessen Atomismus und moralisch anrüchigen Epikureismus sich Scaliger in einem Hexametergedicht gerade deshalb mit Leidenschaft wendet, weil Lukrez' gottlose Kosmologie durch exzellente poetische Qualitäten auf die Gebildeten verführerisch wirkte:[36]

> Hoc scripsi, quoniam multos insania versat.
> Quorum avidos animos, blanda furatur ab aure,
> Mellea contingens florenti dicta lepore.
> Vnde sibi placeant alieno in crimine turpes,
> Docti homines alioqui acres, culti atque politi.
> Quid dicam? an sua cuique Deus fit dira cupido.[37]

---

erforschte Rezeptionsgeschichte zu verzeichnen. Zur intensiven Arbeit mehrerer Späthumanisten (Konrad Rittershusius, Johannes Posthius) an einer Oppian-Edition in den Jahren 1588 bis 1596 vgl. aber die lehrreichen Ausführungen von Karrer 1993, S. 96–101.
33 Siehe die Einleitung und zweisprachige Ausgabe von Wöhrle 1993; Roellenbeck 1975, S. 144–162, sowie nun mit Analysen der Thematik und Disposition Glei 2013.
34 Fracastoro huldigend der umfangreiche Gedichtzklus *Arae Fracastoreae* Scaliger 1564, Pars prima, S. 256–272.
35 Zum Detail s. die ergiebigen Zusammenstellungen der Urteile Scaligers von Reineke 1988: zu Augurellis alchemischem Lehrgedicht (ohne Spannung und genügende elocutionelle Sorgfalt; S. 336–330), Palingenius (Verwandtschaft mit dem Stilgestus der Satire; Titel nichtssagend, Aufbau undurchsichtig; S. 363–388), zu Vida (mäßig anerkennend zur *Ars poetica*; Lehrgedicht über das Schachspiel stilistisch nicht so sauber wie das Lehrgedicht über die Seidenraupe; S. 420–433), über Pontano (zu dessen *Urania*: stellenweise unreflektierte und abundante Imitatio Vergils oder Ovids; Schwächen in Stilkolorit und Konzeption; S. 433–435), zu Fracastoro (S. 496–527).
36 Scaliger 1574, S. 12 f.: De Lucretio. Hier zitiert die letzten Verse.
37 *Übersetzung*: Dies habe ich geschrieben, weil viele der Wahnsinn umtreibt. Deren Verstand, gierig vom schmeichelnden Gehör, raubt er, wenn er in Berührung kommt mit honigsüßer Dichtung, die in Anmut erblüht. Daher wohl gefallen sich in fremder Ketzerei schmählich Gelehrte, ansonsten scharfsinnig, kultiviert und gebildet. Was soll ich sagen? Dass zum Gott einem jedem seine böse Begierde wird?)

Die durch Aristoteles offenkundig provozierte gattungstypologische Lücke, so scheint es, wurde bisweilen in lateinischen Poetiken des deutschen Schulhumanismus, einem bisher ungenügend erforschten Sektor, geschlossen. Dafür konnte offenkundig auch Schützenhilfe leisten, dass Melanchthon in seiner Rhetorik neben den klassischen drei Genera der Rede ausdrücklich auch ein *genus didaskalicon*, also die Lehrrede, konstituierte, wobei er vor allem an die christliche Predigt dachte.[38] Die entsprechenden Theoriemodelle behielten auch unter diesen Auspizien ihre Geltung. Darauf deutet exemplarisch eine von drei Gießener Professoren, unter ihnen Conrad Bachmann (Professor für Poetik und Geschichte), publizierte Poetik, die 1614 erschien (Erstdruck wohl 1607).[39] Unter dem Lemma »De Tertia Poematum Divisione per Modos, & primum De Carmine Exegetico« (S. 332–334) wird hier die Gattungsdreiheit von Platon-Diomedes aufgriffen und, durchaus in Kenntnis der Ablehnung durch Aristoteles (S. 334), die Lehrdichtung neben der historischen Poesie (darunter Lukan) und der Versepistel (nach Ovids Vorbild) unter zwei Kategorien subsumiert, zugleich mit einem Autorenkatalog nicht nach formalen Kriterien, sondern gemäß der Differenz von Gegenständen und Wirkungsabsichten (Wissensvermittlung oder Moraldidaxe) literaturgeschichtlich abgesichert. Dass hier zwar Ovids Kalenderdichtung (*Fasti*) und Girolamos Vidas Lehrgedicht über das Schachspiel (*Scaccia Ludus*, Erstdruck Rom 1527),[40] auch noch ein spätantikes Werk wie der schon auf Walahfrid Strabo einwirkende *Liber Medicinalis* (auch: *De medicina praecepta*) des Quintus Serenus, auch Serenius [Sammonicus] (3. Jahrhundert; 1107 Hexameter, Editio princeps Venedig 1474)[41] und die pharmakologisch-pflanzenkundliche, in lateinischen wie deutschen Fassungen weit verbreitete Lehrdichtung des sog. Macer Floridus,[42] nicht aber Ovids als lasziv geltende erotische Lehrgedichte erwähnt werden, bedurfte bei einem Handbuch, das für die Hand von Studierenden gedacht war, keiner Begründung (S. 334):

---

38 Dazu Knape 1993, S. 68–71, mit dem Textabdruck S. 124–127.
39 Poetica Latina 1614. Die Widmungsvorrede (vom 6. Januar 1614) ist unterschrieben: »D. Christophorus Heluicus. D. Casparus Finckius antehac Philosophiae, & M. Conradus Bachmannus etiamnunc Historiarum & Poeticae, Professores«. Rohmer 1998, S. 188 f., dazu mit kurzen Bemerkungen anhand einer Ausgabe von 1607.
40 Siehe die Einleitung bzw. Übersetzung von Ludwig bzw. Hoffmann 1979; zu Vidas Lehrepik im Überblick Rollenbleck 1975, S. 127–143, zu dem erfolgreichen Versuch, Vidas Angaben auf dem Schachbrett nachzuspielen, s. Glei/Paulsen 1999.
41 Neuausgabe durch den Arzt Georg Pictorius 1559 (Haye 1997, S. 376), s. NP 11 (2001), Sp. 451 f. (Hinweis auf neuere Editionen und Literatur).
42 Dazu die eine vielfältige handschriftliche Überlieferung dokumentierende Edition von Schnell (Macer 2003).

2. Didascalicum, qui Philosophiae, Oeconomicae, aliarumque artium doctrinae continentur. Talia sunt: Hesiodi opera & dies. Virgilii Georgica. Arati phoenomena. Lucretii, Empedoclis, Parmenidis, Varronis, Nicandri, Sereni, Oppiani, Macri, &c. libri Ovidii Fasti secundum nonnullos, Dionysii [griech.:] periêgêsis. Vidae lusus Schachorum.

3. Angelticum, quo traduntur praecepta Moralia, ut: sententiae Theognidis & Phocylidis, Aurea carmina Pythagorae, Disticha Catonis vel Ausonii secundum nonnullos, Palingenii Zodiacus, Horatii Epistolae.

II Kernbereiche – Grenzformen – Ausstrahlungen – strukturelle und intentionale Interferenzen

Versuch eines Spektrums der Formen und Funktionen

Die hier unter Nr. 3 gewählte Klassifizierung der Texte nach ihrer moraldidaktischen Ausrichtung führt, wie zu sehen ist, dazu, dass formtypologisch Entlegenes zusammengerückt wird: Neben die spruchartige Kleindichtung treten Palingenius' voluminöses Verspos (dazu s. u.) und die *Episteln* des Horaz. Grundsätzlich findet sich die hier zu verfolgende textypologische Triade auch in der jesuitischen Poetik; so jedenfalls in der des Jacob Pontanus SJ (1542–1626) *Poeticarum Institutionum Libri Tres* (zuerst Ingolstadt 1594).[1] Auch hier gehört das epische Lehrgedicht (Hesiod, Lukrez, Vergil und andere) samt der lehrhaften Spruchdichtung zum Genus »exegematikon« (Kap. I, 8, S. 27 f.), zugleich partizipiert die didaktische Epik eines Hesiod, Arat, Vergil und Manilius ausdrücklich an der »Maiestas«, dem hohen Ansehen der ›heroischen‹ Hexameterdichtung in der Hierarchie der Gattungen (Kap. II, 1, S. 66 f.), ein Standpunkt, der auch die auffällige Hinwendung von Martin Opitz gerade zur Lehrdichtung mitbestimmt haben dürfte. Es ist kein Zufall, dass in Vergils *Aeneis* der Sänger Iopas am Hof der Königin Dido (I, 740–747) seinen Zuhörern nicht von heroischen Taten singt, sondern Astronomisches und Naturkundliches vorträgt, so als ob Vergil an seine *Georgica*, also an Lehrdichtung erinnern wollte:

> [...] cithara crinitus Iopas
> personat aurata, docuit quem Maximus Atlas.
> hic canit errantem lunam solisque labores,
> unde hominum genus et pecudes, unde imber et ignes,
> Arcturum pluviasque Hyadas geminosque Triones;
> quid tantum Oceano properent se tingere soles
> hiberni, vel quae tardis mora noctibus obstet.
> ingeminant plausu Tyrii, Troesque sequuntur.[2]

---

1 Hier benutzt ein Nachdruck der zweiten Auflage: Lyon 1690.
2 *Übersetzung von Rudolf Alexander Schröder*: Zur goldenen Zither Iopas / Prangend in Locken, beginnt, was ihn Atlas lehrte, der Berggreis, / Singt vom Wechsel des Mondes, von den Mühen der wandernden Sonne, / woher Menschen Geschlecht und Getier und Fluten und Feuer, / Und Arcturus und Regengestirn und die beiden Trionen, / Singt, warum mit dem Herbst in den Ozean bälder das Taglicht / Niedertaucht, und was die verspäteten Nächte / hintanhält. / Beifall klatscht das Tyrervolk, ihm folgen die Troer.

Misst man die überkommene Versdichtung nur an ihrer Funktion, die potenziell auch als Teilbereich der ›Gebrauchsliteratur‹ auf die Sammlung einfacher Informationen oder Regeln reduziert werden konnte, reichte, wie im obigen Lehrbuch-Zitat ersichtlich, die formale Bandbreite der didaktischen Poesie auf der einen Seite bis hin zu schlichten Reihen mnemotechnischer Merkverse und Kleinpoemen diverser Sachgebiete, darunter zur Inhaltsangabe literarischer Werke,[3] zur autorbezogenen Literaturhistorie[4] und allgemeinen Geschichtskunde,[5] zum Bibelstudium und zur Theologie,[6] zur Topografie und Geografie (Serien zum Beispiel mit Städtepigrammen), sowie zur Medizin[7]. Am Beispiel einer oft aufgelegten, durch Johannes Episcopius 1576 auch ins Deutsche übersetzten mehrteiligen Lehrdichtung in Distichen (*Bonae valetudinis conservandae rationes aliquot*. Nürnberg

---

[3] Exemplarisch von dem Dichterarzt Johannes Posthius (1537–1597) die mehrfach gedruckten lateinisch-deutschen Tetrasticha (zuerst 1563, rezipiert auch in der bildenden Kunst) zu Ovids *Metamorphosen*; dazu Karrer 1993, S. 371–379; DH 3, S. 108–123; ähnlich seine lateinisch-deutschen Gedichte zu Äsops *Fabeln* (zuerst 1566); s. dazu Karrer 1993, S. 55–60; Elschenbroich 1990, Bd. 1 (Textproben), S. 285–288; Bd. 2, S.139–141; DH 3, S. 125–131.

[4] Bahnbrechend am Beispiel der Italiener die Studie von Klecker 1994; analoge Dichtungen der deutschen Humanisten (etwa Caspar von Barths *Poetae Recentes*; ed. in HL 1997, S. 890–893) liegen im tiefen wissenschaftlichen Dunkel.

[5] Exemplarisch Georg Sabinus' (1508–1560) *Caesares Germanici* (von Karl d. Gr. bis Ferdinand I.; erschienen 1532) oder Zacharias Orth (in griechischer Sprache; 1563); zu Typus, Verbreitung und zur anregenden Rolle von Ausonius' *Caesares* Amann-Bubenik 2000.

[6] Exemplarisch Wilhelm Alard (1572–1645): Epitome Biblica. Qua singulorum utriusque Testamenti capitum summa, singulis inclusa distichis, perspicua brevitate propositus. Rostock 1599, unter dem Titel: Commeatus Sacer. Leipzig 1624, oder Johannes Lauterbach Lusatius mit lateinischen und deutschen Versen: Evangelia Totius Anni Compendiosa Expositione in Usum scholasticae iuventutis. Frankfurt.M. 1563; Matthias Martini: Memoriale Biblicum. Hoc Est, Versus in Singulos Veteris Et Novi Testamenti. Herborn 1608; oder Matthias Bergius (1536–1592), Schulrektor in Braunschweig, mit seinen: Meditationes Ex Evangeliis Dominicalibus Conceptae, Atque Ad Exercitium Scholasticum orationis ligatae adolescentibus propositae, die im zweiten Werkteil die Sonntagsevangelien jeweils in lateinisch-griechische Disticha transformieren; ähnlich auch noch Georg Philipp Harsdörffer in seinem *Poetischen Trichter* (S. 541–551): Mantissa. Monosticha Typos Veteris Testamenti cum Historiis Evangelicis conferentia. Nicht ungewöhnlich für die postreformatorische Ära zum Beispiel zum Beispiel das Werkprofil des Zweibrücker Superintendenten Pantaleon Candidus (1540–1608): mit Versifizierungen der dogmatischen Topik der Melanchthonschen Glaubenslehre in elegischen Distichen (*Loci Theologici*, Basel 1570) und der Hauptstücke des Katechismus (S. 202–234). Unter den *Loci*-Gedichten finden sich eine Gruppe von Poemen über das Abendmahl (S. 71–77), auch poetische Explikationen der *Libertas Christiana* (S. 93 f.) und der Pflichten der Obrigkeit (*De Magistratu politico* [S. 95–97]); zu Candidus s. Kühlmann in VL 16,1 (2011), Sp. 449–458, sowie 2013.

[7] Exemplarisch die von dem Chirurgen und deutschsprachigen Dichter Wilhelm Fabry (zu ihm s. u.) 1624 herausgegebenen und kommentierten Gesundheitsregeln des Johannes Posthius (1537–1597), dazu im einzelnen Strein 1993 sowie Karrer 1993, S. 549–551.

1531, Bearbeitung des Erstdrucks von 1524) des namhaften deutschen Dichterhumanisten Eobanus Hessus (1488–1540) lässt sich verfolgen, wie Sammlungen von Merk- und Lernversen, in diesem Fall denen des seit dem Mittelalter verbreiteten deutsch-lateinischen *Regimen Sanitatis Salernitanum*,[8] in eine größer angelegte, oft gedruckte Lehrdichtung integriert werden konnten, die neben einem diätetischen Lernpensum (gemäß dem alten galenistischen Schema der »res non naturales«) eine poetische Transformation des Erasmischen *Encomium Medicinae* und eine epigrammatische Porträtreihe berühmter Mediziner des Alterums enthielt.[9] Kennzeichend für die amplifizierende Gestaltung und Akzentuierung der historisch weit zurückreichenden Gesundheitsregeln ist Hessus' psychosomatische Affektenlehre, die Hervorhebung von Trauer und Freude samt einer Empfehlung von Musik, Gesang und Dichtung, also der Kunst (S. 84^r):

> Anxia mens non ipsa sibi, non rebus agendis
>   Constat, ab hac vicium corpora saepe trahunt.
> Hinc variae pestes morborum, hinc mille figurae,
>   Crede animum nostri corporis esse ducem.
> Saepe graves ista veniunt ex arce labores,
>   Sicut ab aëreis pestilis aura plagis.
> Quaere igitur, sed honesta, tuis solatio curis,
>   Quae tibi nec somni, nec loca sola dabunt.
> Vtere conuiuis non tristibus, utere amicis,
>   Quos nugae & risus, & ioca salsa iuvant.
> Quem non blanda iuuent varij modulamina cantus?
>   Huic iecur, & renes, aegraque corda stupent.
> Nam nihil humanas tanta dulcedine mentes
>   Afficit, ac melicae nobile vocis opus.
> Tange lyram digitis, animi dolor omnis abibit,
>   Dulcisonum reficit tristia corda melos.[10]

---

[8] Zu den seit der Spätantike und dem Mittelalter weit verbreiteten Gesundheitsregimina s. (dort weitere Erläuterungen) die schöne lateinisch-deutsche Ausgabe von Kunze 1980.

[9] Abgedruckt in Hessus: Operum farragines duae. Schwäbisch Hall 1539. Tl./Bd. 2, S. 78^r–108^r; Edition im Internetportal CAMENA. Zu dem Werk im Einzelnen mit der Druckgeschichte die Studie von Vredeveld 1985.

[10] *Übersetzung*: Ein ängstlicher Geist ist nicht bei sich und bei dem, was zu tun ist, aus ihm leiten die Körper oft ihren Fehler ab. Von hier aus [kommen] mannigfache Krankheitsseuchen, von hier tausend Erscheinungsformen. Glaub' es: Der Geist ist der Führer unseres Körpers. Oft entstehen schwere Leiden aus dieser Verschanzung wie der Hauch der Pestilenz aus den Gefilden der Luft. Suche also nach dem, was deinen Sorgen, allerdings ehrenhaften, Trost gibt, was dir weder der Schlaf noch allein die Örtlichkeiten gewähren. Verkehre mit lustigen Zechbrüdern, mit Freunden, denen Albernheiten, Gelächter und witzige Scherze Freude machen. Wen sollten nicht erfreuen schmeichelnde Melodien eines wechselvollen Gesanges. Vor ihm erstarren staunend die Leber und die Nieren und die leidenden Herzen. Denn nichts bewegt die menschlichen

Auch Hippokrates' *Aphorismen* wurden von manchen Autoren in Kurzpoeme umgesetzt.[11] Konnten sich daran Ärzte und Medizinstudenten delektieren, wurden beispielsweise Basiswissen der Naturkunde wohl für die Hand älterer Schüler von dem Heilbronner Schulrektor Johannes Lauterbach Lusatius (1531–1593) in Monodistichen versifiziert. Seine 1585 in Straßburg erschienene *Physiosophia sive theatrum scientiae naturalis*, ein Abriss des elementaren Weltwissens, orientierte sich an acht *classes*:

> Vierfüßige und Erdentiere; Vögel und Luftbewohner; Fische und Wasserbewohner; Insekten, Würmer und Schlangen; Bäume und Früchte; Kräuter, Öle und Getreide; Edelsteine, Steine und Metalle; schließlich himmlische und irdische Erscheinungen sowie künstliche und mechanische Gegenstände. Die einzelnen *classes* sind tendenziell hierarchisch geordnet, *classis* I. beginnt mit einem Distichon auf den Menschen, *classis* II. mit einem auf den Löwen, *classis* VI. mit zwei Distichen auf die Rose. Die Natur wird überwiegend als allegorische Offenbarung Gottes dichterisch ausgelegt. Eine monumentale Weiterentwicklung dieses Ansatzes bietet das 1594 erschienene *Panareton*, in dem die *Physiosophia* als eines von sieben Büchern integriert ist. In verschiedenen Zugriffen werden die Welt und die Gelehrsamkeit hier in Ordnungen zerlegt, zum Teil alphabetisch gegliedert und in Distichen auf das rechte Leben hin gedeutet. Buch 1 bedichtet zentrale Glaubensinhalte, Buch 2 ethische Kategorien, Buch 3 *exempla*, Buch 4 Allegorien des Lebens in Fabeln, Gleichnissen und Sprichwörtern, Buch 5 mythologische Geschichten, Buch 6 ist eine Wiederauflage der *Physiosophia*, Buch 7 enthält Verse auf bedeutungstragende zählbare Gruppen wie die neun Musen, die sieben Planeten oder die zwölf Apostel.[12]

Ebenso vor allem im Schulunterricht erfreuten sich, oft im Lehrplan vorgesehen, größter Beliebtheit moralistisch-spruchhafte, lebenskundliche Anweisungen, oft in topologischer Ordnung systematisiert. Schon Jacob Wimpfeling scheute sich nicht, aus den Werken Ovids, sogar aus dessen *Ars amandi* (auch: *Ars amatoria*) Distichen oder kurze Verpassagen (»Flores«) zusammenzustellen und neben anderen »Proverbia« unter protreptischen Überschriften (etwa »Contra ludum«) seinem mehrfach nachgedruckten jugendpädagogischen Lehrwerk *Adolescentia* (Erstdruck Straßburg 1500) zu inserieren.[13] Kaum zu überblicken sind auf diesem Feld seit dem Mittelalter die Vielzahl der Handschriften, Drucke, Übersetzungen

---

Gemüter mit solcher Süße wie das edle Werk einer wohlklingenden Stimme. Rühre die Leier mit dem Finger, und aller Schmerz im Innern wird verschwinden, eine süßtönende Melodie erfrischt die traurigen Herzen.

11 Exemplarisch der Dichterarzt Laurentius Span von Spanau (1529/30–1575): Aphorismorum Hippocratis paraphrasis carmine Elegiaco scripta. Breslau 1570, oder der in Jena lehrende Mediziner Andreas Ellinger (1526–1582); dazu weiteres in dem Artikel (*sub verbo*) von Siegmar Döpp. In: VL 16,2 (2012), S. 199–207, spez. S. 203.
12 Zit. nach dem Lauterbach-Artikel von Dirk Werle. In: VL 16,4 (2015), Sp. 49–56, spez. S. 53 f.
13 Adolescentia 1965 (ed. Herding), S. 296–314.

und Bearbeitungen der sog. *Disticha Catonis*[14] unter Einschluss der Martin Opitz zu verdankenden deutschen Übersetzung und samt lateinischen *Exerptae et Notae* (zuerst Breslau 1629, zahlreiche Folgedrucke).[15] Das Proömium des zweiten Buches rückt die rezeptionsspezifisch die Spruchsammlung auf eine Ebene mit der formal großangelegten Epik:[16]

> Hast du den Ackerbaw zu wissen lieb' und Lust/
> So liese den Virgil: Sol dir dann sein bewust
> Der Kräuter safft und krafft/ das wird dir Macer sagen.
> Wann dir der Römer Streit vnd Bürgerkrieg behagen/
> So suche den Lucan/ der schreibt von schlachten viel.
> Wer lieben/ vnd die Lieb' auß Büchern lernen wil/
> Dem giebet Naso Raht. Wer aber Klugheit achtet/
> Vnd ausser Lastern hier zu leben embsig trachtet/
> Der nehme meine Lehr' vnd gute Warnung ein.
> So komm/ vnd lerne nun auß lesen weise sein.

Der Spruchkollektion, die Catos Namen trug, ließ Opitz in der Werkausgabe von 1644 sehr bewusst sofort ein modernes Pendant folgen: 126 Vierzeiler (*Quatrains moraux*), die Opitz nach der französischen Vorlage des seinerzeit namhaften Juristen und Literaten, zeitweise sogar Pariser Generalanwalts Guy Du Faur de Pibrac (1529–1584) übersetzt hatte (zweisprachiger Erstdruck Danzig 1634). Die lateinische Widmungsvorrede hebt Pibracs Wetteifer mit der Antike und den Ruhm hervor, den er in Frankreich errungen hatte.[17] Diesen Corpora traten schon vorher die *Aurea Carmina* des Pseudo-Pythagoras,[18] und nach Muster von Phokylides' *Gnōmai* oder auch Exempeln des zum Beispiel von Melanchthon über-

---

14 Dazu das umfassende Werk von Baldzuhn 2009.
15 Opitz 1968–1990, Bd. IV/2 (1990), S. 332–391.
16 Ebd., S. 353 f. (hier in Opitz' Übersetzung).
17 Dazu Opitz 2009–2015, Bd. 3 (2015), S. 116–123, mit dem Kommentar S. 427–435.
18 Die antiken Texte der lehrhaften moral-und verhaltenskundlichen Kleindichtung oder analoge Neudichtungen erschienen immer wieder für den Schulgebrauch; zusammen mit Texten Hesiods, besorgt wohl von Konrad Heresbach (1496–1576): Scriptores aliquot Gnomici (Basel 1521, dazu s. Hieronymus 1992, Nr. 35, S. 59), oder von Veit Amerbach (1503–1557): Poemata Pythagorae Et Phocylidis Graeca. Straßburg 1545 (zahlreiche Auflagen bis 1602); ähnlich Joachim Camerarius d. Ä.: Capita pietatis et religionis Christianae versibus Graecis comprehendens ad institutionem puerilem cum interpretatione Latina. Leipzig 1545, oder: Libellus Scholasticus [...] quo continentur Theognidis praecepta, Pythagorae versus aurei, Phocylidis praecepta [...] Basel 1550. Diese und andere Bestände gingen ein in Werke wie Erasmus Alberus (ca. 1500–

setzten Theognis[19] Kurzdichtungen in Form vor allem des »gnomischen« Epigramms[20] zur Seite. Die Theognis-Epigramme behielten als erfahrungsgesättigte, zugleich formvollendete Meditationen bzw. Imperative eines lebenskundlichen Moralismus ihre Anziehungskraft über Jahrhunderte, wie die empfehlenswerte Lektüre der deutschen Versübersetzungen von Eduard Mörike nahelegt. Zöglinge konnten beginnen mit einfachen Distichen wie: »Aber von Tadel befreit bleibt unter den Irdischen keiner: / Glücklich denn noch, wes Tun Weniger Zunge nur müht.«[21] Typologisch und funktional in diesem literarischen Feld einzuordnen ist etwa auch die Text-Bild-Serie (52 deutsche Gedichte) der sog. Freiheitstafel (ca. 1519/1520) des alten Straßburger Rathauses aus der Feder Sebastian Brants.[22] Solcher pragmatischen Indienstnahme und emblematischen Ergänzung der didaktischen, auch historisch meditativen seriellen Kleindichtung kontrastiert die Tatsache, dass versifizierte moralische Sentenzen oder Lebensmaximen – etwa in Sammlungen des Heidelberger Philologen Janus Gruter (1560–1627) – auch zu großen Anthologien gebündelt wurden und Epigrammsammlungen namhafter Autoren beeinflussten.[23]

Mit ihren jeweils erbaulichen, deskriptiven, protreptisch-moralistischen oder auch panegyrischen Funktionen erfüllten weitere Textsorten zwar durchaus auch didaktische Zwecke, nahmen jedoch bei verschiedener genrespezifischer Herkunft und Gemengelage eine differenzierte eigene Entwicklung: teilweise in Textmustern, Diskursen und Sprecherrollen, die Heterogenes kombinierten. Wir können dabei unterscheiden:

1539): Utilissima pracepta morum, ex optimis autoribus collecta, et germanicis rithmis reddita. Hagenau 1536 (und weitere Bearbeitungen andernorts).

19 Zu Melanchthons Theognis-Studien, Vorlesung (1551/52, 17 Auflagen bis 1639) und Übersetzungen s. Loehr 2001, S. 212; genauer Kaufmann-Bühler 1956; die Texte in CR XIX (1853), S. 57–176; Melanchthons Schüler und Anhänger Johannes Major (1533–1600) publizierte: Explicatio Sententiarum Theognidis, in Scola Witebergensi auctore [...] Philippo Melanthone [...]. Wittenberg 1560.

20 Zu den Epigrammtypen im 17. Jahrhundert (leider der lateinische Bereich ganz ausgeschlossen) s. Weisz 1979, spez. zum gnomischen Epigramm, S. 80–98. Zum lateinischen Sektor am Beispiel Johann Michael Moscheroschs (parallel zu seinen deutschen menippeischen Satiren) Kühlmann/Schäfer 1983, S. 87–129.

21 Mörike 1998, S. 33.

22 Dazu ausführlich mit Edition Knape 1992.

23 Dazu umfassend Ludwig 2008 und 2009; zu Gruters Sammlungen (mit kommentiertem Abdruck der Paratexte) s. DH 1/2, Nr. 21, S. 864–876 (zum *Florilegium Ethico-Politicum*, 1610–1612) und Nr. 27, S. 1041–1054 (zur *Bibliotheca Exulum Seu Enchiridion Divinae Humanaeque prudentiae*).

a. Die in Kleinepen versifizierte oder auch im lyrischen Zyklus komponierte, gerade im 16. Jahrhundert blühende Species des Städtelobs, meist mit historischen Exkursen und Deskriptionen angereichert,[24] und die topografische Poesie, sei es in der fernen Nachfolge der *Periēgēsis* (Fahrt- und Küstenbeschreibung, verfasst um 120 n. Chr.) des Dionysios aus Alexandria, von Avienus (2. Hälfte des 4. Jahrhunderts) unter dem Titel *Ora maritima* ins Lateinische übersetzt (auch als Schulbuch verwendet), sei es in der Nachbarschaft zur Landesbeschreibung wie bei Konrad Celtis' Projekt der *Germania generalis*,[25] sei es in der Reihung kulturtopografischer Porträts zum Beispiel von Städten und Flüssen,[26] sei es in dem auf Horaz zurückgehenden, meist deskriptiv und narrativ konzipierten Reisegedicht (*Hodoeporicum*).[27]
b. Die poetische ›Ekphrasis‹ oder meditativ-sinnreiche Würdigung von Kunstwerken oder Gebäuden,[28] die nach Homers oder Vergils Vorbild auch zur erprobten Darstellungstechnik der narrativen Großepik gehörte.
c. Die Versfabeln oder versifizierten Prosafabeln (oft mit angehängten moralistischen Kommentaren), teils auf die Antike zurückgehend (z. B. Phaedrus), des öfteren auch in deutschen oder lateinischen Anthologien gesammelt;[29] typolo-

---

24 Zur weitläufigen lateinischen und deutschen Städtedichtung am Beispiel Nürnbergs s. den zweisprachigen Teildruck von Eobanus Hessus' *Urbs Noriberga illustrata carmine heroico* (Erstdruck 1532), in: HL (1997), S. 292–316, sowie dazu den Kommentar samt der gattungsbezogenen Forschungsliteratur, S. 1121–1134. Zum Beispiel einer episierenden Lobdichtung auf Stralsund mit einem Grundriss der Gattungsgeschichte s. Kühlmann 1994/2006; zur Reihe und zu den Darstellungszielen der Straßburg-Dichtungen, im Mittelpunkt das Münster, s. die luzide Studie von Berns 1989. – Eine eigene literarische Reihe bildet das Lob des Buchdrucks; darüber zuletzt Doms 2011.
25 Dazu umfassend Müller 2001.
26 Exemplarisch der Zyklus des zeitweise in Königsberg wirkenden Felix Fiedler: Fluminum Germaniae Descriptio. Königsberg 1550. Die Textgeschichte und die Nachwirkung von Ausonius' *Mosella* bedürften einer gesonderten Untersuchung; heranzuziehen Czapla 1999.
27 Dazu grundlegend und materialreich Wiegand 1984 sowie bis ins 18. Jahrhundert führend ders. 2007.
28 Lehrreiche Zugänge dazu bietet die große Monografie von Schlegelmilch 2003; zur Variationsbreite derartiger Dichtung wertvoll die Studie von Czapla 2005 zum Speyerer »Ölberg«; in deskriptiv-epigrammatischen Formen exemplarisch aus dem Umkreis Heinrich von Rantzaus Petrus Lindebergius: Hypotyposis Arcium, Palatiorum, Librorum, Obeliscorum, Cipporum, Molarum, Fontium, Monumentorum […]. Hamburg 1590; hierzu gehört auch das Massiv der letzthin auf Horaz' Bandusia-Ode zurückgehenden Brunnen- und Quellendichtung; dazu wertvoll Blänsdorf/Janik/Schäfer 1993.
29 Die deutsch-lateinische Grenzscheide wird überwunden in dem wertvollen Kompendium von Elschenbroich 1990, wegweisend nun die neuen kommentierten Ausgaben von Alberus 1997 und Waldis 2011. Verschiedene didaktische Zwecke verfolgte beispielsweise eine Kollektion von ca. 150 Fabelgedichten (1596, 1604) von Pantaleon Candidus (s. o. Anm. 6): transformiert

gisch in der Nachbarschaft zur narrativ entfalteten Tierepik stehend, die sich ihrerseits ganz oder partienweise didaktischen Zwecken unterordnete oder zur Belehrung gelesen wurde: sei es wie die *Reineke Fuchs*-Epen als Leitfäden politischer Klugheit und Regimentslehre,[30] sei es wie Johann Fischarts *Flöh Hatz* (zuerst 1573) in der skeptisch-destruktiven Integration diverser scientifischer Diskurse,[31] sei es wie Georg Rollenhagens monumentaler *Froschmeuseler* (zuerst 1595), der das kurze komische Epos Pseudo-Homers nicht nur narrativ in spektakulärer Manier amplifizierte, sondern auch zu einem Kompendium diverser Wissensbestände ausbaute. Parallel dazu proklamierte Johann von Morsheim (gest. 1516), Amtmann des Pfalzgrafen Johann I. von Pfalz-Simmern, die zeitgenössischen Herrschaftslehren in einem mit satirischen Exkursen und scharfen Mahnungen durchsetzten deutschen Reimpaar-Epos (*Spigel des Regiments*, ca. 1.000 Verse, gedruckt zuerst 1515, dann zahlreiche Nachdrucke), das neben der universalen Herrschaft des Geldes fragwürdige Karrieretaktiken im Fürstendienst mit appellativer Dringlichkeit und wohl auf der Basis einschlägiger Beobachtungen nahezubringen suchte (zit. Auszug V. 513–550):[32]

> Ihr Herren Fürsten, hört mich an,
> Die Ihr von eh darin voran
> Ein knappe Rede anzuhören:
> Schaut, um Euch sind solch junge Herren,
> Die nur dem Anschein sich verpflichten;
> Seht nur, wie all ihr Tun sie richten
> Voll Emsigkeit, solang Ihrs seht –
> Doch schaut Ihr weg, gehts halt wie's geht.
> Kömmt zu denen solch armer Tor,
> Der bringt noch kaum sein Anliegen vor,
> Schaut man auf sein bestechlich Händ –
> Und schmiert er nit, eh er geendt,
> Schickt man ihn heim sich zu bedenken.
> Viel drehn ihr Sach mit solchen Ränken,

---

in verschiedene metrische Formen (jambischer Senar, Hexameter, verschiedene Odenstrophen), angelehnt vor allem an die Editionen Aesopischer und anderer Fabeln (1538, 1539 u. ö.) des Joachim Camerarius d. Ä. Candidus legte Wert darauf, die Stücke pedantisch in naturkundlichen Gruppen der Handlungsträger zu systematisieren (»De Diis, De Hominibus, De Quadrupedibus, De Aquatibus« usw.).

30 Zur poetischen Rezeption innerhalb der Adelserziehung s. Kühlmann 1986/2006. Heranzuziehen mit Gewinn Könnecker 1991, S. 190–204.
31 Dazu zuletzt Schilling 2011.
32 Dazu Auteri 2011, hinzuzunehmen aber Kühlmann 1994/2001; zu Morsheim die sprachlich modernisierte Versnachdichtung mit dem Kommentar von Zirnbauer 1966, nach der hier zitiert wird (S. 18 f.).

> Wie ich selbst hört an einem Ort
> Eins Fürstendieners heimlich Wort,
> Als einer dem andern wünschte Glück;
> Sprach der: ich will Dich lehrn ein' Trick
> Im neuen Amt zum besten Dein:
> Du sollst nit gleich zu schamlos sein,
> Etwa Dein Eid nach Wunsch verdrehn;
> Doch heiß Hans Schenken mit Dir gehn –
> Das ist ein gut Gesell, beileib;
> Was Dir nit ziemt, laß tun Dein Weib:
> So die dem Hansen gut zuhörn kann,
> Wirst Du desto eher ein reicher Mann –
> Denn schmiert man sie auch noch so sehr,
> Aufs Amt verzicht' sie nimmermehr.
> Solang Du in Dei'm Amte stehst,
> Sieh auf Dein Vorteil wo Du gehst.
> Noch Bessers will ich nit verschweigen:
> Mach Zins und Häuser Dir zu eigen.
> Jagt man Dich einstens dann davon,
> Hat alle Habgier doch ihrn Lohn.
> Stell auch ins Licht Deins Amtes Pflicht
> Und setzt Dein höchste Zuversicht
> Auf viel Freund in des Fürsten Rat,
> Besonders den, der's mit Dir hatt':
> [...]

d. Die episierende Kalenderdichtung in der Nachfolge von Ovids *Fasti*,[33] einem Werk, über das Melanchthon wegen dessen vielfältiger, höchst gewandt poetisierter Wissensbestände eine Vorlesung hielt (1537/38) und das er mit eigenen Scholien und astronomischen Beigaben 1539 in Halle herausgeben ließ.[34] Zum Formenrepertoire der Memorialliteratur gehören auch die im höfischen wie auch akademischen Raum verbreitete, hier außer Betracht bleibende, in der Regel panegyrisch gefärbte und narrativ durchsetzte dynastisch-genealogische Dichtung oder die exegetisch deskriptive Wappenpoesie, die immer wieder auch in enkomiastische Jubiläums- und Festtagsdichtung eingewebt wurde.

e. Die seit den Kirchenvätern (unter anderem Basilius' und Ambrosius' Predigten über das Sechstagewerk) schöpfungstheologisch angelegte Hexameralliteratur‹ sowie die verbreitete Tag-und Jahreszeitendichtung,[35] wie sie im 17. Jahr-

---

33 Wichtig, aber nicht erforscht Nathan Chytraeus (1543–1598): Fastorum Ecclesiae Christianae Libri Duodecim. Hanau 1594.
34 Vgl. Melanchthon in CR XIX (1853), S. 473–495; Hartfelder 1889, S. 389 u. 595.
35 Zur Traditionsgeschichte s. Adam 1978, Bauer 1989 und Zeman 1989.

hundert etwa der deutsche Jesuit Johannes Bisselius in einem komplexen Elegien-Zyklus (*Deliciae Veris*, München ²1640) artistisch abwandelte und synkretistisch mit anderen Texttypen, unter anderem der legendarischen Kalenderdichtung, neu kombinierte.³⁶

f. Die Übergangsformen der längeren ›satirischen‹ Versdichtung, die, schon in der Antike als Mischform und gattungsspezifisch offenes Genre verstanden,³⁷ in kritisch-moralischer Beleuchtung dialektisch Verhaltensnormen so illustrierte, dass ihre Verbindlichkeit im Widerschein von Verfehlungen und Verzerrungen (etwa in der Figur des Narren) aufleuchtete. Verssatiren konnten wie bei dem ins Lateinische übersetzten, deshalb international zugänglichen *Narrenschiff* Sebastian Brants³⁸ in einem allegorischen Rahmen exponiert und zusammengehalten werden oder auch wie beispielsweise in Jacob Baldes SJ *Satyra contra abusum Tabaci* (von Sigmund von Birken in deutsche Prosa übertragen)³⁹ oder in seinen Medizinersatiren,⁴⁰ die auch neue medizinische Theoreme behandelten, die sachlich-exponierenden Rede in verschiedenster Weise (z. B. in szenischer oder dialogischer Fiktion) abwandeln. Thomas Naogeorg (1508–1563) konnte so zum Beispiel in seinen *Satyrarum Libri quinque* (Basel 1555), einem einsamen Gipfelpunkt der reformationshumanistischen Verssatire, anhand der ausgefeilten und kommentierten Karikatur eines ungelehrten karrieresüchtigen Streittheologen sein Bild der wahren Theologie aufleuchten lassen, auch indem er einen jungen Mann, der einen geistlichen Beruf anstrebt, auf drei verschiedene ›Wege‹ aufmerksam macht, die zum Ziel führen – oder auch nicht. Passagenweise nutzt Naogeorg den Stilhabitus des ironischen Sprechens, um zuletzt jenen fragwürdigen Erfolg auszumalen, der nicht durch Frömmigkeit und durch fundierte Kenntnisse, sondern durch Beziehungspflege und Imponiergehabe zu erreichen sei, ja, so am Schluss die-

---

36 Dazu die Neuausgabe mit Einleitung (zur Frühlingsdichtung), Übersetzung und Kommentaren von Claren u. a. 2013; heranzuziehen wären zum weiteren Studium jesuitische Exempel wie der Elegienzyklus von Jacob Masen SJ (1606–1681): Annus Poeticus Descriptionibus Fusius in Juventutis gratiam adumbratus, abgedruckt in Reiffenbergius (Ed. 1758), Tom. I, S. 3–32.

37 Zum differenzierten Verständnis von ›Satire‹ und ›satyra‹ im deutsch-lateinischen Spannungsverhältnis grundlegend weiterhin Hess 1971.

38 Zu Brant, seinem *Narrenschiff* und dessen lateinischer Übersetzung durch Jakob Locher samt der reichhaltigen Literatur ist heranzuziehen der Artikel von Joachim Knape. In: VL Deutscher Humanismus 1 (2008), Sp. 247–283; zur Satire des 16. Jahrhunderts im Überblick Könneker 1991.

39 Zu Baldes Werk s. nun die zweisprachige kommentierte Ausgabe von Winckler 2015; eine Hinführung zur verzweigten europäischen Tabakpoesie bietet McFarlane 1982; zur Rezeption Baldes bei Birken s. Laufhütte 2006; dazu die zweisprachige kommentierte Birken-Ausgabe von Pörnbacher 1967.

40 Dazu s. u.; wichtig die Studien von Classen 1976 und Wiegand 1992 und 2005.

ser Satire, offenbar auf nichts anderem beruhe als auf der Fähigkeit, fanatisch gegen ›Ketzer‹ zu polemisieren (hier nur der Anfang von I, 5 zitiert):[41]

> QVid cupias, iuuenis bone, uix intelligo demum.
> Doctor nimirum populi, pastorque uideri,
> Visque uiam dici facilem tibi, qua citò possis
> Inter praecipuos Christi emersisse ministros.
> Rem cupis egregiam, Tarsensis dicta secundum.
> Munere Apostolico fungi, res maxima longè est.
> Nam quantum, nomen Christi illustrare docendo?
> Non puto te spectare tamen, res ardua quàm sit,
> Sed quàm felici uideantur sorte ministri
> Vti, quam uulgo dites, quantumque beati,
> Quantaque per totam concessa his ocia uitam.
> Nam sic complures censent, sic reris & ipse.
> Porrò Euangelium, quoniam Christumque doceri,
> Qualibet ex causa Paulus tolerare uidetur,
> Commonstrabo uiam, qua nanciscare cupita,
> Nec te per salebras ducam & spineta tenellum,
> Nec per circuitus, celsique accliuia montis:
> Sed plana facilique uia, quod uelle fateris.
> Nam sunt tres omnino uiae, quarum una laboris
> Plurimum habet, reliquae duro caruere labore.
> Primitùs è coelis sancti didicere prophetae
> Omnia continuò: diuino pneumate nempe
> Ingenij stadium, atque omnem supplente laborem.
> Sic ex indoctis ac piscatoribus olim
> Coelesti flatu subitò exiliere magistri,
> Qui linguas norant omnes, diuinaque scripta:
> Et nihil est illis operae, nil prorsus oliui
> Insumptum: ô si sic posses euadere magnus,
> Et mundi doctor fieri pastorque repentè:
> Quandoquidem studium odisti, longumque laborem.
> Verùm eheu, iam nulla huius uestigia callis
> Restant, & planè frigent coelestia nobis.
> Ergo statim huic facili longis ambagibus alter
> Successit trames, saxis & sentibus horrens,
> Et uix ad summum, post tempora longa, cacumen
> Perducens aliquos multos absterruit asper
> Protinus, atque aliò gressum uertisse coegit.
> Nonnulli medio è cursu fugêre retrorsum,
> Et quóuis potius statuerunt ire locorum.

---

41 So in Satire I, 5 (hier zitiert der Anfang der Satire) nach dem vollständigen Abdruck mit Übersetzung und Kommentar in HL (1997), S. 680–691 u. 1351–1355; zu Naogeorgs Satiren siehe den Überblick von Roloff 1987.

> Iam fermè emenso spacio, uertigine quidam
> Delapsi, dumis saxisque haesere propinquis,
> Aut ad radicem magna cecidere ruina.
> Hanc quondam ignari rerum, caecique parentes
> Monstrauere uiam, & carpserunt gnauiter ipsi,
> Multum affligentes septenis artibus & se
> Atque alios, ferulisque manus & corpora dantes.
> Quin etiam ueterum studuerunt nosse sophorum
> Dogmata, praesertim linguam callere Latinam.
> Rhetoras euoluisse omnes, doctosque poetas,
> Rerum & scriptores, legesque, & iura uetusta,
> Et quicquid patres olim scripsere colendi
> (Si superant libri modò) quos ecclesia Christi
> In sacris habuit doctos hucusque colonos.[42]

---

[42] *Übersetzung von Lothar Mundt*: Wonach es dich verlangt, mein guter Jüngling, verstehe ich jetzt gerade erst! Du möchtest natürlich als Lehrer und Hirte des Volkes gelten und willst, daß man dir einen leichten Weg weise, auf dem du schnell unter die herausragenden Diener Christi aufzusteigen vermagst. Dich verlangt nach einer herrlichen Sache, wie der Mann aus Tarsos sagt. Das apostolische Amt zu verwalten ist die bei Weitem bedeutendste Aufgabe. Denn wie großartig ist es, durch die Lehre den Namen Christi zu verherrlichen! Doch ich glaube, du bedenkst nicht, eine wie schwierige Angelegenheit dies ist. Vielmehr denkst du nur daran, eines wie gesegneten Geschicks jene Diener sich zu erfreuen scheinen, wie reich gemeinhin, wie überaus glücklich sie anscheinend sind und wie viel freie Zeit ihnen anscheinend ihr ganzes Leben hindurch zugebilligt wird. Denn so denken ziemlich viele, und so denkst auch du. Da nun aber Paulus anscheinend jeden beliebigen Grund, das Evangelium und Christus zu lehren, anerkennt, werde ich dir den Weg zeigen, auf dem du das Begehrte erlangen kannst. Ich werde dich Zärtling weder durch holpriges Gelände und Dornengestrüpp noch über Umwege und ansteigende Hänge eines hohen Berges führen, sondern auf einem ebenen und leichten Weg – ganz so, wie es dein ausdrücklicher Wunsch ist. Es gibt nämlich im ganzen drei Wege: Einer von ihnen ist höchst mühselig, die beiden übrigen verlangen nicht harte Mühe. Zuerst haben die heiligen Propheten alles im Nu vom Himmel gelernt: Der Heilige Geist ersetzte nämlich jegliches geistige Streben und Bemühen. So wurden einstmals durch himmlischen Hauch ungelehrte Fischer plötzlich zu Lehrern, die alle Sprachen und die heiligen Schriften verstanden. Und sie brauchten keine Mühe, keinen Tropfen Öl darauf zu verwenden! O, wenn du doch auf diese Weise mit einem Schlage zu einem großen Manne, einem Lehrer und Hirten der Menschheit werden könntest, da dir doch Studieren und langwierige Arbeit verhaßt sind! Doch ach! Heute sind keine Spuren von diesem Pfad mehr vorhanden, und der Himmel ist für uns schlechterweg erkaltet. Also folgte auf diesen leichten Pfad sogleich ein zweiter, der über lange Umwege führte, von Steinen und Dornensträuchern starrte und nur mit Mühe einige nach langer Zeit auf den höchsten Gipfel gelangen ließ. Viele schreckte der holprige Weg sogleich ab und zwang sie, ihren Schritt anderswohin zu lenken. Einige haben sich mitten auf der Reise zurückgeflüchtet und beschlossen, lieber an einen beliebigen anderen Ort zu gehen. Manche sind, nachdem sie den Weg schon fast zurückgelegt hatten, infolge eines Schwindels gestrauchelt und im nahen Gestrüpp und Geröll hängengeblieben oder in mächtigem Sturz bis zum Fuß des Berges gefallen. Diesen Weg haben früher die ahnungslosen und verblendeten Vorfahren gewiesen und ihn

Wie die Tierfabel wurden auch die Satiren, ob in Vers oder in Prosa, immer wieder als komplementäre ästhetische Formen der Moralphilosophie angesehen.⁴³

g. Das erst neuerdings in seinen weiten europäischen Dimensionen glänzend erschlossene Textfeld der in Ovids Nachfolge entwickelten heroischen Versepistel, bald vor allem bei den Jesuiten beliebt, teils im Rückgriff auf biblische Figuren, teils auch im Blick auf historische und kirchenpolitische Darstellungsziele.⁴⁴

h. Nicht zuletzt das Meer der mit der exegetischen und homiletischen Literatur engstens zusammenhängenden paraphrastischen Bibeldichtung epischer oder lyrisch-zyklischer Art, sei es in Form der rein mengenmäßig kaum zu überblickenden, oft kommentierten Psalterpoesie (auch als Muster der verbreiteten Gebetslyrik), sei es in diversen Ausfaltungen der Perikopendichtung: von der einfachen Versifikation bis zum demonstrativen Nachweis innovativer Erfindungsgabe, artistischer Kombinatorik und topologischer Erweiterung,⁴⁵ wobei die affektiv gesteigerte, mit der bildenden Kunst kongruierende Darstellung der ›vier letzten Dinge‹ (*Quattuor Novissima*: Tod, Letztes Gericht, Himmel und Hölle) manchmal eine zyklische Sonderstellung einnahm.⁴⁶

Diese Texttraditionen samt den genrespezifischen funktionalen Überschneidungen werden in Standardwerken zur Lehrdichtung beachtet,⁴⁷ sind jedoch im Folgenden wie auch benachbarte Genres (Rätseldichtung;⁴⁸ Text-Bild-Kombina-

---

selbst emsig durchmessen, indem sie sich und andere heftig mit den Sieben Künsten quälten und Hände und Leiber der Rute darboten. Ja, sie waren sogar bestrebt, die Lehren der alten Weisen zu kennen, insbesondere in der lateinischen Sprache bewandert zu sein, alle Rhetoren, gelehrten Dichter und Geschichtsschreiber, Gesetze und altes Recht studiert zu haben, ferner auch alles, was immer die verehrungswürdigen Väter, die die Kirche Christi bis heute für ihre gelehrten theologischen Pioniere gehalten hat, einst geschrieben haben – soweit die Bücher nur überliefert sind.

43 Zur Unterordnung der Vers- und Prosasatire unter die Moraldidaktik und -philosophie mit vielen Belegen vgl. Schäfer 1992, S. 50–133.
44 Dazu nach ersten funktionsbezogenen Ansätzen von Kühlmann 2006 nun maßgebend im europäischen Horizont die monumentale Gesamtdarstellung von Eickmeyer 2012.
45 Den besten Überblick über die Fülle der Perikopenzyklen bietet nach wie vor Krummacher 1976; zum katholischen Bereich grundlegend Moser 1981; zum Psalmdichtungsphänomen, in lateinischer Form besonders für die Schule gedacht, s. exemplarisch Kühlmann 2006 und Huber-Rebenich 2001, zum Bibelepos nun fundiert Czapla 2013.
46 Dazu im weiten Überblick Krummacher 1987.
47 Vgl. Haye 1997, S. 242–298 (*Das Lehrgedicht im Vergleich – Abgrenzungen und Übergänge*) sowie Siegrist 1974, S. 30–52 (*Die Gliederung der didaktischen Gattung*).
48 Dazu jetzt Bismark 2007 sowie im Folgenden Telle 2013 (Nr. 8 und 26).

tionen der Flugblatt-Poesie und der, auch im jesuitischen Bereich florierenden, Emblembücher,[49] protojournalistische Festbeschreibungen, keinesfalls auf den Hof beschränkt,[50] auch die weitläufige Produktion der urbanen Meistersinger) auszublenden.

---

[49] Zum Typus, hier in Nachbarschaft von Horaz' *Ars poetica*, s. exemplarisch Ludwig 2008.
[50] Zum höfischen Bereich s. Rahn 2006; zu beachten sind die größeren lateinischen Festepen und -epyllien im Werke Nicodemus Frischlins (zu seiner monumentalen Hochzeitsepik musterhaft Ludwig 2000) und seiner Nachfolger wie Georg Konrad Maickler mit seiner epischen Beschreibung eines großen Festes im Tübinger »Stipendium Ducale« (Epulum Illustre, gedruckt 1600); den bürgerlich-urbanen Bereich schließt in deutsch-lateinischer Synopse Wiegand 1994 ein.

III Zur Ausbildung, Bandbreite und deutschen Rezeption der antiken und rinascimentalen außerdeutschen Lehrepik

Stattdessen ist der Strom jener ›Lehrdichtung‹ ins Auge zu fassen, der im landläufigen Verständnis in erster Linie unter dem Lemma ›Lehrgedicht‹ assoziiert wird: jene artifizielle episch-didaktische Textgattung also, die schon um 700 v. Chr. mit Hesiods *Theogonie* (darin die Urszene der Dichterweihe, V. 24–36), mehr noch mit seinen *Erga Kai Hēmerai* (›Werke und Tage‹) Umrisse eines auf Dauer ehrwürdigen generischen Archetypus annahm. Von Hesiods Prestige zehrten zweifellos auch die nur zum größeren Teil nur fragmentarisch erhaltenen naturkundlichen Lehrepen der Vorsokratiker; zu nennen ist hier neben Parmenides (um 500 v. Chr.)[1] und Xenophanes (ca. 570–475 v. Chr.)[2] ein kosmologisches, an einen Schüler gerichtetes Epos *Physika* (›Über die Natur‹, ca. 3.000 Verse in drei Büchern) des Empedokles von Akragas (5. Jahrhundert v. Chr.).[3] Dass gerade der hexametrische Archetypus Hesiods neben dem Wissensfundus klar umrissener Disziplinen (der Landwirtschaft in ›Werke und Tage‹) verschiedene kommunikative Binnenformen und kognitive Gehalte synkretistisch und nicht ohne konzeptionelle Brüche zur poetischen Textur eines weitgespannten Weltbildes verknüpfte (Biografisches und Episodisches, darunter auch mythologische Erzählungen oder katalogartig verknappte Reihen, Anweisungen, Mahnungen, Sprüche und Erörterungen, Kalenderdichtung, Fabeln und Aitiologisches), wies in Formenvielfalt, feierlichem poetischen Gestus (Musenanruf) und diskursivem Anspruch voraus auf die nachmals modellbildenden Lehrepen der Römer (vor allem Lukrez und das »askräische« Lehrgedicht Vergils). An deutschen Universitäten stieg Hesiod, worauf auch der Buchmarkt sehr genau reagierte, während des 16. Jahrhunderts in den Rang eines kanonisierten Leitautors auf,[4] zu dem Melanchthon Praefationes, Enarrationes und Interpretationes im Zuge mehrfacher Vorlesungen schrieb bzw. vortrug (CR XVIII, S. 157–274). Dazu traten in der Folge weitere Kommentare,

---

1 Einleitung, Textfragmente und Übersetzungen in: Die Vorsokratiker, S. 290–341.
2 Vgl. ebd., S. 206–235.
3 Vgl. ebd., S. 392–413; man wird sich, in Deutschland jedenfalls, der Figur des Empedokles nicht nähern, ohne die Fragmente des hölderlinschen Empedokles-Dramas (drei Fassungen) samt dessen Prosa-Erläuterungen zur Hand zu nehmen.
4 Zahlreiche Drucke, meist mit lateinischen Übersetzungen verzeichnet VL 16 (Druckfassung) Nr. H. 2680–2731.

zum Teil mit lateinischen Übersetzungen wie zum Beispiel in Gestalt der großen Hesiod-Ausgabe des Georg Henisch/Henisius (Basel 1580) mit ausführlicher, alle Rezeptionsinteressen entfaltender Widmungsvorrede an den Grafen Christoph Fugger. Matthias Grabitius, Professor des Griechischen und der (Aristotelischen) Moralphilosophie in Tübingen, veröffentlichte schon 1559 auch in Basel bei Oporinus seine Vorlesung über Hesiods *Erga kai Hemerai* und bestand darauf, dass bei Hesiod ganz abseits aller landwirtschaftlichen Aspekte außer der gnomologischen Didaxe manche Einsprengsel alten, nicht leicht zu entschlüsselnden Geheimwissens zu entdecken und zu erklären seien, außerdem teilweise ein alltagsweltlich nützlicher, plan dargebotener Lehrgehalt, der sich mit Traditionen der »heiligen Väter« (von diesen beeinflusst?) und auch mit dem ›Naturgesetz‹ zur Deckung bringen ließ. Hier ein Auszug (S. 4 f.) der unpagininierten Widmungsvorrede an einen früheren Studenten, die einen Einblick in Sichtweisen der akademischen Tradierung eröffnet und sich auch schwierigen Strukturfragen offenbar nicht verschließt:

> Nam utcunque hoc opusculum uideatur esse nudum, & simplici constare [griech.] *gnomología* : habet tamen etiam inserta quaedam, ab initio praesertim, de illis priscorum sapientum mysterijs, quae sub suis figmentorum inuolucris comprehensa, non sunt ita facilis indagationis, nedum enarrationis expeditae ad rudiorem intelligentiam: deinde ipsae etiam praeceptorum sententiae, non, ut sunt de communi vitae usu, ita etiam noticiam planam proponunt, sine omnibus prisci sermonis figuris. Ad haec, pleraque ex his praeceptis sunt ita grauia & sublimia, ut tam non abhorreant a doctrina sanctorum patrum & legis diuinae, ut dicas unde petita esse: alia autem fere omnia cum lege naturae usque adeo consentiunt, ut eam ab ipsis secernere non queas. Praeterea consilij poetae propositio principalis est omnino philosophica, de officio hominis & recta uitae institutione, ad consecutionem felicitatis eius quae non est conspicua & obuia quorumuis animaduersioni.[5]

---

5 *Übersetzung*: Denn mag dieses kleine Werk auch nackt erscheinen und aus einer einfachen Spruchsammlung bestehen, so hat es doch gewisse Einfügungen, zumal am Anfang, über jene Geheimnisse der alten Weisen, die, gefasst unter ihren Hüllen von [poetischen] Erfindungen, nicht so leicht zu erforschen, geschweige denn zu schlichterem Erkenntnisgewinn zu bringen sind. Darauf folgen auch eigentliche lehrhafte Sinnsprüche: da sie vom Alltagsleben handeln und so auch eine einfache Beobachtung vorlegen, nicht ohne alle Figuren eines altertümlichen Sprachgebrauchs. Dazu sind die meisten dieser Lehren so gewichtig und erhaben, dass sie nicht von dem Wissen der heiligen Väter und dem göttlichen Gesetz abweichen, sodass du sagen kannst, woher sie erstrebt wurden; andere aber kommen so sehr fast alle mit dem Naturgesetz überein, dass du es von diesen nicht trennen kannst. Außerdem ist das beabsichtigte Hauptvorhaben des Dichters ganz ein philosophisches: von der Pflicht des Menschen und seiner rechten Lebenslehre bis hin zum Streben nach seinem Glück, das nicht gleich sichtbar und jedweder Wahrnehmung offenkundig ist.

Die eher kleinepischen Lehrdichtungen des griechischen Hellenismus rückten nicht die privilegierte Vermittlung von Wissen oder gar von Weltbildern, sondern eher formale innovative Qualitäten im Sinne der Virtuosität eines individuellen poetischen Könnens in den Vordergrund, das sich sehr bewusst in poetisch ›neuen‹, d. h. entlegenen, recht prosaischen und manchmal exotischen Sachgebieten zu bewähren hatte. Ein Teil dieser Dichtungen, entstanden wie bei Eratosthenes (3. Jahrhundert n. Chr.), dem großen Gelehrten und Leiter der Bibliothek von Alexandria, nicht selten in der Personalunion des Wissenschaftlers, gelehrten Archivars und Poeten, blieb zwar thematisch ohne größere historische oder diskursive Relevanz, darunter etwa des Nikandros von Kolophon hexametrische Lehrepen über die Heilmittel gegen den Biss giftiger Tiere oder Abhilfe bei Vergiftungen durch Speisen: *Theriaka* bzw. *Alexipharmaka*; Mitte des 2. Jahrhunderts n. Chr.; Erstdruck 1499),[6] prägt jedoch den unabhängig vom großen Gegenstand erhobenen Kunstanspruch, ohne den auch manche rinascimentale Lehrpoeme nicht zu denken sind, die sich neuartiger Technik zuwandten wie Girolamo Vidas (1490–1566), des italienischen Bischofs und Trienter Konzilsteilnehmers, stofflich ebenso aktuelles wie schwieriges Lehrepos über die Seidenraupe (Bombycum Libri II, 430 bzw. 438 Verse) oder das von dem Franzosen Nicolas Bourbon (geb. 1503) publizierte lateinische Lehr-Epyllion über die Eisenverhüttung (Ferraria, 1517).[7] Immer ging es dabei auch, wie schon in der Nachfolge des Lukrez von Vergil formuliert wurde, um den sprachlichen ›Sieg‹ über den ›neuen‹, bisher poetisch nicht bewältigten Stoff (georg. 3,289 f.): »nec sum animi dubius verbis ea vincere magnum / quam sit et angustis hunc addere rebus honorem«.[8]

Ein anderer Teil der hellenistischen Überlieferung präformierte dagegen die Behandlung eines über die Zeiten hinweg attraktiveren, immer auch lebensweltliche Aufmerksamkeit erregenden Gegenstandsbereichs. Dies gilt vor allem für das astronomisch/astrologische, auch religiös, vom Gedanken der göttlichen Vorsehung geprägte Weltbild, wie es in einem verbreiteten Lehrepos (*Phainomena*) des Aratos von Soloi (ca. 315–240 v. Chr.) behandelt und beglaubigt war, ein Werk, das Cicero und nach ihm Germanicus, der Neffe des Kaisers Tiberius, im 4. Jahrhundert auch Avienus ins Lateinische und in der Frühen Neuzeit – im Kreis der französischen Pléiade – Remy Belleau ins Französische übersetzte.[9] Melanch-

---

6 Dazu Effe 1977, S. 56–66.
7 Zu Vidas Seidenraupengedicht s. Roellenbleck 1975, S. 131–134; zu Bourbon Blänsdorf 1994 (mit Edition).
8 *Übersetzung von Gertrud Herzog-Hauser*: Nein, ich bezweifle es nicht, wie schwer mit Worten zu zwingen / Dies und solchen Ruhm zu verleihen den dürftigen Dingen.
9 Braybrook 1991; zu Arat s. die Edition von Kidd 1997 mit englischer Übersetzung sowie die speziellen Untersuchungen von Ludwig 1963 und Erren 1967 bzw. 1994; außerdem Effe

thon arbeitete sich zu Beginn seiner Lehrtätigkeit in die Himmelskunde durch Aratlektüre ein, behandelte ihn in Vorlesungen sowohl in Tübingen wie auch in Wittenberg (1517 bzw. April 1522) und übersetzte Teile ins Lateinische. Die Vorrede zu einer griechischen Textausgabe (Wittenberg 1521, an Hieronymus Baumgartner) betonte, wegweisend für Urteile und Praktiken des gesamten postreformatorischen Schulhumanismus, ein bleibendes Lernziel, hier mit Berufung auf Horaz (*Ars poetica* 322), die Einheit des Erwerbs von Sachwissen und der Schulung der sprachlichen Eleganz (Auszug):[10]

> Arcebat Horatius theatris »versus rerum inopes nugasque«, ut vocat, »canoras«. Quanto magis in scholis praestandum est, ut eiusmodi scriptores exhibeantur, qui simul linguam et mentem expoliant. Porro mihi praeter sacra a Graecis hominibus [griech.:] *physiologia* potissimum requirenda videtur, nempe quam illi ita sibi proprie vindicarint, ut quidquid praetera de ea literis proditum extat cum barbarum tum mancum esse adpareat. Proinde in Arato periculum faciemus, qui plane amoenissimam [griech.:] *tēs physiologias* partem carmine persecutus est. Neque necesse habeo operis elegantiam multis praedicare.[11]

Dank neuerer Forschungen von Walther Ludwig (2003) wissen wir, dass sich auch Melanchthons wohl bester Freund, der in Nürnberg, Tübingen und Leipzig wirkende Gräzist Joachim Camerarius d. Ä. (1500–1574)[12] nicht nur intensiv mit Arat beschäftigte, sondern selber drei in dieser Tradition angesiedelte, Hesiod und Vergil rühmend erwähnende Lehrgedichte in elegischen Distichen schrieb und publizierte (Nürnberg, 1535, Basel 1536): *Aeolia* (284 Verse über die Winde), *Phaenomena* (326 Verse) und *Prognostica* (426 Verse).

Arats Werk wirkt wie ein Vorspiel zu dem ehrgeizigen astronomisch-astrologischen Lehrepos (*Astronomica*) des uns als Person kaum greifbaren Marcus

---

1977, S. 40–56. Arat erschien im Druck zunächst zusammen mit lateinischen Übersetzungen, auch mit Manilius' Lehrgedicht sowie Scholien und Kommentaren: so Venedig 1499; zu einer zweisprachigen Edition (Frankfurt am Main 1535; im Textbestand erweiterte Neuauflagen bis 1742), mit den Fragmenten des Germanicus und anderen Texten (Hyginus, Proklos), besorgt von dem Heidelberger Professor Jakob Micyllus, s. DH 3, Nr. 4, S. 23–32.
10 MBW T 1 (1991), Nr. 196, S. 420 f.
11 *Übersetzung*: Vom Theater hielt Horaz sachlich leere und, wie er sagt, bloß wohlklingende Nichtigkeiten fern. Umso mehr ist in den Schulen dafür zu sorgen, dass solche Schriftsteller vorgelegt werden, die zugleich die Sprache und den Geist ausbilden. Außerdem scheint es mir, dass wir bei den Griechen außer der Götterkunde vor allem die Naturkunde suchen müssen, weil sie sich diese eigentlich zu eigen gemacht haben, sodass alles, was außerdem darüber schriftlich überliefert ist, barbarisch und mangelhaft erscheint. Deshalb werden wir einen Versuch mit Arat machen, der auf äußerst angenehme Weise diesen Teil der Naturkunde in seiner Dichtung verfolgt hat. Denn die Eleganz dieses Werkes mit vielen Worten zu preisen habe ich nicht nötig.
12 Zu J. Camerarius d. Ä. zusammenfassend nun der Artikel von Joachim Hamm in: VL 16,1 (2011), Sp. 425–438.

Manilius (1. Jahrhundert n. Chr.; Erstausgabe durch Regiomontanus ca. 1473), das sich stellenweise entschieden gegen den Atomismus des Lukrez richtete (I, bes. 483–491), ein sprachlich und sachlich anspruchsvolles Opus, das wie Lukrez' Lehrepos in sechs Büchern (*De rerum natura*) erst 1417 von Poggio Bracciolini wiederentdeckt wurde.[13] Zum Beispiel ist das durch seine in narrativen Episoden entfaltete mythopoetische Erfindungskraft bemerkenswerte Lehrepos (fünf Bücher) *Urania sive de stellis* (Erstdruck postum Venedig 1505 in der Ausgabe der *Opera*) des namhaften italienischen Humanisten Giovanni Gioviano Pontano (Pontanus, 1429–1503)[14] wie auch sein *Meteorum Liber* ebensowenig ohne die Kenntnis des Manilius zu denken wie das gemäß Vergil auf vier Bücher angelegte Lehrepos des schottischen Calvinisten George Buchanan (1506–1582) mit dem Titel *Sphera*, das mit einer englischen Übersetzung von James R. Naiden (1952) gründlich behandelt ist, der in seiner Einleitung für die Zeit von 1450 bis 1835, die neulateinische Literatur betreffend, mehr als 30 »didactic poems« zum astronomischen Themenkreis aufführt, dies innerhalb einer Fülle von 230 »didactic poems« von 150 verschiedenen Autoren des Zeitraums von 1540 bis 1853. Es war Pontano, der in einem seiner Dialoge seine eigene Dichtung innerhalb eines hochgestimmten Rückblicks auf die archegetische Lehrepik und damit auch auf die bis ins 17. Jahrhundert gern berufene, geradezu kulturstiftende Einheit des Wissens, der Lehre und der Dichtung feierte:[15]

---

13 Zu Poggios Entdeckungen nun, etwas reißerisch, Greenblatt 2012; zur Manilius-Rezeption wertvoll Hübner 1980; ferner Häfner 2003, bes. S. 503–506; s. auch die Hinweise in der nur mit Respekt zu nennenden zweisprachigen Ausgabe von Fels 1990. Für Manilius und die im Folgenden kurz charakterisierten römischen Lehrepen (Lukrez, Vergil) verweise ich auf die einschlägigen (meisterhaften!), in jeder Hinsicht äußerst hilfreichen, mit Inhaltsangaben versehenen Kapitel in der Literaturgeschichte von Albrecht 1994, ferner den großen Überblick von Pöhlmann 1973 sowie das Standardwerk von Effe 1977.
14 Zu den Werken Pontanos im Überblick Roellenbleck 1975, S. 92–113, sowie Kidwell 1991; Teilausgabe mit bio-bibliografischen Angaben in Poeti Latini, S. 307–783, spez. 764–783; zur Auseinandersetzung mit Lukrez Goddard 1991; zur Astralmythologie Hübner 1979.
15 Zit. nach Pontano 1984, S. 510 f.; *Übersetzung (ebd.)*: »Die Natur der Dinge deckte Empedokles dem Menschengeschlecht durch seinen Gesang auf, und Dorotheus Sidonius die Natur der Sternenwissenschaft; diese beiden ahmten Lucretius und Manilius bei den Lateinern nach; und – großer Gott! – was für ein Reichtum, was für ein Schmuck, wieviel Glanz strahlt aus den hellsten Lichtern des einen im anderen wieder! Er reißt den Leser fort, wohin er will, er prüft, worauf er abzielt; mit höchster Feinheit und Kunstfertigkeit ermahnt, erschreckt, erregt und holt er ihn zurück, und dies alles vollbringt er mit Größe und wenn nötig mit Schmuck und mit dieser Bewunderungswürdigkeit, über die wir sprachen, sodass nach der Reinigung jener rauheren Rhythmen des Altertums, mit denen später Vergil die römische Dichtung erleuchtete, überhaupt nichts gemangelt zu haben scheint. Dem anderen aber wurde in der Astronomie, sofern ihm zur dichterischen Anmut noch der Schmuck fehlte, erst kürzlich von unserem Senex etwas

> Aperuit rerum naturam generi hominum carmine suo Empedocles, sideralis disciplinae Dorotheus Sidonius, quos Latine imitati Lucretius ac Manilius, Christe optime, quid copiae, quid ornatus, quantus e clarissimis luminibus eius emicat in altero splendor! Rapit quo vult lectorem, probat ad quod intendit, summa cum subtilitate et artificio, hortatur, deterret, incitat, retrahit, demum omnia cum magnitudine, ubi opus est atque decoro, et hac de qua disputatum est admiratione, ut expurgatis rudioribus illis vetustatis numeris, quibus postea Virgilius Romanam illustravit poeticam, nihil omnino defuisse videatur. Alteri vero in astronomicis, si quid ornatus poeticoque defuit decori, additum nuper ac suffectum a nostro est Sene. De cuius Urania, ut arbitror, iudicabunt posteri fortasse liberius, quod, certo scio, de ea sentient minus invidenter. Quibus igitur verbis aut quonam ore gestuque assurgemus Poeticae?

Pontanos *Urania* wurde von Joachim Camerarius d. Ä. in seinen *Phaenomena* als ›Mitbürger Vergils‹ gerühmt und nachgeahmt,[16] und wohl in Ergänzung von Arats *Phainomena* empfahl Melanchthon, der solche italienischen Publikationen durchaus beobachtete, Pontanos *Meteora* (im deutschen Sprachraum zuerst gedruckt Wien 1517) und ließ sie 1524 in Wittenberg mit einer Vorrede drucken, weil auch hier die geforderte Einheit von Sachwissen und lexikalischer wie stilistischer Virtuosität zu studieren war und weil er ›ranzige‹ ältere Lehrbücher dadurch verdrängen wollte:[17]

> Prudenter hic constitutum est, ut hi qui physiologian tradunt pro rancidis commentariis qui paulo ante in scholis regnabant interpretentur praeter alios bonos scriptores et Pontani [griech.:] Metéōra. Nam antea usque adeo tradebantur omnia insulse, ut nomen etiam ipsum ac titulum [griech.:] Metéōra corruperint ac concerpserint. O incredibilem amentiam! Nemo non metauros pronuntiabat, et erant qui a tauris nomen derivabant. Credo, quod in tauros alii, alii in asinos degenerarant, etymologia illa delectatos esse. Maiores temere finxisse Homerum arbitrati sunt Circes poculis quosdam infectos induisse ferarum formas. At nostra aetas vidit multo verissime in bestias plerosque mutatos esse degustata barbara illa et corrupta doctrina. Proinde optarim in physicas scholas ubique explosa tandem barbarie accersi hos Pontani libellos, quando ea est elegantia carminis, ut facile opponi vetustati possit, et res ipsae prudentissime docentur.[18]

---

hinzugefügt und ergänzt. Über seine »Urania« werden, wie ich meine, die Späteren vielleicht freier urteilen, weil sie darüber, was ich gewiss weiß, weniger neidvoll denken. Mit welchen Worten und welcher Miene und welcher Gebärde wollen wir uns also vor der Dichtung erheben?«
16 Dazu Ludwig, *Opuscula* 2003, S. 110 f., sowie zur weiteren Verehrung Pontanos ebenfalls Ludwig *Pontani* 2003.
17 Zit. nach MBW T 2, Nr. 365, S. 223. In einem Brief an Camerarius vom 29. Juni 1532 (MBW T 5, Nr. 1261, S. 313 f.) berichtet Melanchthon von der Lektüre des Pontano nahestehenden neapolitanischen Lehrdichters Lorenzo Bonincontri/Bonincontrinus (*De rebus coelestibus*, Venedig 1526); dazu die neue Edition von Heilen 1999.
18 *Übersetzung*: Sehr klug ist hier festgestellt, dass die, welche die Naturkunde lehren, anstelle ranziger Lehrbücher, die bis vor kurzem in den Schulen herrschten, außer anderen

Von Lukrez konnte man einen ebenso persönlich-kommunikativen wie sachlich konzentrierten und argumentativ sehr bewegten Darstellungsgestus lernen, auch das Verfahren, die Proömien der einzelnen Bücher des Lehrepos zu dezidierten, auch latent polemischen Stellungnahmen oder poetologischen Reflexionen zu nutzen.[19] Mehrfach und geradezu emphatisch (Proömien zu III und V) huldigte Lukrez hier seinem Heros Epikur, dem »pater et rerum inventor« (III, 9), nach dessen Vorbild er, zum Entsetzen und Widerspruch aller späteren christlichen Poeten, gegen abergläubische Götterfurcht polemisierte, den Glauben an die Unsterblichkeit der Seele entkräftete und nach und nach das komplette Bild einer vergänglichen Welt aus Atomen entwarf, die allenfalls bei Außenseiter wie Giordano Bruno (1548–1600, auf dem Scheiterhaufen verbrannt), bedeutsam auch als Autor renommierter Lehrdichtungen, positive Resonanz fand.[20] Immer wieder nachgeahmt wurde in der abendländischen Dichtung (seit Vergil) der das Gesamtwerk eröffnende Hymnus an Venus als lebensspendender universaler Naturmacht, manchmal ohne Angabe der Quelle auch in Gedichten.[21] Die angst- und tabulose Suche nach den wahren »causae rerum« beantwortete für Lukrez immer auch überkommene Sinnfragen. So ergänzten sich bei ihm kosmogonische, kosmologische, naturkundliche (z. B. meteorologische, aber auch

---

guten Schriftstellern auch die *Meteora* des Pontanus erläutern. Denn früher wurde alles so geistlos weitergegeben, dass sie sogar den Namen und den Begriff *Meteora* verdorben haben und zerrissen haben. O unglaublicher Wahnsinn! Jeder sprach von den Metaurern, und es gab manche, die den Namen von Taurus von den Ochsen ableiteten. Ich glaube, weil die einen zu Ochsen, die andern zu Eseln degeneriert sind, haben sie an jener Etymologie ihre Freude gehabt. Die Vorfahren glaubten blindlings daran, dass Homer gedichtet habe, dass manche durch den Trank der Circe die Gestalt von wilden Tieren angenommen haben. Aber unser Zeitalter sieht, dass mit viel größerer Wahrheit die meisten zu Bestien verwandelt worden sind, wenn sie von jener barbarischen und verdorbenen Gelehrsamkeit gekostet haben. Deshalb möchte ich, dass überall endlich die Barbarei vertrieben und zum Unterricht in der Naturkunde diese Büchlein des Pontanus herangezogen werden, weil hier eine solche dichterische Eleganz vorherrscht, dass sie leichthin dem Altertum an die Seite gestellt werden kann und die Sachen selbst höchst klug gelehrt werden.

19 Zu den Proömien s. Büchner 1964.
20 Zur üppigen Lukrez-Forschung und deren Diskussion s. Classen 1986, Glei 1992 (hier auch zur Rezeption), Sier 1998, Jones 1989 bzw. 1991 und Gillespie/Hardie 2007; zur Rezeption (auch zu G. Bruno) besonders ergiebig Stückelberger 1972, Reeve 1980, Mahlmann-Bauer 2005; dazu kommen die zumeist auch Lukrez berührenden Arbeiten zur frühneuzeitlichen Epikur-Rezeption wie zum Beispiel Zintzen 1999.
21 So etwa die wörtlichen Reflexe in dem »Sommer [Frühlings]-Lied« des Ernst Christoph Homburg (1607 [nicht 1605, wie sonst in Lexika öfters angegeben]–1681), ed. Aurnhammer u. a, Textbd.1, S. 224–226, samt dem Kommentarbd. S. 201 f. Epische Dimensionen nahm das *Veris Encomium* bei dem namhaften schlesischen Juristen und Dichter Heinrich Mühlpfort (1639–1681) in der Sammlung seiner lateinischen *Poemata* (1686, ND 1991, S. 1–19) an.

medizinische) sowie anthropologische Ausführungen (etwa zur menschlichen Sinnesphysiologie- und -psychologie) und mündeten (Buch V und VI) in Theorien zur Entwicklung des menschlichen Zusammenlebens und zur Entstehung von Kultur, deren Fortschritt durch moralische Depravation (Kriege und Habgier) bedroht ist. Mehrfach verlässt Lukrez den Pfad des sorgfältig und markant gegliederten Lehrvortrags, der manchmal den Gestus einer popularphilosophischen Diatribe annimmt, um zu Exkursen auszuholen, wie in der berühmt gewordenen, das Werk abschließenden Schilderung der Pest im alten Athen samt Überlegungen zur Entstehung von Seuchen (VI, 1090–1286).

Die weltanschaulichen Positionen des Lukrez blieben bis ins 18. Jahrhundert im christlichen Europa offiziell verfemt und wurden bekämpft, seine poetischen Mittel in Konzeption und Mikrostilistik lebten weiter und wirkten zunächst ein auf das allgemein approbierte und wirkungsvollste Lehrepos Europas, auf Vergils *Georgica*. Auch hier ging es um die ästhetische Nobilitierung eines Weltbildes, allerdings nicht im Zeichen einer energischen Befreiung von religiösen Illusionen, sondern in staatstragender Anpassung an das geistige Klima der augusteischen Restauration, trotz aller herausgehobenen Verehrung des großen Vorgängers (z. B. II, 490–492). Die patriotische Achtung vor der mühsamen, immer wiederkehrenden Arbeit und geradezu ›saturnischen‹ Lebensrhythmik des Bauern bot den ideellen Rahmen für den Kernbereich der Darlegungen, die sich, auch im sprachlichen Ringen mit einer spröden Materie, den verschiedenen Zweigen der Agrikultur zuwendet: dem Ackerbau samt Bauernkalender und Wetterbuch (Buch I), der Entstehung, Varietät und Pflege der Pflanzen unter Einschluss des Weinbaus (Buch II), der Zucht und Haltung der Haustiere (Buch III) und schließlich der geradezu moralisch zu qualifizierenden Einzigartigkeit der Bienen und ihrer Staatsbildung (Buch IV). Die Schilderung einer Tierseuche (III, 478–566) oder die abschließende Erzählung von Tod und Urzeugung der Bienen im sog. Aristaeus-Epyllion mit der Sage von Orpheus und Eurydike (IV, 315–554) gehören zu den das Gesamtwerk prägenden, oft von Lukrez inspirierten Exkursen, die formal und gedanklich den Lehrvortrag auflockern und diskursiv überwölben. Das mythologisch angereicherte Aristaeus-Epyllion wurde in der rinascimentalen Lehrepik zum Vorbild für die oft auch aus Ovids Metamorphosen geschöpfte Anreicherung des Sachvortrags durch mythopoetische Erfindungen, die sich im Bereich der astral-kosmologischen Lehrepik selbstverständlich auch der narrativen Entfaltung einschlägiger Gestirnsagen (zu studieren bei Manilius und und Pontano) bedienten. Dazu ließen sich bei Vergil weitere renommierte strukturelle und diskursive Amplifikationen beobachten und ›nachahmen‹, darunter die Anrufung Oktavians (I, 24–42), die topologisch verallgemeinerten Überlegungen zur Not als Erfinderin (I, 121–154), die fortan in ganz Europa nachklingenden *Laudes Italiae* (II, 136–176) mit der niemals vergessenen Rühmung der »Saturnia tellus« (174), das Lob des Frühlings (II, 323–345), der berühmte, bald ein eigenes Genus bildende Preis des Landlebens (II, 458–540), die Vergegenwärtigung eines Stierkampfs (III, 219–24) oder die idyllische Episode über den Betrieb des alten Gärtners (IV, 125–148). Das Attribut »improbus« (Klingner 1963, S. 36: »maßloses Sichabmühen« als Beispiel für die vielen problematischen Übersetzungen der berühmten These »Labor omnia vicit improbus; I, 145 f.) hat Kommentartinte fließen lassen, weil darin die archaische Deutung von Arbeit als Strafe der Götter zwar noch mitschwingt, jedoch nun zugleich alles Mühen als Proprium humaner Kultur, Weltbewältigung, Sinnerfüllung und Würde aufscheint, sodass moderne Kulturtheoretiker des ›Abendlandes‹ daran mancherlei Betrachtungen anknüpfen konnten. So etwa Theodor Haecker:[22]

> Die normhafte Größe der *Georgica* Vergils, des Buches vom Landbau und vom Bauern, von der Arbeit und der *iustissima tellus*, liegt darin, dass es mit sicherem Blick den Sinn der Arbeit, ein mächtiges Problem der Menschheit, eines der qualvollsten und verwirrtesten gerade der heutigen, die ihn weithin verloren hat, dort entdeckt, wo ihre erste Heimat ist, beim Bauern, im Landbau. Bei den Hirten in den Bucolica ist sie nur erst Spiel, noch nicht Arbeit im Schweiße des Angesichts, noch nicht *labor improbus*. Vergil überschätzt weder die Arbeit noch unterschätzt er sie. Die Arbeit selber erschafft nichts, denn sowohl die karge und ärmliche Frucht wie auch die reiche und volle gibt allein die Mutter Erde. Doch ist ein Unterschied, der Unterschied der Arbeit, der *cultura* im engeren Sinne, zwischen der wilden und der kultivierten Ähre; jene gibt die *tellus* umsonst. Diese gibt sie als iustissima, als allgerechte, nur um den Preis *des labor improbus*.

Kaum zu ermessen ist in ihrer literaturhistorischen Tiefe die Nachwirkung von Vergils Lehrepos:[23] Es wurde, von Gesamtausgaben Vergils abgesehen, in den Jahren von 1501 bis 1522 20-mal, bis 1580 noch elfmal einzeln in Deutschland gedruckt,[24] im Unterricht behandelt, sowie, abgesehen von vielen heute kaum noch bekannten Literaten, studiert und assimiliert von großen rinascimentalen Lehrepikern wie Pontano, Vida und Fracastoro, bildet auch die Folie von Angelo Polizianos (1454–1494), des Florentiners, *Rusticus* (570 Hexameter),[25] vorgetragen bei der Erörterung von Hesiod und Vergils *Georgica*. Die im Mittelalter beginnende Kette der von Verehrung getragenen europäischen Adaptionen und Transformationen, weit über das vorgegebene Thema des Landbaus hinaus, umfasste

---

[22] Haecker 1965, S. 33.
[23] Dazu hilfreich und einlässlich die Studie von Ludwig 1982; ferner Effe 1975.
[24] Dies nach dem Befund von Leonhardt 2001, S. 102; hilfreich und herausragend der illustrierte Katalog von Schneider 1983, hier zu den Einzeldrucken der *Georgica*, S. 132–137; zu Melanchthons Enarratio der *Georgica* s. zum Exempel C. R. XIX (1853), S. 349–454; instruktiv als thematisch-topologische Rezeptionsstudie Monreal 2005.
[25] Siehe die zweisprachige Edition von Schönberger 1992.

beispielsweise auch die ca. 5.000 Hexameter (Agriculturae sacrae libri quinque. Basel 1550, übertragen auf das Idealbild des Theologen, elektronisch lesbar in CAMENA) des bisher nur als Dramatiker und Satiriker gewürdigten Thomas Naogeorg (ca. 1508–1563) sowie die ihrerzeit vielgelesenen Landbau- und Gartengedichte namhafter französischer Jesuiten des 17. und frühen 18. Jahrhunderts (René Rapin: Hortorum libri IV. Erstdruck Paris 1665, schöne Neuausgabe 2012; Jacques Vanière: Praedium rusticum in 16 Büchern, erschienen zwischen 1707 und 1746, zahlreiche Neuausgaben und Übersetzungen).[26] Allerdings enthielt Vergils Verherrlichung des Bauern auch Sprengstoff: Nicodemus Frischlin (1547–1590) hielt in Tübingen über Vergils *Georgica* eine paraphrastische Vorlesung (1578) und ließ im selben Jahr wie diese Vorlesung im Druck ausgehen, sichtlich als anspielungsreiche Kontrastfolie gedacht, seine vieldiskutierte, bald geradezu berüchtigte Rede *De vita rustica*, die ihm zahlreiche Anfeindungen einbrachte und letzthin zu seinem Gefängnis und seinem tragischen Tod führte (Oratio de Vita rustica. Tübingen 1580, im Folgenden zitiert S. 98).[27] Im Kontrast zu seinen vorhergehenden Rühmungen von Reden, Taten und ständischer Würde der Bauern, illustriert vor allem durch leuchtende Beispiele der Antike, schlägt Frischlin mit Blick auf die straflos verübten Grausamkeiten der miteinander verbündeten adeligen Grundherren seiner Zeit einen seit den Bauernkriegen durchaus ungewohnten Ton an:

> Quid de crudelitate dicam, quam Centauri quidam ex illis, in suos rusticos atrocissime exercent. Nam quot putatis vos in illis locis, vbi maxima est impunitas, hodie esse nobiles: qui singuli aliquot innocentissimos agricolas leui de causa, ad necem deuerberauerint, aut etiam penitus occiderint: & an vos vnquam audistis, ibi cuiquam horum scriptam dicam [Druckfehler für dictam], aut de quoquam supplicium capitis sumtum. Age enim tu, quisquis es ex aliorum hominum ordine, age acceptam a Centauro aliquo iniuriam vindicandam suscipe. Disperam, nisi omnes caeteri (paucissimis exceptis) facta conspiratione, siue catenaria, siue Catilinaria, in tui vnius perniciem coniurent.[28]

---

26 Dazu neben Ludwig 1982 das Kapitel *Jesuit Georgic in the Age of Louis XIV* von Haskell 2003, S. 17–68, ferner Monreal 2005 und 2010.
27 Dazu Kühlmann 1999; zur Druckgeschichte s. die Beschreibungen bei Wilhelmi/Seck 2004, Nr. 41, 42, 154, 170, 182, 190 und 226; nach wie vor für Frischlin immer mit Gewinn heranzuziehen der verehrungswürdige Strauß 1856, hier S. 168–246; nun ist auszugehen von dem Artikel (*sub verbo*) von Robert Seidel. In: VL 16,2 (2012), Sp. 460–477.
28 *Übersetzung*: Was soll ich über die Grausamkeit sagen, die manche Kentauren von ihnen auf schrecklichste gegen ihre Bauern verüben? Denn was glaubt ihr, wie viel Adelige es an den Orten gibt, wo die größte Straflosigkeit zu erwarten ist, [Adelige], die als einzelne manche höchst unschuldige Bauern aus geringfügigem Anlass bis zum Tode verprügelten oder ohne weiteres erschlugen? Oder habt ihr jemals gehört, dass dort über jemanden von ihnen ein Protokoll aufgenommen oder über jemanden ein Todesurteil gefällt worden ist. Wohlan denn, nimm

Eine der ehrgeizigsten *Georgica*-Ausgaben erschien 1759 aus der Feder eiens anonymen Bearbeiters in Hamburg/Leipzig, also zur Hochzeit der poetischen Didaktikwelle des 18. Jahrhunderts, enthaltend den lateinischen Text nebst einer deutschen Prosaübersetzung und ausführlichsten textkritischen, sachlichen und literaturhistorischen Erläuterungen des in Cambridge lehrenden Botanikers John Martyn (ins Deutsche übersetzt), mit dem Untertitel: *Zum Gebrauche der Schulen, um die Jugend zu einer frühen Erlernung der Haushaltungskunst zu ermuntern*. Das ausführliche Vorwort begegnet energisch allen älteren abqualifizierenden Stellungahmen zur Lehrepik allgemein und zu den *Georgica* speziell, die in ihrem poetischen und praktischen Wert sogar über Vergils *Bucolica* und *Aeneis* erhoben werden (Auszüge aus der namentlich nicht gekennzeichneten Vorrede, fol. b1r/v).

> Verlangt man Erdichtung, so darf man auch diesen Charakter nicht lange suchen. Die Episode des Aristhäus im vierten Buche ist nicht das einzige Beyspiel: Fast jede Ausschweifung, jede Beschreibung, selbst viele bloß dogmatische Theile sind durch eine Dichtung belebt. Jupiter erscheint im Sturm, Tisipone steigt in der Pest aus der Hölle, die ganze Natur nimmt Theil an dem Tode Cäsars; und die Anspielungen sind so häufig, dass es unnöthig ist, Beyspiele anzuführen, die man beynahe auf allen Blättern finden wird.
> Diejenigen aber, die das Wesen der Dichtkunst in den vollkommen sinnlichen Ausdruck setzen, können unmöglich dieses Werk aus dem Gebiete der Dichtkunst verweisen. Man wird allenthalben die vortrefflichste Poesie der Mahlerey, und die vortrefflichste Poesie der Empfindung darin antreffen. Leblose Wesen werden unter der Hand Virgils lebendig, und die geistigen, und idealischen Naturen nehmen Leiber an. Seine Beschreibungen werden Schilderungen, seine Lehren Bilder, und seine Sprüche Empfindungen. Die ganze Natur empfängt Seele und Gedanken, die gemeinsten Dinge werden wunderbar und erhaben; und die Harmonie der Verse kommt immer den Gedanken zu Hülfe. Die Beschreibungen und Gleichnisse, der Gebrauch ausgesuchter Redefiguren, kurz, alle poetische Farben gehören hierher.

---

du einmal an, der du aus einem anderen sozialen Stand kommst, nimm also an, dass dir von einem Kentauren ein Unrecht widerfahren ist, das geahndet werden muss. Zugrunde gehen will ich, wenn, von sehr Wenigen abgesehen, nicht alle Übrigen eine kettengleiche oder auch catilinarische Verschwörung dazu bilden, sich allein auf deinen Untergang einzuschwören.

IV Poetik, Sprache und Nation

Horaz-Rezeption (Andreas H. Bucholtz), Hieronymus Vida und Justus G. Schottelius

Der weite Wirkungsradius Vergils, greifbar auch in der eben erwähnten Ausgabe Hamburg/Leipzig 1759 samt einer deutschen Übersetzung von dem Schriftsteller Johann Jacob Dusch (1725–1787), die »zum Gebrauch der Schulen« gedacht war, »um die Jugend zu einer frühen Erlernung der Haushaltungskunst zu ermuntern«,[1] wird wohl noch übertroffen von einem Lehrepos abseits des naturkundlichen Themensektors, nämlich von Horaz' *Ars poetica*, eigentlich einem Lehrbrief (*Ad Pisones*). Obwohl unsystematisch in eher colloquialem Epistelstil gehalten, gehörte dieses Werk vom Spätmittelalter bis zum 18. Jahrhundert zum eisernen Lehrbestand des höheren akademischen Unterrichts, wurde deshalb oft nachgedruckt, paraphrasiert und kommentiert.[2] Bemerkenswert ist die wohl erste deutschsprachige und mit einem deutschsprachigen Kommentar versehene Versübersetzung (in sechshebigen Alexandrinern) dieser horazischen Briefpoetik (Rinteln 1639) aus der Feder des produktiven Theologen und Schriftstellers Andreas Heinrich (auch Henrich) Bucholtz (1607–1671),[3] bis 1636 Schulrektor in Lemgo, dann, vor den Kriegswirrnissen fliehend, in Rinteln a. d. Weser lebend und dort bald zum Professor ernannt. Ihm verdanken wir auch die erste deutsche Übersetzung der Horazischen Oden, allerdings nur des ersten Buches (ebd. 1639).[4] Sein bisher leider sprach-und kulturhistorisch zu wenig beachtetes Vorwort[5] zur horazischen Poetik,[6] gerichtet an »den Teutsch- und Vaterland-liebenden Leser«, nützt die Würdigung des Horaz zu einem flammenden patriotischen, stilistisch glänzenden Aufruf zur Verwendung der reinen, kunstgerechten, von Alamode-Torheiten befreiten deutschen Sprache wider ihre Feinde oder Verächter. Die Folie dazu bildet ein virtuoses, ein den Kriegsgräueln abgerungenes,

---

[1] Dies nach Schneider 1983, S. 136 f., hier auch der Hinweis auf die beigegebene deutsche Übersetzung von Joseph Addisons »Essay on the Georgics«.
[2] Zur Rezeption schneisenhaft mit dem Hinweis auf Kommentare Richter 2011; zu einer für den Unterricht aufbereiteten Paraphrase (1595) des Heidelberger Poetikprofessors Pithopoeus s. DH 4, Nr. 2, S. 188–193.
[3] Zu Leben und Werk zusammenfassend Ulrich Maché. In: Killy/ Kühlmann 2 (2008), S. 261–263.
[4] Vorrede dazu mit ausgewählten Gedichten abgedruckt bei Schwabe 1896 (erster Teil des Aufsatzes).
[5] Würde zumindest eine Erwähnung bei Gardt 1994 verdient haben.
[6] Beide im Neudruck bei Schwabe 1896 (zweier Teil des Aufsatzes) vollständig vorliegend.

viele Aspekte bündelndes Idealporträt des deutschen Vaterlandes mit all seinen historischen, in der Sprache symbolisierten Qualitäten. Auf diese Weise werden von einem ehemaligen Schulrektor, der Horaz mit seinen begabteren Schülern las, die Schranken der lateinischen Gelehrtenschule gerade mit Blick auf musterhafte antike Vorgänge und Vorgänger mit aller Energie durchbrochen (zit. Auszüge S. 7–10):

> Wir Teutschen haben auch vnser Vaterland/ nicht minder als andere Völcker/ sie mögen Griechen/ Römer/ oder sonsten heissen wie sie immer wollen: wir geben jhnen/ mit billichem Ruhm zumelden/ an Adel/ Kunst/ Ehre vnd der Natur Gaben weniger nach als nichts. Wachsen gleich bey vns nicht die Pomerantzen vnd Citronen in solcher Menge wie in Spanien/ tragen gleich vnsere Stauden keine Mußcatennüß vnd Pfeffer wie in Indien/ so haben wir doch an stat deren ander herrlich gut Obst vnd Gewechs/ daran wir vns billig sollen vnd leichtlich können genügen lassen. Silber und Gold/ Saltz/ Wein vnd Kornfrüchte/ Fleisch/ Milch vnd Honig bringet vnser Vaterland nicht nur zur Nottufft/ sondern in vberflüssiger Menge. Vnsere Awen vnd Felder sind in Friedens Zeiten nicht wüste vnd vnerbawt; Vnser Buch- vnd Eychwälder nicht vnfruchtbar. Die Anger gehen voll Schaf vnd Rindvieh/ das Gehöltz bringt sein Wild mit Hauffen. Pferde dürffen wir nicht aus andern Ländern holen. Fische haben wir vollauff. Edle Kräuter in Artzneyen dienlich/ lieset man vnter dem Gestreuch vnd Püschen. Grosse Wüsten haben wir nicht zureisen; Gifftige Drachen kennen wir nicht: Kriechen Gewürm vnnd Schlangen werden an vielen Orten als zum Wunder gezeiget. Der Sommer brennet vns nicht schwartz; Des Winters Frost dempffen wir mit wenig Stroh vnd Reisern. An Gewand vnd Kleider haben wir keinen Mangel: Vnser Gewehr vnd Harnisch schmieden wir selber/ vnd wolte Gott/ wir schmiedeten dessen nicht so viel! So ist auch ein Teutsches Gehirn nicht so grob vnd vnverständig/ wie ruhmretige Wallonen gerne wolten/ vnsere Schrifften vnd Bücher/ die von der gelehrten Welt gelesen werden/ bezeugen viel ein anders. Künstliche Handwercker suchet man bey vns. Buchdruckerey-Kunst vnd Fewrgeschoß ist von den Teutschen erfunden. Vnser Adel hat seinen Schild vnd Helm nicht im schlaf od[er] durch Müssiggang erworben/ sie sind von frembder Völcker Blut geferbet. Chur-Fürsten vnd Herrn sitzen der Majestät nicht ferne/ jr Geblüt wird mit Königlichem täglich vermischt. Die höchste Monarchey vnd Keyserthumb ist durch Gottes Gnade vnser/ vnd wirds ob Gott will bleiben. Mehr Stätte vnd Festungen findet man bey vns/ als in vielen andern Ländern/ Dörffer. Ritterlicher Teutscher Helden Thaten vnd jhr vnüberwindliches Gemüht kennet die gantze Welt. Vnd daß ichs kürtzlich fasse: Was vns mangelt/ wenn wir Gottes Wort rein/ vnd den lieben Frieden bestendig haben/ können wir wohl entrhaten. Solches müssen auch vnsere Wiederwertigen bekennen/ wenn sie nicht wieder Gewissen handeln wollen. Eins pflegen sie vns schimpflich vorzuwerffen/ nemlich/ es sey vnsere Sprache an Worten arm/ die Rede ohn Kunst vnd Manierlichkeit/ vnd die Zunge im Außsprechen schwer. Vnd wolte Gott/ Frembde vnd Außländische zieheten vns dessen nur. Wir selber/ leyder/ wir selber beschuldigen vns solches Mangels/ vnd bringen vnsere Muttersprach in diese Verachtung! Ja/ spricht mannicher/ der Latein vnd Griechisch gelesen/ als Teutsch gehöret hat: Ich kans nit alles Teutsch geben/ was ich in Lateinisch- vnd Griechischen Büchern lese/ wir haben zu wenig Worte/ vnd die Dinge/ welche genennet müssen werden/ sind vnzehlich. Dieses reden sie nicht allein ohn Scham/ sondern dürffens auch der studirenden Jugendt/ ja gemeinen vnerfarnen Leuten als für gewiß einbilden/ wodurch sie eine Verachtung vnserer Sprache bey jederman erwecken: Dann wie solte ich grosse

Lust zu einem Dinge tragen/ daher ich mich wenig Nutzen oder Belustigung zugetrösten hette/ ich trachte lieber nach dem/ was mir Frommen schaffet. Daher kömpt es hernach/ daß offt grosse gelehrte Leute in jhrer Muttersprach kaum jhr Anliegen an den Tag geben/ vnd jhres Hertzens Begehren vns zu wissen machen können. Daraus folget weiter/ daß wir vnsere Sprach so vngeschickt vermengen vnd mit frembden Worten verfelschen. Wie leicht vnd zierlich ist d[a]z gesagt: Ich vmbpfahe meinen Freund. Aber mancher spricht: Ich *amplectire* meinen Freund/ solches verstehet der vngeschickte Pawr nicht so leichtlich. Vberdas müssen Frantzösische vnd Italiänische Wörter/ weiß nicht was für ein Ansehen vnserer Rede bringen. Denn was helt mann heut zu Tage von einem/ welcher nicht mit seinem *Monsieur, Monfrere, Madame, per Dieu, marchiren, chargiren, baiselesmanus* vnd dergleichen Worten vmb sich werfen kan? schreiben wir Brieffe an gute Freunde/ so muß alsbald die Vberschrifft Frantzösisch seyn/ sonsten ist es gar nicht *a la modo*. Vnd ist dieser Mißbrauch so weit eingerissen/ daß auch das hochgeehrte Frawenzimmer so viel Frantzösisch mahlen lernet/ vnd die Brieffe/ die sie vnter sich wechseln/ mit Frantzösischen Aufschriften teuffet. Lieber Gott! was hat doch die liebe teutsche Sprache gesündiget/ daß man sie so gar vnwert helt/ daß man so gar vnfreundlich mit jhr gebehret? zwar wenn die Klage vber jhre Vnvollkommenheit irgend Grund hette/ möchte man es in etwas entschuldigen/ vnd gedencken/ es geschehe aus Gebrechligkeit der Wörter/ deren man so viel nicht zusammen klauben könte/ daß auch das liebe Frawenzimmer eine dem andern jre Flags-Notturft zuverstehen geben könte. Weil aber Gott Lob heut zu Tage die vngefügte Anklage durch gelehrter Männer/ theils Herrn vnd Fürsten Stands Personen Schrifften stattlich hintertriben ist/ kan ich nicht absehen/ was für Entschuldigung man hie einstrewen könte. Wolte man sprechen/ es geschehe zur Zierde: sehe man sich für/ daß man hiedurch vnserer Sprache nicht einen Schimpff anhange: Denn solte dieselbe eben jhren Zierat anders wo her/ als aus jhrem Schatz holen? Wenn ich spreche: Mein Bruder/ oder mein Herr bleibe günstig: warumb solte es nicht so artig klingen/ als da ein ander spricht: *Monfrere*, oder *Monsieur* bleibe günstig?
[...]
Doch mein Schifflein kompt so hoch auff die wilde See: Denn was gehören solche Theologische Gezäncke in eines Heyden Poeterey Kunst? Ich melde dieses derwegen/ daß man doch die Vnbilligkeit/ die wir vnserer Muttersprach angethan haben/ erkennen/ vnd was eine so geraume Zeit her verabseumt ist/ mit ernstem Fleiß ersetzen vnd nachhohlen möchte/ damit dermahl eins dem gemeinen Pövel/ wie auch andern Nationen der falsche Wahn benommen/ vnd teutscher Sprachen vnvergleichliche Fürtrefflgkeit geehret vnd jedem kund gethan würde. Also wird man dem Vatterlande die schuldige Pflicht leisten/ vnd (wie andere Völcker gethan) nicht weniger seiner Sprachen/ als anderer von Gott verliehener Gaben Güte vnd Vortrefflichkeit klarmachen vnd der Welt zuerkennen geben: auch des Lobs theilhafftig werden/ welches Horatius seinen Landsleuten rühmlich nachschreibet/ wie im Anfang dieser Vorrede erwehnt. Jedoch wolle der günstige Leser dises alles nicht dahin deuten/ als ob ich jemand von frembder Sprachen Fleiß vnd Liebe gedechte abwendig zumachen/ oder bey den Teutschen in Verachtung bringen. Solchen törichten Vnverstand wollestu dir von mir nicht einbilden/ denn wer könte solches zuthun jhm fürnehmen/ daß er nicht zugleich alle Kunst vnd Wissenschafft auffhöbe vnd verstörete? Als welche auß frembder Sprachen Bücher vnd Schrifften mussen gesucht vnd studieret werden. Vnd wenn solches gleich nicht wehre/ könten doch vnterschiedliche Nationen eine den andern nicht verstehen/ dafern jedwedere nichts als seine Sprache wissen wolte. Handel vnd Wandel würden in enge Grentzen eingeschlossen werden/ vnd Freundschafft zwischen benach[13]-barten Königreichen gar zergehn vnd verleschen. Ja vnserer Sprachen Zier würde nimmer-

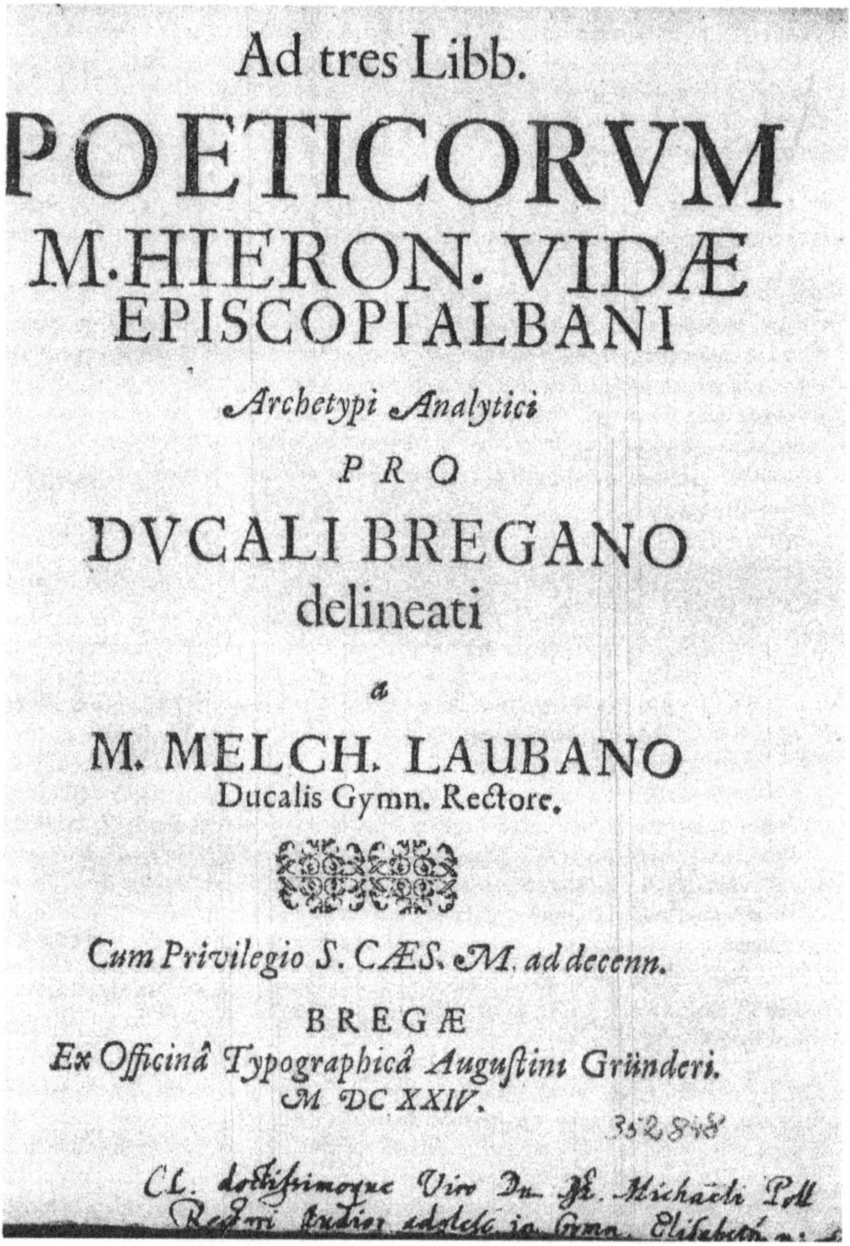

Ad tres Libb.
POETICORVM
M. HIERON. VIDÆ
EPISCOPI ALBANI

Archetypi Analytici

PRO

DVCALI BREGANO
delineati

a

M. MELCH. LAUBANO
Ducalis Gymn. Rectore.

Cum Privilegio S. CÆS. M. ad decenn.

BREGÆ
Ex Officinâ Typographicâ Augustini Gründeri.
M DC XXIV.

352848

Cl. doctissimoque Viro Dn. Ḋ. Michaeli Poll
Regini studios adolesc. in Gymn. Elisabeth...

Abb. 1

ARCHETYPUS GENERALIS AD LIBRVM PRIMVM.

LIBRO PRIMO occurrūt iæ partes:

- EXORDIUM, usque ad v. 21.
- PROPOSITIO, ad v. 80.
  - Dilectu, ad v. 80.
    - DIDASCALIA de Thematis Epici
      - Tractatione, ubi Digressio in Discursum de boni et præclari Poetæ institutione ac Propædeiâ, et nominatim de Institutionis istius
        - Tempore initiali, ad v. 109.
        - Formâ, ubi Iudicium de Poetis Epicis Græcis ac Latinis. v. 379.
        - Caussâ efficiente, Præceptore idoneo cuius leges & requisita varia ad v. 379.
        - Accessoria ad v. ad 409.
      - Objecto, Discipulo, cui studia præscribuntur
        - Propria pertinentia ad Poeticam
        - Praxin ubi de Progymnasmatū Poeticorum
          - Theoriam ad v. 420.
          - Initio & continuatione, ad v. 441.
          - Argumentis ad v. 466.
          - Emendatione, ad v. 497.
- EPILOGUS, in magnifico Encomio Poeseos & Poetarum usque ad finem.

Abb. 2

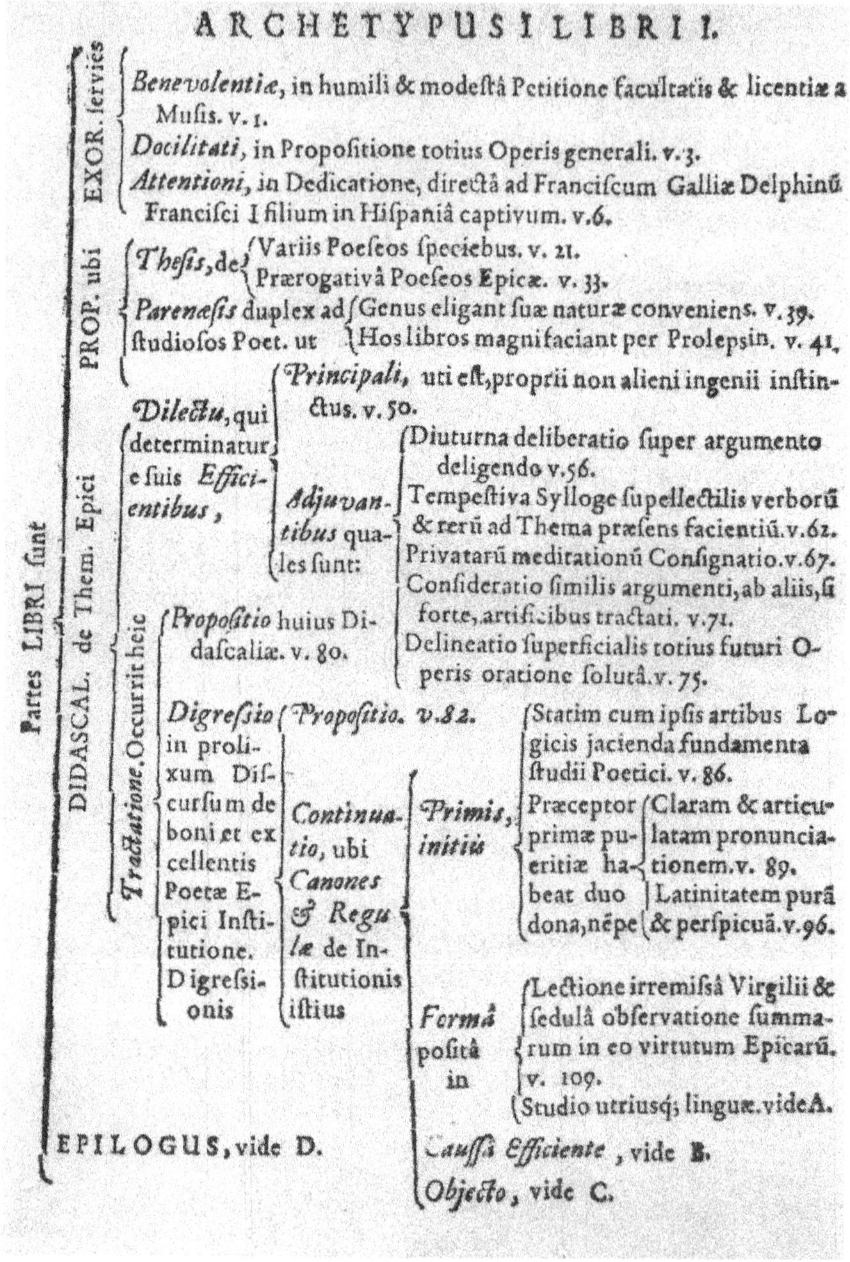

ARCHETYPUS I LIBRI I.

EXOR. serviès
- *Benevolentiæ*, in humili & modestâ Petitione facultatis & licentiæ a Musis. v. 1.
- *Docilitati*, in Propositione totius Operis generali. v. 3.
- *Attentioni*, in Dedicatione, directâ ad Franciscum Galliæ Delphinū Francisci I filium in Hispaniâ captivum. v. 6.

PROP. ubi
- *Thesis*, de { Variis Poeseos speciebus. v. 21. / Prærogativâ Poeseos Epicæ. v. 33.
- *Parenæsis* duplex ad { Genus eligant suæ naturæ conveniens. v. 39. / studiosos Poet. ut { Hos libros magnifaciant per Prolepsin. v. 41.

Partes LIBRI sunt — DIDASCAL. de Them. Epici

Dilectu, qui determinatur e suis *Efficientibus*,
- *Principali*, uti est, proprii non alieni ingenii instinctus. v. 50.
- *Adjuvantibus* quales sunt:
  - Diuturna deliberatio super argumento deligendo v. 56.
  - Tempestiva Sylloge supellectilis verborū & rerū ad Thema præsens facientiū. v. 62.
  - Privatarū meditationū Consignatio. v. 67.
  - Consideratio similis argumenti, ab aliis, si forte, artificibus tractati. v. 71.
  - Delineatio superficialis totius futuri Operis oratione solutâ. v. 75.

Tractatione. Occurrit heic

Propositio huius Didascaliæ. v. 80.

Digressio in prolixum Discursum de boni et excellentis Poetæ Epici Institutione. Digressionis

{ *Propositio*. v. 82.
/ *Continuatio*, ubi *Canones & Regulæ* de Institutionis istius

Primis, initiis
- Statim cum ipsis artibus Logicis jacienda fundamenta studii Poetici. v. 86.
- Præceptor primæ pueritiæ habeat duo dona, nêpe { Claram & articulatam pronunciationem. v. 89. / Latinitatem purā & perspicuā. v. 96.

Formâ positâ in
- Lectione irremissâ Virgilii & sedulâ observatione summarum in eo virtutum Epicarū. v. 109.
- Studio utriusq; linguæ. vide A.

EPILOGUS, vide D.

Caussâ Efficiente, vide B.
Objecto, vide C.

Abb. 3

mer zu jhrer Volkommenheit gerahten können/ wenn wir dieselben nicht durch anderer Sprachen Erkändnüß befoderten. Nur dieses wünsche ich/ vnd viel andere mit mir/ daß man vnsers Teutsches nicht so gar vergessen möge/ wenn man andere Sprachen zufassen sosehr bemühet ist/ noch sie mit frembden Worten vnd Manieren besudeln vnd verkleinern/ wenn sie an jhr selber reich gnug ist sich zuerklärn vnd zuverstehen zugeben. Kürtzlich: wil man Teutsch reden oder schreiben/ so sey es Teutsch/ sols aber Frantzösisch oder Latein [et cetera] seyn/ so mache man doch nicht so ein vnförmliches Sprachen-gemenge.

Parallel zu Horaz fand im 16. Jahrhundert Marco Girolamo Vidas *De arte poetica* (drei Bücher zu je rund 600 Hexametern; Erstdruck Rom 1527) eine in der deutschen Druckgeschichte wie auch im Schulunterricht ablesbare Verbreitung.[7] So legte im schlesischen Brieg der dort lehrende namhafte Rektor und fruchtbare lateinische Dichter Melchior Lauban (1568–1633)[8] für seine Schüler im Jahre 1624 einen Band mit »analytischen« Tafeln (»Archetypi Analytici«; Abb. 1–3) vor, die, im Unterricht erprobt, Vidas Lehrgedicht, das zur Gänze im streng klassizistischen Stilgestus (betreffend Metrik, Vokabular und Syntax) auftrat und so auch sprachlichen Adepten verhältnismäßig leicht zugänglich war, nach Maßgabe der mittlerweile modischen ramistischen Begriffshierarchien aufbereiteten und die mündliche Unterweisung ergänzen sollten (Auszug aus der unpag. Vorrede, ohne die beigegebenen Akzente):

> Sed ex nostris insuper Archetypis etiam nexum, cohaerentiam & structuram cum totius operis, tum singulorum ad se mutuo praeceptorum pervidebunt discentes; quae res & intelligentiam eorum plenius perficiet: & memoriam insigniter roborabit. Est etiam, ubi Tabellae nostrae intima Vidae sensa aliquanto penitius exhauserunt; de quo ipsa collatio & [griechisch:] autopsia attento lectori aliquoties fidem facient. Sed hoc quasi [griechisch:] probaterio etiam Scholae diligentiam & alacritatem vellicare; nobisque ad celerius progrediendum viam complanare consilium fuit. Quod si non detur mihi hoc pensum integre absolvere (annos meos & valetudinem fatali metae sensim propinquantem videtis) lineamenta tamen haec diligentioribus loco vivae nostrae vocis esse possunt.[9]

---

7 Drucke Vidas in Basel, mit den anderen Lehrgedichten: 1531, 1534 und 1537 (VD 16, Nr. V 992–999); das erste Buch des poetologischen Epos ist samt einer englischen Übersetzung abgedruckt bei Nichols, S. 388–417; diverse Auszüge (ohne Übersetzung) bieten Perosa/Sparrow, S. 245–259, darunter S. 250 f. der Hymnus auf Vergil (dazu s. u.), sowie Laurens (mit französischer Übersetzung), Tom. I, S. 219–236, hier S. 230–235 Auszug dem Lehrepos über das Schachspiel.
8 Zu ihm jetzt Ewa Pietrzak/Michael Schilling. In: VL 16,4 (2015), Sp. 31–41; weitere Hinweise zur schulischen Rezeption in Deutschland (etwa bei Eobanus Hessus), auch auf die große kommentierte Ausgabe (1766) durch den von Lessing verunglimpften Christian Adolph Klotz (1738–1771) finden sich bei Vogt-Spira 2001, bes. S. 213–217.
9 *Übersetzung*: Aber aus unseren Übersichtstafeln werden die Schüler den Zusammenhang, die Verflechtung und die Struktur sowohl des ganzen Werkes wie auch der einzelnen aufeinander bezogenen Vorschriften genau durchschauen. Dies wird ihre Intelligenz vollends heranbilden und ihr Gedächtnis stärken. Auch kommt es manchmal vor, dass unsere Tabellen den inneren

Nicht in erster Linie der poetische Furor war von Vida dem Dichter abverlangt, sondern vorab die sorgfältige, gleichsam architektonische Reflexion von Gegenstand und Form, nicht ohne das Studium der Werke großer Vorgänger; so gleich entsprechende Empfehlungen, die mit den horazischen Maximen der sog. *Ars Poetica* teilweise wörtlich kongruierten, im ersten Buch (I, 57–61 u. 71–74, S. 88):[10]

> Sed neque cum primum tibi mentem inopina cupido,
> Atque repens calor attigerit, subito aggrediendum est
> Magnum opus: adde moram, tecumque impensius ante
> Consule, quiquid id est, partesque expende per omnes
> Mente diu versans, donec nova cura senescat.
> [...]
> Nec mihi non placent, qui, fundamenta laborum
> Cum jaciunt, veterum explorant opera inclyta vatum
> Noctes atque dies, passimque accomoda cogunt
> Auxilia, intentique aciem per cuncta volutant.[11]

Es folgt im ersten Buch unter anderem ein wunderbares typologisch gezeichnetes Doppelporträt: a) das eines um sein lateinisches Poem bemühten Schülers oder Studenten (I, 409–458, S. 98–100) und b) das des zu Milde und Feingefühl aufgerufenen Lehrers (I, 466–485, S. 100). Empfehlungen und Mahnungen verschränken sich in psychologischer Empathie mit kurzen, aber reizvollen erzählerischen Sequenzen, die (in dieser Dichte ein vielleicht einzigartiger poetischer Werkstattbericht!) das quälende Ringen um den vollkommenen, wohllautenden, wenigstens aber korrekten poetischen Text nachzeichnen: in allen Versuchen (gedanklich und in akustisch-performativer Rezitation), im Heranziehen der Hilfsmittel

---

Sinn Vidas irgendwie noch genauer ausschöpfen; darüber wird dann ein Vergleich und das eigene Hinschaun dem aufmerksamen Leser mehr als einmal Gewissheit verschaffen. Aber es war mein Plan, quasi in diesem Durchgang auch die eifrige Sorgfalt der Schule anzuregen und uns zum schnelleren Fortschritt den Weg zu ebnen. Wenn es mir nun nicht gegeben sein sollte, dies Pensum ganz zu absolvieren (ihr seht meine Jahre und meinen sich allmählich einem fatalen Wendepunkt nähernden Gesundheitszustand), können diese Grundrisse dennoch den Sorgfältigeren unsere lebendige Stimme vertreten.
10 Zit. hier und im Folgenden (jeweils ohne die beigegebenen Akzente) nach der Ausgabe London 1732, Tom. I.
11 *Übersetzung*: Aber sobald dir unversehens Lust und plötzliche Wärme den Geist erfassen, ist nicht unverzüglich das große Werk anzugehen: Gemach! Und berate dich mit dir vorher recht sorgfältig, worum es geht, und bedenke dies in jeder Hinsicht, es lange in Gedanken hin und her wendend, bis der neue Plan an Alter gewinnt. [...] Und durchaus gefallen mir diejenigen, die, wenn sie die Fundamente ihrer Arbeiten legen, die berühmten Werke der alten Dichter Tag und Nacht erforschen, weithin passende Hilfen sammeln und aufmerksam ihr scharfes Augenmerk über alles schweifen lassen.

(wohl eigener, früher erstellter topologisch geordneter literarischer Exzerpte in Form von »thesauri«), in allen Schrecknissen der immer wieder versagenden Kreativität oder Erinnerung, dann auch im Schatten möglichen Scheiterns und ermatteter Resignation. Der Lehrer und Könner wird dann als sprechendes Ich einem suchenden Dichteradepten gegenübergestellt, der auf keinen Fall durch pädagogische Tölpelhaftigkeit oder überschnelle Kritik entmutigt werden darf. Das epische Kolorit wird hier durch häufiges Enjambement, vor allem aber durch ausführliche, an Homer erinnernde Vergleiche erzeugt:

> Nulla dies tamen interea, tibi nulla abeat nox,
> Quin aliquid vatum sacrorum e fontibus almis
> Hauseris: ac dulcem labris admoveris amnem.
> Sed tibi praesertim princeps tunc haereat illa
> Cura animo, noctem atque diem te te excitet una,
> Omnem quam propter libuit perferre laborem.
> Non hic te, quibus aut pedibus spatiisve, monebo,
> Tendantur ducti versus: labor ist regentum
> Postulat haud multum curae, qui saepe morando
> Ipsa minutatim metiri carmina sectis
> In partes membris, & tempora certa docebunt.
> Continuo, edico, jam tunc animosus alumnus
> In numerum incipiat sub leges cogere verba.
> Iam tunc summissa meditetur carmina voce,
> Sermonum memor, antiquis quos vatibus hausit.
> Tum votis sibi centum aures, tum lumina centum
> Exoptat dubius rerum, metuensque pericli,
> Dividit huc illuc animum, cunctamque pererrat
> Naturam rerum,[12] versatque per omnia mentem,
> Quis rebus dexter modus, aut quae mollia fandi
> Tempora: vertuntur species in pectore mille.
> Nec mora, nec requies: dubio sententia surgit
> Multa animo, variatque, omnes convertitur anceps
> In facies, nescitque etiam notissima, & haeret
> Attonitus: nunc multa animum, nunc consulit aures,
> Secum mente agitans siqua olim audita recursent
> Sponte sua; & memorem mentem excitat, atque repostas
> Thesauri depromit opes, laetusque laboris
> Ipse sui parto fruitur: multa, ecce repente

---

12 Kann nur als Anspielung auf Lukrezens großes Epos verstanden werden, das hier also als Muster studiert wird, wie Vida, der dichtende Priester und Prälat, später sogar Bischof, auch sonst, ohne Namensnennung, zitatweise an Lukrez erinnert (Vida 1732, etwa I, 158–160): »Tum rerum causas, naturae arcana latentis / Explorare ausi, cecinerunt carmine dulci, / Omnia Pierio spargentes nectare vates.«

Fors inopina aperit cunctanti, aliudque putanti:
Jamque haec, jamque illa attentat, texitque retexitque,
Et variis indefessus conatibus instat.
Saepe etenim occurrunt haud dictu mollia, ubi haeret
Cura diu, multoque exercita corda labore.
Nunc hos, nunc illos aditus vestigat, & omnia
Attentans, scopulo longum luctatur iniquo,
Dum se qua ostendat facilis via: denique multa
Aut vi, aut coeli, & fortunae munere victor
Exultat, domitoque animis it ad aethera monstro.
Ast ubi nulla viam nec vis, nec dextra aperit fors,
Nec prodest vires fessas renovare, nec aptum
Nunc hic, nunc illic captare ad carmina tempus;
Invitus cura absistit, tristisque relinquit
Coepta infecta, pedem referens: ceu forte viator
Si quis tendat iter campis, cui se amnis abundans
Ecce viae in medio obijciat, spumisque fragosos
Post imbrem volvens montis de vertice fluctus;
Horrescit, ripaque moratus obambulat anceps;
Tum demum metuens retro redit aeger, iterque
Aut alia tenet, aut cedant dum flumina, differt.
[...]
Consiliis etiam hic nostris, vobisque, docentes,
Est monitis opus. Ingeniis nam parcere multa
Fas teneris, donec paulatim attollere sese
Incipiant animi, videantque in carmine labem
Per se ipsi, & tacito rubeant ultro ora pudore.
Nam maculas si forte omnes per carmina monstret
Quaesitor ferus, abjiciant spem protinus omnem;
Atque alias animo potius vertantur ad artes.
Nostrum igitur si forte adeat puer indole limen
Egregia, ut consulta petat, parere paratus,
Quique velit sese arbitrio supponere nostro;
Excipiam placidus, nec me juvenile pigebit
Ad coelum vultu simulato extollerere carmen
Laudibus, & stimulos acres sub pectore figam.
Post tamen ut multa spe mentem arrexerit ardens,
Siquis forte inter, veluti de vulnere claudus,
Tardus eat versus, quem non videt inscius ipse,
Delususque sonis teneras fallacibus aures;
Haud medicas afferre manus, aegroque mederi
Addubitem, & semper meliora ostendere pergam.[13]

---

13 *Übersetzung*: Gleichwohl sollen dir unterdessen kein Tag, keine Nacht vergehen, ohne dass du etwas aus den fruchtbaren Quellen der heiligen Dichter schöpfst und deren süßen Strom an deine Lippen führst. Vor allem aber soll dann diese Sorge deinen Geist in Atem halten und dich

Es war Vidas Poetik, die maßgeblich, auch bei Julius Caesar Scaliger, zur euro-

---

Tag und Nacht bewegen, deretwegen es dir gefallen hat, alle Mühe durchzuhalten. Hier will ich dich nicht mahnend daran erinnern, mit welchen Füßen und Silbenlängen sich die gedichteten Verse erstrecken: jene Mühe erfordert nicht viel Sorge der Schulleiter, die häufig innehalten und minutiös Gedichte in Teil-Glieder zu zerschneiden, zu vermessen und [dabei] bestimmte metrische Regeln lehren werden. Von Anfang an, so bestimme ich, soll dann schon der wackere Zögling beginnen, die Worte nach Regeln in metrische Schemata zu zwingen. Schon dann soll er mit leiser Stimme Gedichte meditierend rezitieren, eingedenk der Anweisungen, die er aus den alten Poeten geschöpft hat. Dann, unsicher in der Sache und in Furcht vor dem Risiko, wünscht er sich im Gebet 100 Ohren, dann auch 100 Augen, zerteilt seinen Geist hierhin und dorthin, durchirrt die gesamte ›Natur der Dinge‹ und richtet in seinem Innern überall hin die Frage, welch rechte Facon er den Sachen oder welche sanfte Rhythmen der Sprache [geben sollte]. Tausend Möglichkeiten durchschwirren sein Herz. Nicht Rast, nicht Ruhe! Im zweifelnden Denken erheben sich vielfache Meinungen, wechseln sich ab und werden doppeldeutig in alle Erscheinungsformen verwandelt, und sogar das Bekannteste weiß er nicht und hängt tieferschrocken fest. Mal befragt er immer wieder seinen Geist, mal seine Ohren, durchforscht bei sich im Kopf, ob ihm von selbst das einstmals Gehörte wiederkäme, und er schärft sein Gedächtnis und holt die in den »Schatzkammern« verborgenen Hilfsmittel [Aufzeichnungen] heraus, und froh über seine Arbeit genießt er selbst das von ihm Erworbene: vieles, sieh doch!, eröffnet ein ungeahnter Zufall plötzlich dem, der zauderte und ganz anderes meinte, und schon wendete er sich diesem zu, bald jenem, webt und ribbelt auf und stürzt sich unermüdlich auf zahlreiche Versuche. Denn oftmals begegnet ihm nicht gerade Wohllautendes, wo lange sein Bemühen ins Stocken kommt und sein Herz von vieler Arbeit strapaziert wird. Nun erspürt er bald diese, bald jene Zugänge, und alles versuchend, ringt er lange mit einer feindlichen Klippe, bis sich ein leichter Weg eröffnet; schließlich jauchzt er auf, nachdem er vieles durch [eigene] Kraft oder die Gabe des Himmels und des Glücks besiegt hat, und schwingt sich innerlich zum Aether auf, nachdem das Ungeheuer gezähmt ist. Aber wenn keine Kraftanstrengung noch ein günstiger Zufall einen Weg eröffnet und es nichts nützt, die erschöpften Kräfte zu erneuern, noch die Zeit dazu passt, bald hier, bald dort an den Gedichten zu arbeiten, lässt er unwillig von diesem Bemühen ab und lässt traurig das unvollendete Beginnen hinter sich, weicht zurück: wie etwa ein Wanderer erschrickt, wenn er im Felde einen Weg einschlägt, sich ihm aber, siehe, mitten auf dem Weg ein reißender Strom entgegenwirft und dieser nach einem Wolkenbruch Felsbrocken schäumend vom Berggipfel herabwälzt, und er am Ufer verweilt und dort unschlüssig auf und abgeht, dann schließlich aus Furcht ärgerlich zurückgeht und entweder anderswo einen Weg sucht oder den Gang verschiebt, bis die Fluten weichen. [...] Hier aber sind unsere Mahnungen und Ratschläge und ihr, die Lehrer, vonnöten. Denn die jungen Begabungen weithin zu schonen ist dringend geboten, bis sich die Geister allmählich selbst erheben und das Gebrechen in einem Gedicht wahrnehmen und ihre Gesichter von selbst still in Scham erröten. Denn wenn etwa ein rabiater Zensor in ihren Gedichten alle Mängel aufzeigt, lassen sie sofort alle Hoffnung fahren und wenden sich lieber anderen Künsten zu. Wenn also ein hervorragend begabter Bursche unsere Schwelle betritt, um Rat zu erbitten, bereit, dem zu gehorchen und sich unserem Urteil willig zu unterwerfen, will ich ihn milde empfangen und mich nicht dafür schämen, mit verstellter Miene sein jugendliches Gedicht mit Lob bis in den Himmel zu heben, und werde die scharfen Stacheln in meinem Inneren zurückhalten: Damit er seinen Geist in großer Hoffnung brennend aufrichtet, werde ich dann, wenn manchmal etwa ein zäher Vers vorkommt, den er aus Unwissenheit nicht

päischen Inthronisation von Vergil als poetischem Musterautor beitrug,[14] dies auch zum Ausdruck gebracht in dem wahrhaft hymnischen, persönliche Verehrung atmenden Lobpreis des Mantuaners, mit dem Vida sein Lehrepos mit zahlreichen Vergil-Allusionen abschließt und so im synkritischen Wettbewerb zwischen den Anhängern Homers und Vergils (seit Quintilian geläufig) eindeutig Stellung bezieht (III, 554–592, S. 139 f.; zitiert ohne Akzente),[15] zugleich die altrömische Dichtung wie auch, soweit davon ermutigt und daran orientiert, die moderne neulateinische Poesie als ebenbürtiges Erbe der großen Griechen proklamierte. Dieser Gedanke der ›translatio‹ der Künste, d. h. hier der großen Dichtung von Griechenland nach Rom und Italien war schon vor Vida in Deutschland von Konrad Celtis (1459–1508) in seiner berühmtem Apollo-Ode (*Ad Phoebum, ut Germaniam petat*)[16] in deutsch-patriotischem Sinn aufgenommen worden. Im Folgenden drucke ich Vidas emphatische Huldigung an Vergil, der »Zierde Italiens«, ab, merkwürdigerweise geschrieben nicht ohne sprachliche Unbeholfenheiten, auf die in diesem Kontext nicht weiter einzugehen ist: unschöne Synalöphen, mehrmals unbeholfener Akkusativus Graecus; störende, weil funktionslose syntaktische Ellipsen oder merkwürdige Zeugmata; mindestens einmal eine schrille unschöne Klangwirkung, die den eigenen Vorschriften krass widerspricht; nur mäßig entfaltete, mit hilflosen Wiederholungen operierende ›copia verborum‹, dabei sklavisch wirkendes Beharren auf Vergil-Reminiszenzen, deren rühmende Wirkungsabsicht dadurch abgenutzt wird. Zum Schluss zögert Vida nicht, den »Vater« Vergil sogar mit der rhetorisch-liturgisch instrumentierten Inbrunst eines Gebetes anzurufen und zu verherrlichen (III, 545–592, S. 139 f.):

> Virgilii ante omnes laeti hic super astra feremus
> Carminibus patriis laudes: decus unde Latinum
> Unde mihi vires, animus mihi ducitur unde.
> Primus ut Aoniis Musas deduxerit oris,
> Argolicum resonans Romana per oppida carmen:
> Ut juvenis Siculas silvis inflarit avenas:
> Utque idem, Ausonios nimis miseratus agrestes,
> Extulerit sacros ruris super aethera honores,
> Triptolemi invectus volucri per sidera curru:
> Res demum ingressus Romanae laudis ad arma

---

erkennt und er mit seinen zarten Ohren genarrt wird durch falsche Töne, nicht zögern, ärztliche Hände anzulegen, den Kranken zu heilen und fortfahren, immer Besseres zu zeigen.
14 Dazu Vogt-Spira 1997.
15 Als Teil eines größeren Opus bewusst nicht zitiert bei Klecker 1994; s. dazu S. 8 f., jedoch mit den dort herangezogenen zahlreichen Einzelgedichten (bes. Epigrammen) zu Homer und Vergil zu vergleichen.
16 S. mit Übersetzung und Kommentar in HL (1997), S. 68–71 u. 977–979.

Excierit Latium omne, Phrygumque instruxerit alas,
Verba Deo similis. Decus a te principe nostrum
Omne, pater! tibi Grajugenum de gente trophaea
Suspendunt Itali vates, tua signa sequuti.
Omnis in Elysiis unum te Graecia campis
Miraturque, auditque ultro, assurgitque canenti.
Te sine nil nobis pulchrum: omnes ora Latini
In te, oculosque ferunt versi: tua maxima virtus
Omnibus auxilio est: tua libant carmina passim
Assidui, primis & te venerantur ab annis.
Ne tibi quis vatum certaverit: omnia cedant
Saecla, nec invideant primos tibi laudis honores.
Fortunate operum! tua praestans gloria famae,
Quo quenquam aspirare nefas, sese extulit alis.
Nil adeo mortale sonas: tibi captus amore
Ipse suos animos, sua munera laetus Apollo
Addidit, ac multa praestantem insigniit arte.
Quodcunque hoc opis, atque artis, nostrique reperti,
Uni grata tibi debet praeclara juventus,
Quam docui, & rupis sacrae super ardua duxi.
Dum tua fida lego vestigia, te sequor unum,
O Decus Italiae! lux o carissima vatum!
Te colimus, tibi serta damus, tibi tura, tibi aras
Et tibi rite sacrum semper dicemus honorem,
Carminibus memores: salve, sanctissime vates!
Laudibus augeri tua gloria nil potis ultra;
Et nostrae nil vocis eget: nos aspice praesens,
Pectoribusque tuos castis infunde calores
Adveniens, pater! atque animis tete insere nostris.[17]

---

[17] *Übersetzung*: Vor allen aber werden wir hier, entzückt von heimischen Gedichten, das Lob Vergils bis über die Sterne hinweg tragen. Daraus leiten sich ab die Ehre des Lateinertums, daraus für mich die Kräfte, daraus für mich der Mut. Gottgleich ist er in seinen Worten, wie er als erster die Musen von den altgriechischen Gefilden entführte, in römischen Städten ein argolisches Gedicht erklingen ließ: als junger Mann die sizilische Hirtenflöte in den Wäldern blies, und ebenso wie er, im Inneren die Ausonischen Bauern bemitleidend, die heiligen Ehren des Landlebens in ätherische Höhen erhob, getragen zu den Sternen auf dem geflügelten Wagen des Triptolemus, schließlich, die Geschichte des römischen Ruhms aufgreifend, ganz Latium zu den Waffen rief und die Reiterscharen der Phryger ordnete. Gottähnliche Wörter! Von dir vor allem stammt, Vater, all unser Ansehen! Dir weihen die italischen Dichter die vom Griechenvolk errungenen Siegeszeichen, deinen Feldzeichen im Gefolge. Dich allein bewundert ganz Griechenland auf den elysischen Feldern, hört dir spontan zu und erhebt sich, wenn du singst. Ohne dich gibt es nichts Schönes bei uns. Alle Lateiner haben Gesicht und Augen ganz auf dich gerichtet; deine riesige Leistung hilft allen, deine Dichtungen genießen sie überall in einem fort und verehren dich von früher Jugend auf. Damit kein Dichter mit dir wetteifern kann, mögen alle Jahrhunderte weichen und dir die erstrangigen Ehren des Ruhmes nicht neiden. Glückselig

Das einst kanonische poetologisch-metrische mittelalterliche Lehrepos (*Doctrinale*) des Alexander von Villa Dei (12. Jahrhundert),[18] war schon von den Frühhumanisten bekämpft und dann nach und nach ersetzt worden durch metrische und stiltheoretische Lehrbücher, unter denen sich auch Ulrich von Huttens hexametrisches Lehrgedicht (422 Verse) *De arte versificatoria* befand (gedruckt 1511 und 1521; mehr als 30 Auflagen bis 1560).[19] Das Interesse an den Protagonisten des Genres führte dazu, dass das im Mittelalter verschollene, ursprünglich aus drei Einzelpoemen bestehende Lehrgedicht des Terentianus Maurus (2./3. Jahrhundert n. Chr.) unter dem Titel D*e Literis, Syllabis et Metris* von Jacob Micyllus (1503–1558), zeitweilig Professor in Heidelberg, neu herausgegeben wurde (1532, s. DH 3, S. 11–18). Der Aura der bekannten poetologischen Lehrgedichte (Horaz, Vida), die jedoch über Verstechnisches und Handgriffe der Rhetorik weit hinauswiesen, ist es wohl zuzuschreiben, dass auch im 17. Jahrhundert dichtungstheoretische und kulturpatriotische Programme weiterhin auch in Versdichtungen vorgetragen wurden: So von keinem Geringeren als Justus Georg Schottelius (1612–1676), dem größten deutschen Sprachtheoretiker der Epoche,[20] in sprach- und kulturpatriotisch geprägten, mit allegorischen Figurationen und Sprecherrollen operierenden, nunmehr deutschsprachigen Lehr- und Klagegedichten, die fast alle Theoreme seiner sprachtheoretischen und sprachphilosophischen Prosaschriften in heroische Alexandriner überführten, dies auch in der Überzeugung einer besonderen persuasiven Macht der poetischen Rede. Auch in diesen Epen ist die Rede vom autochthonen Ursprung und Vernunftcharakter der deutschen »Hauptsprache« im Kreis der germanischen Idiome wie auch von der entschie-

---

in deinen Werken! Dein herausragender Ruhmesnimbus erhob sich auf Flügeln dorthin, wohin nachzustreben jedem verwehrt ist. Dergestalt lässt du nichts Menschliches ertönen; von Liebe zu dir ergriffen hat Apollo selbst in Freude seine sinnreichen Gaben hinzugefügt und vieles mit viel Kunstfertigkeit ausgezeichnet. Alles was an Kraft und Kunst dazugehört und von uns gefunden wird, schuldet dankbar nur dir die sich auszeichnende Jugend, die Jugend, die ich gelehrt habe und über die Höhen des heiligen Felsens führte, dieweil ich deinen Spuren treu folgte, dir allein auf den Fersen blieb, o Zier Italiens! O strahlendstes Licht der Dichter! Dich vernehmen wir, dich bekränzen wir, spenden dir Weihrauch und Altäre und verkünden dir immer zu Recht deine heilige Ehre in poetischem Gedenken: Sei gegrüßt, allerheiligster Dichter! Mit Lobsprüchen kann dein Ruhm nicht vermehrt werden, und er bedarf gar nicht unserer Stimme: blicke uns gnädig an und gieße, wenn du ankommst, unserer keuschen Brust deine Wärme ein, Vater! Und pflanze dich ein in unser Herz!

18 Zum Inhalt und textypologischen Kontext s. Leonhardt 1989, S. 128–137; weiterführend Glei 2005.
19 Dazu Haye 1997, S. 377–380; Abdruck in Ed. Böcking, Bd 3.
20 Zum Autor s. Berns 1984 und Fonsén 2011, S. 571 f.; zum sprachtheoretischen und -patriotischen Diskurs s. Gardt 1994 und Stukenbrock 2005.

denen Abwehr des um sich greifenden Alamode-Wesens. Impliziert ist dabei die Abkehr von der biblizistischen Noachidengenealogie und dem kulturimperialen Anspruch der Antike. Wie wenige Jahre zuvor Paul Fleming im allegorischen *Schreiben Vertriebener Frau Germanien an ihre Söhne* (Leipzig 1631) erhebt Schottelius in seiner *Lamentatio Germaniae exspirantis. Der nunmehr hinsterbenden Nymphe Germaniae elendeste Totenklage* (Braunschweig 1640) das Vaterland zur deplorablen poetisch-allegorischen Sprecherinstanz, die das öffentliche Elend emphatisch vergegenwärtigt und dieses, in diskursiver Grundierung durch naturrechtlich gemeinte Bildsequenzen, mit einem flammenden Appell zur Einigkeit kontrastiert. Wir haben es weit jenseits aller sprachdidaktischen Anliegen und Elemente mit einem patriotischen, sprachlich und prosodisch stellenweise noch recht ungepflegt, d. h. spontan wirkenden Manifest zu tun, das Lingustisches als Epiphänomen des historischen Übels ansieht und in der Drastik und patriotischen Betroffenheit der stilistischen Kolorierung mit Publikationen zeitgenössischer Autoren wie Andreas H. Bucholtz (zu ihm s. o.) und Rompler von Löwenhalt (am Oberrhein)[21] zu vergleichen ist (Auszug):

> [B iij^r] Es ist mein hartes Land vom Blut' vnd vielen weynen
> Genetzt vnd durchbefeucht: Es seyn von Menschenbeinen
>   Die Felder zugedeckt: Es hat das wüstes Wild
>   Offt mit dem Menschenfleisch des Hungers Grimm gestilt.
> [B iij^v] Wo vormals wuchsen her die schattenreichen Reben
> Wo das dickährigs Korn pflag Lantzen=hoch zu heben
>   Die Spitzen in die Höh: da wechst in voller Maas
>   Ein faules Heidenriet/ Vnkraut vnd wildes Gras.
> Wo sonst ein reiches Dorff/ wo veste Städte lagen
> Da ligt ein Aschenberg/ die kummerhauffen ragen
>   Wie Zinnen hoch empor/ die Kirchen vnd Altär
>   Mit dicken Moß vmbzeunt stehn Leut vnd Priester leer.
> Ach edler/ schöner Rhein/ von dar/ da du kombst schiessen
> Auß stickel=hohen Felß/ biß wo man dich siht fliessen
>   Mit breiten Gängen aus/ vnd deines bauches Last
>   Außschütten in die See/ daraus du selben hast.
> Von jenem dar biß hie/ mustu (will ich wol sagen)
> Dein Wasser hundertmal zum Feind' vnd Freunde tragen/
>   Vnd findest durch verknüpfft jtzt beyderseits mein Land
>   Nur mit Feindseligkeit/ mit Haas [sic!]/ mit Mißverstand.
> Den lieblich=schönen Wein/ vnd die safft=schweren Trauben
> Hat eine frembde Hand dir schendlich müssen rauben:
>   Nun bistu angesteckt mit einem hellen Fewr/
>   Ein Eisenfenster Band zu allem vngehewr.

---

[21] Zum affektiven Patriotismus bei Rompler und anderen Autoren s. Kühlmann 2013.

Man hat dich ja gesehn von Menschen auffgeschwollen/
Vnd wie die Leiber sich offt müsten vberrollen.
   Trüb=trawrig flossestu/ todfärbig/ (Ach der Noht)
   Vnd blaw vom Menschenfett/ vom Blute striemenroht.
Du schöner Elbfluß kom/ kom/ endre deine Wellen
Jn einem Thränenflus: Ach müchstu dich auffschwellen
   Vnd giessen vber mich/ das ich abwaschen möcht
   Den Blut=beklebten Mund/ der duncklen Augen Liecht.
[…]
[C iij^r] Kan man den Vnglücksgrund denn nimmermehr vmbreissen/
Wil sich der stahlern Sinn nicht etwas denn verschleissen
   Jn Thränen/ Fewr vnd Blut? man Creisset vnd man Tagt
   Ach lieber Gott was ist/ was kan wol seyn erjagt
Jch wolte ja alhie wol hundert Zeugen bringen
Vnd hundert noch dazu: Jch wolt ein Mährlein singen
   Wie man wol vormals pflag/ das aller Krieg vnd Streit
   Vnd vntergang entsteht aus der Vneinigkeit.
Doch ging es in den Wind. So lang die Erdenkugel
Gehangen in der Lufft/ so lang gesetz' vnd Zügel
   Den Ländren eingelegt/ war/ wird/ vnd ist allzeit
   Des Wolstands Nährerin die liebe Einigkeit
Vneinig/ streitig seyn; Zanck suchen sich zu zweyen/
Das pflegt ja gar gewiß zum vntergang gedeyen:
   Bey der Vneinigkeit sich stes verderben find/
   Der Vntergang ist der Vneinigkeit jhr Kind.
[…]
[C iij^v] Die Laute ist ohn Laut wenn eine Seite springet;
Wenn an den Wagen man vorn/ neben/ hinten bringet
   Der Pferde tolle macht/ vnd läst zugleiche zihn/
   Ey dencke/ wo wird doch der Wage kommen hin?
Man hält auff solches recht vnendlich seyn absehen/
Wordurch zu grunde muß das Allgemeines gehen:
   Drumb geht es/ wie es geht. Die Kette bricht entzwey/
   Weil dieses Glied wird dünn das jenes dicker sey.
Lauff/ hol ein Messer her/ vnd schneid' in deinen Finger
Was der fühlt das fühlt auch der gantzer Leib nicht ringer/
   Die Augen sehen sawr/ es krümmet sich der Mund/
   Wo nicht die Glieder seyn/ ist ja kein Leib/ gesund.
Ach ich elendes Weib/ bin Gliederlos/ verlähmet/
Verfault durch Marck vnd Bein/ entgrössert/ gar beschemet
   Mein eisren Hertz fühlt nicht wie Fleisch vnd Blut weggeht
   Biß daß es/ gar zu spät/ in gleicher Kranckheit steht.
Man mag zweyhertzig seyn/ man mag politisiren
Vnd mit vnteutschem Witz die teutsche Trew außzieren/
   Nichts hilffet es. Nur nur die Einigkeit allein
   Die kan mir sterbenden ein Leben wieder seyn.
Die Einigkeit die ist ein Gottesband vnd Liebe

> Der durchvermischten Welt: schaw/ wenn die Sonne bliebe
> Fest vnd hallstarrig stehn; wie/ wenn des Mondes schein
> Nicht wolte höckerig noch Hörnerspitzig seyn:
> Wenn sich des Fewers macht mit Wasser wolte mengen/
> Die See mit dickem Sturm auß jhren Grentzen drengen/
> Wie kündte die Natur in jhrer Krafft bestehn/
> Jn den dick=wüsten Klump würd' alles wider gehn.

Ähnliches ist zu lesen auch im Versteil von Schottelius' *Der Teutschen Sprach Einleitung* (Lüneburg 1643, S. 1–21), wobei nun die deutsche Sprache selbst das Wort wider die nationale Entmächtigung ergreift, die in modischer Sprachmischung sinnfällig erscheint. Der in Syntax, Semantik, Prosodik und präsumtiven Wissensanspruch bisweilen teils raue, teils höchst aparte, ja anspruchsvolle Text bedürfte, was hier nicht geschehen kann, eingehender philologischer Kommentierung im weitesten Umblick, auch auf die hier verarbeiteten Quellen und Autoritäten sowie die impliziten bewusstseinsgeschichtlichen Momente bzw. Imperative der älteren Sprach- und Reichsgeschichte (Auszug; Fettgedrucktes hier kursiv):

> 4. Jch/ ob ich schon vermag an Sprachvermögen gleichen
> Der/ so nur Sprache heißt/ muß doch fast jeder weichen
> Weil von mir fast abweicht der Teutschen Lieb' und Lust.
> Und meine Gründ' und Kunst wil haben ungewust.
> 5. Doch/ du *bestimtes* komm! Die Zeit bringt frische Rosen/
> Zeit wird zu rechter Zeit *Mir Thür und Riegel lösen/*
> *Mir öfnen Qwell und Kunst und Grund und Safft und Steg/*
> Und legen durch Beweis den losen *Zweiffel Weg.*
> 6. Drumb wil ich einmahl auf/ zum vorversuche wagen/
> Und in gebundner Red' ich ungebunde sagen/
> Was sagens nötig schien. Brich/ hartes joch/ entzwei/
> Und laß Mich gehn/ ich muß hie werden Zügelfrei.
> Jch wil mich immer hin durchs Pöbel=Urtheil dringen/
> 7. Und Joch= und Bürdelos in einen Freistand schwingen/
> Da Mich der Eselstanck und Sprachverdereberei/
> Soll laßen die ich bin/ *Rein/ Edel/ Teutsch und frei:*
> 8. Da Jch noch unzertrückt Mich frölich kan ümbsehen/
> Und laßen Mein Gesicht freimütig übergehen
> Mein altes *Allmans=Land*; ich weis/ ich finde noch/
> Die mit recht lieber Hand mir nehmen ab mein Joch.
> [...]
> 11. Jch bin kein *Mengling* nicht/ kein *Sprößling*/ kein *geflicke*/
> Ob Mich wol viel geplagt ein wiedriges geschicke
> Ein harter Himmelsschluß/ ein starcker Menschendruck
> Mich weltzend immer umb/ wie seinen Klumpff das Glück.
> 12. Es irret sich gar weit mein Unfreund und Errahter/

Mislegend meinen Stamm. GOtt selbst/ der ist mein Vater;
   Die Mutter/ die Natur; der Ort/ die Babbelstat;
   Da war es als man mich zuerst gehöret hat.
13. Mein *Asch* entpfing Mich dar/ die alten *Gottes Degen*
Das *Teutsche Mannen=Volck* die musten meiner pflegen/
   Und brachten Mich herein bis wo der Nortkin steht
   Und durch das Mittelteil die Waßer Straße geht.
14. Von Ochsenfuhr bis hin wo Ostra wol gehauset
Und wo der Nortschlund noch umb seine Mouscke brauset
   Wo Mondes eiland ligt/ und wo der Heckel brennt
   Hat vor dreitausend Jahr man mich gar wol gekennt.
15. Wil aber wer zuvorn nach meinem Namen fragen
Und höret etwa gern von Titul=Reichthum sagen/
   Sprich GOtt/ sprich Welt/ sprich Ertz/ sprich
   Uhr/ sprich Haubt/ sprich Hand:
   Was ist wol herlichers so magte mehr bekant?
16. *Laß dir des Druthins Volck/ die Barden die Sarannen/*
Ja laß die Felsen auch/ die Großen der Nordmannen/
   Laß Gott/ und die Natur/ und des Verstandes Macht
   Dir/ Teutscher/ sagen doch/ wer mich hab' aufgebracht.
17. Laß sagen ob ich sei ein=menglingsweis=gebrümme
Geblöckt und ungewiß in unwegsamer krümme/
   Laß sagen ob ich sei von kurtzer zeit erdacht/
   Und ohne Kunst vnd Witz aus noht so auffgebracht.
[...]
123. Lach/ lieber Schawer/ lach/ so bildet mich mein Mahler
Und mengt mich unerhört mein Alamodo=praler
   Gar wunderseltzamlich/ kein Wort ist fast mehr mein/
   Die Sprachverderberei sol dennoch künstlich sein.
124. Der großer *Carolus*, der erste Teutscher Keiser/
Der Roland=geber/ und des Teutschen Adlens Weiser
   Hielt mich ehr/ lieb und wert; auch hielt umb meine Sach
   Der Keiser Rudolf eins zu Nürnberg einen Tag.
125. *Schaw die Reichs Abschied' an/ die Ordnung der Gerichte/*
Das strenge SachsenRecht/ des Aventins Geschichte/
   Den Londorp/ Lehmann/ und den Teutschen Freund Goldast/
   Und Herrn *Lutheri* auch fast große Bücher Last.
126. Ei/ sol kein Teutsch hier sein? Zwar/ hier sind nicht solch' Affen
Die aus Haß ihrer selbst frömdgieriglich ümgaffen/
   Und legen hinten an dem Pferde seinen Zaum/
   Da wird des *Flacci* Tuch! Da der Cypreßenbawm!
127. Vor kurtzer Zeit als Gott mit seinem Donnerhammer
Die Kriegeskette brach/ und die verschlosne Kammer
   [21] Im Eifer gantz entzwei/ da floh Uneinigkeit
   Mit einem Schwarm' heraus/ sich streckend weit und breit.
128. Als man Blutfahnen erst in Teutschland sah' aufstecken
Und sich Europen öfnt an alle vier Ecken

>   Herblasend immerfort in Mich mit Ungehewr
>   Pest/ Hunger/ Blut und Krieg ein gantzes Höllenfewr:
> 129. Das war die güldne Zeit/ als die *Läpwörter* kamen
> Und in der TeutschenSprach' ein Oberrecht einnahmen/
>   Die leichte Bettelei/ und der Unteutsche Tant
>   Macht unteutsch Sinn und Hertz die Rede/ Leut' und Land.
> 130. Und man nimt noch zur Zier die Zeichen eigner Schande/
> Das schöne Sclavenstrick; Man knüpft zum Siegesbande
>   Was vns den Tod gethan: Wer ist der Freiheit kennt/
>   Da man das *frei sein* nicht bei seinem Nahmen nennt?
> 131. Lauf nach Athen und Rom/ frag die berühmten Leute
> Ob man geschendet so die Sprachen/ wie man heute
>   Mit mir herummer[22] tantzt/ und unbarmhertzig springt/
>   Daß sich fast allerseits der Odem aus mir dringt.
> 132. Muß ich allein denn sein so Sclawenweis verachtet?
> Bleibt meine Reinlichkeit und Wortmacht unbetrachtet?
>   Ja/ spricht man/ es ist jtz die heutige Manier/
>   Die Damen brauchens so und mancher *Cavalier*.
> 133. Was brauchs! begehrt man daß ein fromdes *Pferd* und *Ziege*
> Der Teutschen Ehr und Zucht so schändlich überwiege?

Im Rücken solcher patriotischer Katastrophendiagnosen lief selbstverständlich die Rezeption der alten poetologischen Klassiker so gut wie ungestört weiter. Als Endpunkt der normativen Horaz-Rezeption kann die Tatsache gelten, dass, angeregt auch durch Nicolas Boileaus Art Poetique, der einflussreiche Leipziger Professor und Literaturkritiker Johann Christoph Gottsched (1700–1766) zuletzt in der vierten Auflage seines *Versuch*[s] *einer Critischen Dichtkunst* (1751, ND 1982) seine Horazübersetzung mit dem lateinischen Text abdruckte und in seinem Kapitel »Von dogmatischen Gedichten« (ND, S. 566–580) im historischen Rückblick, trotz aller Bindungen an Aristoteles, die Summe des bis auf die Vorsokratiker zurückweisenden Genus zu ziehen versuchte.[23]

---

22 Textvorlage: herrmmer.
23 Zu kompromisshaften Haltung Gottscheds und zur Diskussion im 18. Jahrhundert s. Siegrist 1974, S. 21–30.

V Poetische Verhaltensdidaxe im alten Reich

Autoren und Paradigmen

Hesiods Werke und Vergils *Georgica*, hier und da auch Arat und Manilius gehörten, wie oben gesagt, zum Lehrpensum des deutschen Schulhumanismus. Die Drucker kümmerten sich rege um die benötigten Editionen. Einzelausgaben von Lukrez, dem skandalösen Atheisten, blieben im deutschen Kulturraum vorerst Mangelware (manchmal wurden gegenläufige Dichtungen gleich beigedruckt), und auch die großen italienischen Lehrdichter fand man, von Vida und Palingenius (dazu im Folgenden) abgesehen, offenbar eher auf dem italienischen Buchmarkt als im heimischen Angebot.[1] Gelehrte Zirkel bemühten sich allerdings nach und nach auch um die philologische Präsenz der ›kleineren‹ Autoritäten des antiken Lehrepos. Vereinzelt erreichten große didaktische Kompendien des Mittelalters die neue Epoche des Buchdrucks, so etwa Freidanks *Bescheidenheit* (13. Jahrhundert, maximal ca. 4.000 Verse, weit verbreitet) in einer mehrfach nachgedruckten Ausgabe (zuerst Straßburg 1508), die Sebastian Brant besorgte,[2] oder auch auszugsweise wie die strophischen Lehrgedichte des Winsbecke in der reichspatriotischen Sammlung (Paraeneticorum veterum pars I. Lindau 1604) des Michael Goldast (1578–1635).[3]

Die Kontaktzonen zwischen der didaktischen deutschen Reimpaardichtung und der antiken wie rinascimentalen Lehrepik lassen sich hier, auch wegen der schütteren Forschung (von den Bänden Telles abgesehen), nicht weiter vermessen, mit einer spektakulären Ausnahme, dem in zwölf hexametrischen Büchern vorgelegten, auch in den Lehrdichtungen Giordano Brunos weiterwirkenden und von Shakespeare verwendeten Großepos *Zodiacus Vitae Humanae* (Erstdruck Venedig 1536; fast 10.000 Hexameter) des als Person rätselhaften Marcellus

---

[1] Zu einer kommentierten, Isaak Vossius gewidmeten Lukrez-Ausgabe durch den gebürtigen Heidelberger Daniel Pareus (1605–ca.1635) samt einem Textanhang, der außer einem Lukrez-Register auch diesbezügliche Lehrgedichte des Scipio Capece (*De principiis rerum libri duo*, 1546) und des Antonius Palearius (*De immortalitate animorum*, 1536) umfasste s. DH 2, Nr. 6, S. 909–914; zu Palearius umfassend die »Introduction« und Neuausgabe samt Werkbibliografie durch Sacré 1992.
[2] Vgl. den Neudruck dieser Ausgabe mit Fasimilenachdruck von Leupold 2010.
[3] Dazu Harms 1986; zur mittelalterlichen Lehrdichtung bieten Zugänge und Überblicke: Sowinski 1971, Boesch 1977 und Haye 1997, ferner Keil 1979 und Löhnemann/Linden 2009, hier S. 481–484: Auswahlbibliografie zur Lehrdichtung sowie das Werk von Bulang 2011.

Palingenius Stellatus (d. i. Pier Angelo Manzolli, ca. 1500–1551).[4] Dieses gewiss erfolgreichste Lehrepos der Renaissance, von Scaliger als »Satyra« bezeichnet«[5] wurde, so Roellenbleck, etwa 50mal in Europa gedruckt (zuletzt wohl 1832 in Leipzig, mir vorliegend eine Ausgabe Frankfurt/Leipzig 1783); allein 30 Ausgaben erschienen im 16. Jahrhundert, auch für Zwecke der akademischen Lehre. Im protestantischen Raum trug dazu auch ein gewisser Märyrernimbus bei, da nach dem Tode des Dichters, zeitweilig wohl Leibarzt in Ferrara (?), auf päpstliche Anordnung seine Gebeine verbrannt wurden und das Epos auf den *Index Librorum prohibitorum* gesetzt wurde. Palingenius bietet, sachlich und konzeptionell wegen der nichtssagenden Buchüberschriften (Tierkreiszeichen, so schon von J. C. Scaliger bemängelt) einen moralischen, metaphysisch-theologischen und teilweise auch scientifischen Weltspiegel. Diskutiert, vorgetragen und illustriert werden kontroverse Entwürfe des menschlichen Glücks (Frage nach dem »summum bonum«: Lust, Tugend oder Reichtum?), die Stufen der wahren Weisheit, Formen und moralische Mängel des humanen Zusammenlebens sowie die Regeln vernünftiger Lebensordnung, die Verhältnisse des hierarchisch gestuften Kosmos (Gott und die himmlischen Geister bzw. dämonischen Mächte der Unterwelt), die Kräfte der Schicksalslenkung (Gott, *fatum* und *fortuna*), immer wieder auch Naturkundliches (Himmelskunde, Naturphilosophie, darunter in Buch X auch die Alchemie). Eingestreut ist harsche Kritik: Der Unterweltsgott beklagt sich bei Iupiter, dass er nicht nur Juden und Heiden, sondern auch die Mehrheit der Christen, sogar Priester, Mönche und Päpste bei sich aufnehmen müsse (Buch X). Palingenius artikuliert ein neuplatonisch gedachtes Christentum, in dem die auf Christus zentrierte Heilsgeschichte weitgehend ausgeblendet wird. Auch dies wird zu seiner päpstlichen Indizierung beigetragen haben.

Formal beherrscht der Autor diverse Techniken der strukurellen Auflockerung des Genres und der Lehrrede: in Prömien (auch Musenanrufe), Gebeten und Hymnen (an die Sonne z. B. zu Anfang von Buch IV; Bitte an Gott um Inspiration: Anfang von Buch XII), vor allem in narrativ dargebotenen Szenen mit teils fiktiven Figuren (ein Zwiegesang von Hirten in Buch IV; Gespräch mit einem Einsiedler auf dem Soracte: Buch X), teils allegorischen Gestalten (Buch IV: Arete, die Tugend, und ihr Sohn Timalphes; die Mächte der Laster und des Bösen in Buch IX). Dazu kommen die Ekphrasis allegorischer Orte wie der Hain der *volup-*

---

4 Vgl nun die meisterhafte Neuausgabe von Chomarat 1996 (mit Sachgliederung, Kommentar, hier und da etwas mager, und französischer Übersetzung; im Anhang abgedruckt Testimonia zum Autor und zum Werk, darunter P. Bayle); nützlich Keller 1974, S. 9–60, sowie Roellenbleck 1979, S. 189–203.
5 Poetices Libri VII, hier Buch VI; Bd. V (2003), S. 128: »Palingenii poema totum satyra est est, sed sobria, non insana, non foeda. Eius dictio pura. Versus ac stilus in imo genere dicendi.«

tas (Buch IV) und, wohl von Vergil und Lukian (auch Dante?) angeregt, die Schau der Unterwelt (Buch IX). Vorläufig als einziges der großen (modernen) italienischen Lehrepen fand dieses Opus maximum bald Eingang in den deutschsprachigen Kommunikationskreislauf, und zwar durch den in Augsburg als Notar und Meistersinger wirkenden, literarisch ungemein produktiven Johannes Spreng (1524–1601). Da er sich, nach seinem Studium in Heidelberg, auch als Übersetzer von Ovid, Homer und Vergil bewährte, fiel ihm der sprachliche Zugang zu dem ein luzides Latein schreibenden Italiener nicht schwer. Spreng publizierte in vierhebigen Reimpaarversen die erste deutsche Palingenius-Übersetzung (Frankfurt am Main 1564; Augsburg 1590, Lauingen 1599), erweitert durch Inhaltsangaben zu jedem Buch und fortlaufende Marginalien, und nahm ihn auch bei zwei Meisterliedern zur Vorlage.[6]

Sprengs Vorrede an den ehemaligen kaiserlichen Rat »Hans Ungnad, Freiherrn von Sunneck« (1496–1564), aus Glaubensgründen nach Württemberg ausgewandert, akzentuiert zwar ein lutherisches Christentum, besteht jedoch auf der vorsichtigen Integration auch des ›heidnischen‹Wissens, d. h. aber der bei Palingenius zur Rede kommenden philosophischen Diskurse und divergenten moralischen Lebensentwürfe (im Folgenden Auszügen nach dem Erstdruck, zunächst aus der Vorrede):

> Derwegen so ist nit alles das von den Heiden herfleust/ oder sonst nach irer art beschrieben/ von stund an als abgöttisch zu verwerffen/ sonder alles mit gutem urtheil vnd nachdencken zu erwegen/ Und ob schon etwas darinnen nit so gar richtig/ oder Christlicher gleichmessig (dann von den groben greifflichen vnd abscheuwlichen jrthummen/ damit etliche Secten der Philosophen behafftet/ reden wir jetzt gar nit) befunden würde/ so wirdt doch ein jeder verstendiger Christ das falsch vnd böß von dem waren vnd guten fein underscheiden/ alles

---

[6] Zu den Meisterliedern in Anlehnung an Palingenius nur der Hinweis (ohne Belege) bei Urban 1961, S. 148; nicht zu verifizieren in dem Spreng-Abschnitt in RSM, Bd. 12. Katalog der Texte. Jüngerer Teil. Bearbeitet von Horst Brunner u. a. Tübingen 1989, S. 99–190. Spätere deutsche Übersetzungen wurden vorgelegt von Franz Schisling (Frankfurt am Main ³1788), Joseph Pracht (München 1804–1812) und zuletzt von Marcellus Aurelius Hug (Freising 1873). Außer knappen Hinweisen hat sich die Sprengforschung mit dem deutschen Palingenius nicht befasst: Pfeiffer 1919, S. 52, erblickt in ihm wegen metrischer Mängel (Tonbeugungen) ein »tiefstehendes Werk« (Verfahren Sprengs aber nicht anders als in seinen anderen Übersetzungen), ein absurdes, von offenbarer Unkenntnis zeugendes Urteil, bedenkt man die außerordentliche Gewandtheit, mit der sich Spreng meist mit Erfolg darum bemüht, die rhteorischen Stilistika (z. B. Worthäufungen) sowie möglichst alle Referenzen und Nuancen des lateinischen Textes, ggf. auch durch intelligente interne Umstellung von Satzgliedern, im Deutschen zu erhalten: Zum Titel und zum Widmungsträger Merzbacher 1991, S. 89 f. u. 111 f.; zum Autor das neuere literarische Porträt von Simnacher 2010; zur Übersetzerart- und leistung Sprengs mit weiteren Literaturhinweisen, auch zur Person des Palingenius, ist jetzt wegweisend die Studie von Eickmeyer 2014.

> wol probirn vnd erforschen/ auch zu dem lob vnd preiß deß einigen Gottes/ vnd zu seiner seelen heil vund seligkeit/ was jm fürkompt/ richten mögen/ dann den reinen ist alles rein/ aber den vnreinen Gott losen vnd verruchten menschen/ die nur am jrrdischen kleben/ wirt auch das so seiner Natur nach zum aller besten ist/ in lauter gifft verkeret/ wie noch heutigs tags mit heiliger Schrifft vor augen/ dass dieselbig zu beschönung viler jrrthumb/ auch offtermals zum deckmantel greuwlicher sünd vnd vngerechtigkeit/ vom grösten theil der Welt miß brauchet vnd fälschlich angezogen wirt. So wöll nun niemand freffenlich vrtheilen/ und was sich mit seinem verstand nit reimen will/ darumb zu boden trucken/ dann was auch bey den Heiden vnd weisen Philosophis für heimligkeiten Himmlischer und Göttlicher sachen/ was für schöne manigfaltige lehr von allen tugenden bey jn befunden werden/ was für herrliche ding/ von der Seel/ jrer natur vnd vnsterblichkeit halber/ sie auch an den tag gegeben/ das ist den jenigen bewust die jre Bücher oder schrifften mit gutem verstand und wolbedachtem vrtheil ersuchet vnnd durchlesen haben/ Ich geschweige jetzt wie jr lehr und leben so fein artlich zusammen stimmet/ auch mit der that das jenige so sie erkannt/ von jnen geleistet worden/ also das eigentlich zu besorgen/ es jnen an dem grossen tag deß Herren träglicher ergehn werde/ weder vilen die den Christlichen namen tragen/ sich vil glaubens und hohes erkanntnuß rümen/ darneben im werck kaum das geringste stück eines ehrbarn Politischen lebens/ ich geschweig deß waren Christenthumbs/ beweisen.

Unter diesen Vorbehalten wird das angeblich von vielen Gelehrten gelobte, aber auch von muttersprachlichen Lesern dringend erwünschte Epos als ein »gewaltig Buch« gerühmt und in seinem Inhalt umrisshaft vorgestellt, nämlich als eine Dichtung, die:

> von vilen gelehrten vnser zeit/ als ein vberauß köstlich und nützlich werck/ (deß innhalt wir hernach kürtzlich vermelden wöllen) gelobt wirdt/ so hab ich auff viler guthertziger begern und anhalten/ bey mir selbs vermeint/ ich wende die zeit nicht vergebens an/ ließ auch müh vnd arbeit nit vmb sonst darüber gehn/ wann ich das herrlich vnd gewaltig Buch/ so voller geheimnuß/ darinn auch der Welt lauff/ als in einem klaren Spiegel/ ist dargestelt/ durch Teutsche Sprach an dz liecht gebe/ auff dass sich menniglich/ so deß Lateins vnerfaren und nicht bericht/ darinnen wol zu ersehen/ und das arbeitselig leben diser welt ernstlich zu bedencken hett/ dann ich zweifel sehr bey mir/ ob auch nach der heiligen schrifft/ die in allem/ wie oben angeregt/ den vortritt hat/ mög ein Buch befunden werden/ darinnen vns dise unter zergenglich vnd schattechtige Welt/ hergegen auch das ober/ himmlisch/ ewig und warhafftig Reich/ so klar vnd eigentlich abgemahlet und fürgehalten wirt/ wiwol diß und anderß hierinnen angeborner finsternuß halben nicht einem jedwedern zu sehen vergünnet ist.
> [...]
> Der Innhalt aber ist/ dass er den menschen zum höchsten gut vnd zu warer glückseligkeit zu füren begert/ vnnd darneben die gantz Philosophi vnderschiedlich hin und wider einmengt/ Dann zum ersten disputiert er/ was doch das höchste gut sey/ ob es in reichthumb wollust/ pracht dieser Welt/ oder andern zergenclichen dingen steh/ darnach jederman jetzt so hefftig strebet/ vnd beschleust/ dass es dern keins nit in sich/ sonder allein in wahrer völliger glückseligkeit/ darzu wir hie nit kommen mögen/ vnd die erst im künfftigen leben angehn werd/ sein bestandt vnd wesen hab. Derwegen er vns ernstlich vermanet/ alle jrrdische freud und kurtzweil/ die in einem augenblick verschwindet/ zu verlassen/ und allein die rechte weißheit/ so zu dem höchsten gut vnd warer glückseligkeit die erste staffel

ist/ zu ergründen. Es werden auch vil schöner lehr und gebott wie wir die selben erlangen/ auch das end vnsers fürgestreckten zils/ nemlich der seelen seligkeit/ allein durch Gottes Geist erreichen mögen/ gründtlich fürgeschriben/ darneben solche hohe geheimnussen vnd wunderbare ding hin und wider eingefürt/ darab sich wol ein jeder/ dem sie Gott hat zu verstehn gegeben/ hertzlich erfreuwen mag.

Eine Synopse der lateinischen und deutschen Fassung wäre keinesfalls nur unter übersetzungstechnischen Gesichtspunkten dringlich und notwendig, sondern würde zugleich auch die Perspektive freigeben auf mentale Klüfte, divergente geistige Horizont und komplexe idiomatische Assimilationen einer Anthropologie, die einem frommen, auf die Bibel konzentrierten Stadtbürger und Meistersinger sonst kaum spontan aus der Feder floss. Bei Palingenius, der so zweifellos auch an Lukrez erinnerte, tritt im dritten Buch kein anderer als der sonst vielgeschmähte Epikur auf, nach Spreng »ein alter Herr« (für »venerande senex«) mit einem bunten Blumenkranz (»florea serta«) auf dem Haupt. Das berichtende Ich begegnet ihm bei einem Strandspaziergang. Nach der gegenseitigen Bekanntmachung folgt aus dem Munde des antiken Philosophen ein längerer, durchaus ›heidnischer‹ Lehrvortrag. Ich gebe einen Teil dieser Passage zum weiteren Anreiz als Textprobe (Spreng 1564, S. 31ʳ–32ʳ, dann S. 32ᵛ–33ᵛ; entspricht Palingenius III, 9–37 und 55–86, ed. Chomarat S. 72f.). Auch bei Palingenius wirkt das Treffen mit Epikur ambivalent, verbreitet staunendes Entsetzen und wirkt zugleich wie der, doch wohl erfreuliche, Fund eines Schatzes, einer alten Truhe, im Acker (III, 20 f.: »stupui: ceu rusticus, agrum | qui fodiens reperit latitantem obscurius arcam.«) Selbst in der deutschen Fassung wird noch sichtbar, wie Palingenius seinen Epikur (vorgestellt mit den Attributen eines kynischen Philosophen, Stab und Bart, in Kombination mit dem Bild eines altgewordenen ›Blumenkindes‹) auch in der Transparenz bekannter Exempel der antiken Poesie (direkte Bezüge zur Typisierung der verschiedenen Lebensformen bei Horaz, carm. I,1) sprechen lässt:

> Als ich am wasser gieng spacieren/
> Sihe daselbs ein alter greiß/
> Bekleid mit einer Wad sehr weiß/
> An einem stecken mir bekam/
> Ein grauwen bart hett er lobsam/
> War schön von leib/ ich euch bericht/
> Hett gar ein lieblich angesicht/
> Ob seinem haubet auch mit fug/
> Der alt ein grünes krentzlin trug/
> Und als wir beid zusamen stiessen/
> Da theten wir einander grüssen/
> Der alt man fraget wer ich wer/
> Mein namen auch begeret er/
> Das zuverstehn gab ich im bald/

Vnd fraget in gleicher gstalt/
Wie er auch hieß als er hiebey/
Sein namen mir bekennet frey/
(Epicurus was er genannt)
Entsetzt ich mich darab zuhandt/
Gleich als ein Bauwr der finden thut/
Ein Schatz im acker wolgemut.
   Ich redt in an/ sprach alter Herr/
Gott sey von dir mit gnad nit ferr/
Dieweil in dir vil weißheit ist/
(Es sey dann das die Leut mit list/
Wie offt geschicht/ verführen mich)
Von dir bitt ich demütigklich/
Theil mir mit vil guter gebott/
Dann ich weiß je wenig von Gott/
Mit weiser lehr mich underricht/
Hastu anderst zu schaffen nicht/
Der alt sprach/ kein geschefft ich hab/
Sonder weil ich die sorg vorab/
Deßgleich die arbeit fliehen thu/
Vnd mir mag schaffen kein vnrhu/
So geh ich offt an dises ort/
Ließ auff die schönen blumen fort/
Die ich auff meinem häupte trag/
Derwegen ich dir nicht versag/
Was du begeret hast bequem/
Dem alter ist gar angenem/
Zureden von verlauffnen dingen/
Und lange gschicht herfür zubringen/
Damit vns aber niemand eng/
Vnd das wir reden in die leng/
Wöllen wir vnder den Eichbaum/
Den du dort sichst mit gutem raum/
Beid sitzen an das wasser still/
Als diß war unser beider will/
Fieng an zusprechen mich der alt/
Und redet sollicher gestalt:
[...]
Aller ding ist ein zil vnd end/
Dahin der menschen werck sich lend/
Und gentzlich richtet alleweil/
Als zu eim zil hinfert der pfeil/
Wer wolt pflügen das Erdterich/
Wer wolt auff das Meer wogen sich/
Wer wolt zum streiten sich begeben/
Wer wolt nach ehr vnd tugend streben/
Wann ein nit zwingen thet hiebey/

Freud vnd auch wollust mancherley/
Dann das ist mittel vnd anfang/
Deßgleichen auch end vnd außgang/
Aller mühe vnd arbeit so gut/
Darinn der mensch sich üben thut/
Damit dir aber besser kund
Werde die sach/ merck auff zu stund/
Ein jedes werck wirt fürgenommen/
Daß es sein endtschafft mög bekommen/
Wo es anderst weißlich geschicht/
Zum endt wird alles thun gericht/
In dem gemüt zuvor es steht/
Nach dem werck aber herfür geht/
Ist nun das endt auffs gut gestelt/
Dem menschen es hertzlich gefelt/
Sein will gedancken vnd auch sinn/
Sucht in dem gantzen werck dahin/
Daß er das endt glückseeligklich/
Erreich/ darab erfreuwt er sich/
Kein arbeit jm nicht sauwr last sein/
Die vrsach ist der lust allein/
Nemlich freud vnd ergetzlichkeit/
Damit aber auch die warheit/
Der vnverstendig man erfar/
So will ich mit Exemplen klar/
Was oben erzelt ist beweren/
Vnd die recht gründtlich warheit lehren/
Warumb pflüget und grebt der Bauwr/
Last jm werden sein arbeit sauwr:
Im Sommer leidet er groß hitz/
Das jm herab lauffet der schwitz/
Im Winter geduldt er den frost/
Groß beschwernuß sein arbeit kost/
Warumb begibt sich der Schiffman/
Auffs grimm vnd wütig Meer fortan/
Felsen vnd wirbel mit gefahr/
Den tod er auch nit fürcht fürwar/
Tröst sich deß schiffs vnd seiner kunst/
Diß alles geschicht nit vmb sunst/
Warumb lauffet der Kriegßman zu streit/
Vnd freuwt sich zu sollicher zeit/
Wann er hört die Trummeten frey/
Vnd der pferd mutiges geschrey/
Warumb thut auch manicher sich/
In künsten üben hefftigklich/
Durchlißt alle Bücher darzu/
Hat weder tag noch nacht kein rhu/

> Nemlichen das nach arbeit lang/
> Ehr/ gwin/ vnd wollust einher gang/
> Wann ehr/ vnd nutz uns nit beweget/
> Wird kunst vnd tugend hingeleget.

Spreng hebt im Resumee seiner Vorrede an Palingenius' Epos den Charakter einer letzthin christlichen Lebenslehre hervor; diese bringt jedoch abseits planer Erbaulichkeit nüchtern, vorurteilslos, manchmal ironisch oder sarkastisch immer wieder auch die empirischen Erfahrungen des humanen Miteinanders zur Sprache. Dies gilt beispielsweise für die Behandlung der Erotik und des Geschlechterverhältnisses, das in der gewählten Darstellungsoptik nicht der Logik von Vorteil, Nutzen oder einer personalen harmonischen Kongruenz entspricht, sondern der quasi göttlichen Allmacht der Liebe (ein Lukrezischer Gedanke!) gehorcht. Ich gebe hier wie im Folgenden nach Sprengs Übersetzung (1564) den Palingeniustext nach Chomarat (1996), um wenigstens einen ersten Eindruck des weiten Themenspektrums, der erzählerischen Intensität, aber auch der übersetzerischen Virtuosität bzw. Herausforderung zu vermitteln; es tun sich, wie man sieht, hier wie auch an anderen Stellen meiner kleinen Darstellung weite, von mir aber nicht mehr abzuschreitende, jedoch nachdrücklich empfohlene Untersuchungsfelder auf. Hier zunächst Spreng S. 60^v/61^r; Palingenius IV, 368–391, ed. Chomarat S. 121):

> Mancher verachtet offt sein weib/
> Gezieret vnd Adenlich von leib/
> Hangt einer gemeinen dieren [Dirne, WK] an/
> Deßgleich wirt offt ein schöner Man/
> Vernichtet von der Frauwen sein/
> Vnd liebt ein Roßbuben vnrein/
> Oder ein vnbekannten sunst/
> Derwegen so nit würd durch gunst/
> Der Götter die lieb außgebreit/
> So würd einer zu jeder zeit/
> Alle Menschen lieben auff Erden/
> Auch würd diser geliebet werden/
> Von aller Welt/ herwiderumb/
> Also möcht ein jeder in summ/
> Was er begeret/ leicht erlangen/
> Aber ein Fischer thut nit fangen/
> All Fisch im wasser wol bedacht/
> Nit all Vogel ein Vogler facht/
> Ein Jäger nit alle gewild/
> Was Gott eim jeden gibet mild/
> Das hat er/ vnd sol es behalten/
> Die Götter diese lieb verwalten/

Der Frauwen offt gefellt der Knecht/
Herwiderumb ein Mensch verschmecht/
Alt/ presthafft/ kranck/ darzu halb blind/[7]
Gar offt ein schönes Meidlin find/
Vnd wie ein Kaufmann zu der frist/
Dem das gelück zu wider ist/
Thut das Schiff mit vil wahr beladen/
Vnd wagt sich auff das Meer mit schaden/
Auch endtlich leidt ein Schiffbruch hart/
Oder wirt beraubt zu der fahrt/
Also wer liebt alt oder jung/
Wider die Göttlich fürsehung/
Verzehrt vergebenlich sein zeit/
Offt vnfal/ angst vnd jammer leidt/
Thut auch in das verderben lauffen/
Vnd vmb den tod die lieb verkauffen.

Der lateinische Text zum Vergleich:

Hinc uxor pulchrum et generosum saepe maritum
Odit et immundi penem calonis adorat;
Aut aliquem externum, quem vix bene nouerit, ardet.
Denique, ni tribuatur amor pro lege Deorum
Cuique suus, nisi sit diuisus limite certo,
Non dubium est quin possit ab omnibus vnus amari;
Non dubium est, possit quin omnes vnus amare,
Et passim quamcumque velit sibi quisque potiri.
Sed veluti pisces piscator non capit omnes,
Non omnes volucres auceps, non omnia lustra
Venator spoliat; sed quod sua cuique dedit sors
Hoc habet, hoc potitur; sic dispensantur amores
Arbitrio superum. Dominae sic saepe placebit
Ipse suae seruus; sic pulchram saepe puellam
Enterocelosus, grandaeuus, lippus habebit.
Ac veluti infausto qui sidere mercibus implet
Mercator nauim, nocituraque caerula tentat
Naufragio aut diris praedonibus expoliatur;
Sic, quisquis coelo aduerso fatoque sinistro,
Vritur, incassum tempus terit atque laborem;

---

7 Mit leichter Umstellung so wiedergegeben die Congeries von V. 384 (s. u.): »enterocelosus« (dazu nichts im Kommentar von Chomarat) ist sprachlich fragwürdig, wohl deshalb z. B. in der Ausgabe Frankfurt am Main/Leipzig 1783 zu dem ebenso fragwürdigen »Euclio zelosus« ›verbessert‹; näher liegt für ›einäugig‹ der Ausdruck heterocelosus (ein Latinograecismus, von Spreng so gelesen und verstanden?); schleppt auch Chomarats Text einen anfänglichen Schreib- oder Druckfehler mit?

> Imo ignominiam et crudelia vulnera saepe
> Accipit; interdum leto mercatur amorem.

Dogmatisch umstrittenes, ja gefährliches Terrain, offenkundig so gut wie nie ohne Widerschein des Lukrez, wird von Palingenius nicht nur nur vorsichtig berührt, sondern mit oftmahl bohrender Insistenz förmlich referiert und argumentativ abgehandelt. Dies gilt bespielsweise für die potentiell sinnstiftende kosmogonische Zentralfrage nach der zufälligen oder planmäßigen Entstehung der Welt; Palingenius zitiert im Gefolge des Lukrez (im Hintergrund auch Epikur und manche Sophisten) zentrale Argumente (zum Beispiel: Blitze, die Göttertempel zerstören: Lukrez, VI, 417–420!), die wider das Walten der göttlichen Vorsehung und gegen eine, auch moralisch nicht erkennbare, gerechte Schöpfungsordnung sprechen, an deren Stelle in den Augen Vieler nichts als das kontingente Walten der Fortuna tritt. Nach Palingenius stimmt die Mehrheit der Menschen der Lukrezischen These zu, dass entweder kein Gott sei oder er sich nicht um die Menschen kümmere (Spreng S. 163r/v; Palingenius VIII, 6–21, ed. Chomarat S. 287):

> Ettlich meinen alles zumal/
> Gescheh durch ein schnellen zufal/
> Ohn als gefehr die Welt gezirt/
> Werd auch durch weißheit nicht regirt/
> Weil sie sehen mit schwerem mut/
> Daß vil besitzen grosses gut
> Vnwirdiglich/ daß vil darneben/
> Gantz vnverdient in armut leben/
> Das auch ohn allen vnderschid/
> Der fromb hat weder platz noch frid/
> Aber der vngerecht mit grauß/
> (Beschwerd mit sünden vberauß)
> Herrschet vnd sitzt im Regiment/
> Die Tempel werden offt verbrennt/
> Vnd vom Himmlischen feuwr verletzet/
> Schand wirt der tugend fürgesetzet/
> Ir eigne boßheit vilen nützt/
> Vnd sie vor allem vnfal schützt/
> Weil sollichs ist für augen gar/
> So vermutet die gröste schar/
> Eintweder daß kein Gott nit sey/
> Oder was hie auff Erden frey/
> Verlauffen thu nem er nit acht/
> Hab im Himmel allein sein pracht/
> Daher geben sie für gantz schwer/
> In der Welt sey kein ordnung mehr/
> Alls gescheh zufelliger weiß/
> Etlich dem glück geben den preiß/

> Vnd geben jr das Regiment/
> Ein Königin wirt sie genennt/
> Die auff Erd hab allen gewalt/
> Vnd sich auff jrer kugel halt/
> Vor zeiten hat man jr zu hauff/
> Gar vil Altär gerichtet auff/
> Jr mancherley Opffer gethon/
> Sam sie ein Göttin sey gar schon/ [...].

Der lateinische Text zum Vergleich:

> Sunt qui cuncta putent caeco contingere casu,
> Nec mundum ratione regi, quod plurima cernunt
> Indignis decorata bonis et plurima contra
> Indignis agitata malis, discrimine nullo
> Prudentes iustosque premi, regnare scelestos,
> Virtuti vitium praeferri et templa cremari
> Fulminibus, prodesse etiam sua crimina multis.
> Talia quum fieri videant, pars maxima credunt
> Aut non esse Deos aut illos spernere quicquid
> In terris fiat, solique incumbere coelo.
> Hinc temere incertoque aiunt ferri omnia casu.
> Ast aliqui tibi dant regimen, Fortuna, vocantque
> Te dominam rerum mortalia sceptra tenentem,
> Instabilique rota versantem cuncta proterue;
> Erexitque aras tibi quondam ignara vetustas,
> Et cecidit votiua tuis saepe hostia sacris.

In der Reihe der Unterweltbeschreibungen, die in der christlichen Ära mit Dante und Milton (später auch bei Grimmelshausen) Satan und seinen Hofstaat bzw. seine Helfershelfer zur Ansicht zu bringen haben, nehmen Palingenius' wenig bekannte Teufelsfiguren, beschrieben gewiss nicht ohne bildkünstlerische Anregungen, keinen geringen Rang ein. Sprengs Übersetzung dürfte hier im Rahmen der neueren Versdichtung, was das höllische Ambiente und Personal angeht (dazu große Teile des 9. Buches bei Palingenius, mit weiteren satanischen »Königen«), für den deutschen Sprachraum Pioniercharakter gewonnen haben. Geldgier, Aufgeblasenheit, adelige Hoffart, alles geprägt nicht nur von der *Voluptas*, sondern vor allem von der Ursünde der *Superbia*, bewirken letzthin jenes emsige teuflische Treiben, mit dem die heillos sündigen Seelen in den höllischen, von Schlangen bevölkerten See getrieben werden, wobei das sprechende Ich durch einen Führer nötige Erläuterungen erhält (Spreng, 203[r/v]; Palingenius IX, 337–368; ed. Chomarat, S. 347/349):

An disem ort der Welt so gut/
Daran die Sonn frü auffgehn thut/
Vnd durch der Morgenröten feuwr/
Die nacht vertreibet vngeheuwr/
Da sach ich einen König greuwlich/
Sein har vor flammen bran abscheuwlich/
Saß in eim Sessel ohne schertz/
Hett ein geschwollen maul vnd hertz/
Die augen hefftig schienen jm/
Hoch augbrauwen hett er vernimm/
Sein Angesicht war dräuwung vol/
Auch die Naßlöcher groß vnd hol/
Er hett zwey horen wie ein Wider/
Schwartz war sein leib vnd alle glieder/
(Dann es hat geben die natur/
Den Teufflen ein schnöde Figur)
Doch er ein weissen zan außstreckt/
Damit er ein heßlich anbleckt/
Zwen flügelt tregt er auch mit grauß/
Wie ein vergiffte Fledermauß/
Zwen breite füß hett er darbey/
Wie ein Endt oder Ganser frey/
Hinden hett er ein Lewen schwantz/
Was an seinem leib nackend gantz/
Jedoch bedeckt mit rauchem haar/
Vmb jn thet stehn ein grosse schar/
Hett vil Trabanten manigfalt/
(Xerxes mit all seinem gewalt/
Wider die Griechen groß vnd prechtig/
Ward mit nichten am Volck so mechtig)
Es trug ein jedlicher in summ/
Ein Blaßbalg vnd ein hacken krumm/
Auß disem hauffen spat vnd fru/
Den Blaßbalg brauchten sie darzu/
Daß der leut heupter sie geschwind/
Auff bliesen mit gar eitlem wind/
Welchen das glück hett reichthumb geben/
Vnd andre güter in dem leben/
Als schöne/ sterck vnd kunst on tadel/
Die da waren von hohem Adel/
Vnd gewaltig vor jederman/
Die bliesen sie mit hoffart an/
Darnach mit dem Hacken vngütig/
Zohens die Seelen vbermütig/
In den Hellischen See zusammen/
Der von sich gab dampff/ rauch vnd flammen
Daß sie ein raub würden vorauß/

> Den Fröschen vnd Schlangen mit grauß/
> Vnd andren Thieren vngeheuwr/
> So wohnen im hellischen feuwr/
> Typhurgus dieser öberst wardt/
> Genennt ein König der hoffart/
> Wie dann mein fürer an der stett/
> Mir diß vnd anderß sagen thet.

Der lateinische Text zum Vergleich:

> Hic vbi puniceo coniux Tithonia curru
> Oceano emergit primum, primumque nitescit,
> Nocturnas abigens rubicunda luce tenebras,
> Ingentem vidi Regem, ingentique sedentem
> In solio, crines flammanti stemmate cinctum:
> Pectus et os illi turgens, oculique micantes,
> Alta supercilia, erectus similisque minanti
> Vultus erat, latae nares, duo cornua lata,
> Ipse niger totus; quando nigra corpora prauis
> Daemonibus natura dedit, turpesque figuras.
> Dens tamen albus erat, sannae albae vtrimque patentes,
> Alae humeris magnae, quales vespertilionum,
> Membranis contextae amplis, pes amplus vterque,
> Sed qualem fluuialis anas, qualemue sonorus
> Anser habere solet; referebat cauda leonem.
> Nudus erat, longis sed opertus corpora villis.
> Multa illi adstabat turba innumerusque satelles.
> Circum aderant longe lateque, quot agmina Xerxem
> Non habuisse puto, peteret quum Marte Pelasgos
> Infelix, vix inde fuga rediturus inermi.
> Quisque suis vncum manibus follemque tenebat;
> Folle quidem, vt capita inflarent, ventoque replerent
> Illorum, quibus aut magnas fortuna dedisset
> Diuitias, vel quos doctrina, robore, forma,
> Nobilitate, aliis multis praestare viderent:
> Vnco autem, vt quos implessent petulantibus auris
> Iam satis atque super, fumosa in stagna tumentes
> Pertraherent, praedam ranis colubrisque futuros,
> Atque aliis, habitant illo quae gurgite, monstris.
> Regi huic (quem dixi) nomen fuit estque Typhurgo;
> Sic etenim aiebat declarans cuncta meus dux.

Der Rückzug von den Bedrohlichkeiten und sündigen Praktiken des ›modernen‹ korrupten menschlichen Miteinanders wird im Munde der Figur eines Eremiten zu bedenken gegeben, der sich als ehemaliger Stadtbewohner in kritisch-rückblickender Meditation auf die felsige Höhe eines Berges zurückgezogen hat. Die

Stadt, auf die der Einsiedler herabblickt, ist mittelbar als das päpstliche Rom zu identifizieren.[8] Als Grund für diese ›secessio in montem sacrum‹ fungieren in dem sich anbahnenden Zwiegespräch nicht die krude Tatsächlichkeit der Laster und Sünden von Lust, Macht und Geld, sondern die Unverhohlenheit, mit der solches Fehlverhalten in allen Ständen (von den den Handwerkern bis zu den Regierungen) selbstverständlich mit Erfolgen belohnt wird, ja alle Lebenspositionen bestimmt und so das von Palingenius nicht nur hier moralisch propagierte Menschenbild ins Tierische pervertiert. Anteil an dieser Perversion haben expressis verbis auch die von Grund auf verdorbenen Priester, die sich skandalöserweise als Sachwalter des Himmels ausgeben. Offensichtlich nimmt Palingenius hier Grundzüge von Luthers Kleruskritik und Polemik gegen den Ablasshandel auf, was der römischen Inquisition nicht verborgen geblieben sein dürfte (Spreng S. 238^v–239^v; Palingenius X, 463–504; ed. Chomarat, S. 403/405):

> Als diß geschrey von jm auß kam/
> Es jederman gar wunder nam/
> Ich gieng ein weiten weg hinauß/
> Stig auff den Berg zu seinem hauß/
> Der alt ob einem Felsen saß/
> Darbey ein küler schatten was/
> Thet mich empfahen auff der spitzen/
> Vnd hieß mich zu jm nider sitzen/
> Ich fraget jn bald an der stett/
> Warumb er jm erwehlet hett/
> Ein solliches leben hinfort/
> An einem rauchen wilden ort/
> Daß niemand were angenem/
> Noch zu menschlichem brauch bequem.
> Der heilig Mann mir antwort gab/
> Etwan gefiel es mir vorab/
> Zu wonen in den Stetten zwar/
> Da ich auff mir nit hett vil jar/
> Was jung vnd stecket jrrthumbs vol/
> Das zeitlich leben freuwt mich wol/
> Schand/ laster/ reichthumb/ gut vnd gelt/
> Liebt ich nach art der gmeinen welt/
> Jch thet dem Böfel selbst nachstellen/
> Was geren bey guten gesellen/
> Mit anderen in üppigkeit/

---

8 Der Berg, auf dem der Einsiedler sich angesiedelt hat, ist, wie kurz vorher benannt wird, der aus Horaz (carm. 1,9) bekannte, in der Nähe Roms liegende, von dort aus zu erblickende Soracte (Palingenius X, 454). Es ist also Rom die Stadt, aus der sich der Eremit zurückgezogen hat und auf die er nun von oben mit moralischem Abscheu hinunterblickt.

Verzeret ich (leider) mein zeit/
Hett falschen wahn in mich gesogen/
Vnd war durch eitlen schein betrogen/
Als ich aber an witz zunam/
Vnd auff ein höhers alter kam/
Fieng ich an bey mir zu erwegen/
(Nit ohn Gottes gnad vnd segen)
Das menschlich leben hie auff Erden/
Alle sitten weiß vnd geberden/
Thet ich betrachten eigentlich/
Darab mein hertz bekrencket sich/
Ich sahe nichts denn sünd vnd schand/
Vnd gar ein üppiglichen stand/
Von der gerechtigkeit allein/
Der eitel nam belib im schein/
Der vnschüldig die straff empfieng/
Der vbeltheter lär außgieng/
Die tugent hett gar keinen danck/
Sünd/ laster/ vnzucht/ gieng im schwanck/
Deß armen thun was gar vmb sonst/
Ein vnverdienter hett offt gunst/
Das Recht war feil/ der glaub ertruncken/
All scham vnd erbarkeit versuncken/
Die Handwercks leut auch wunderbar/
Triben betrug mit falscher wahr/
Die Mörder auch Herberg bestelten/
Daß sie die Bilgram niderfelten/
Ich sach der Menschen vil zumal/
Die mit betrug list vnd diebstal/
Waren reich worden hie auff erd/
Weren gewest deß Kerckers wehrt/
Doch must man sie preisen vnd ehren/
Jr lob mit falscher zungen mehren/
Es ware auch das Regiment/
Den vngeschickten zuerkennt/
Die nur trugen das Menschlich bild/
Waren sonst Thier grimmig vnd wild/
Weiter was die Religion/
Mit grossem geitz geschwechet schon/
Die Priester waren gar vnzüchtig/
Gefressig vnd zum argen tüchtig/
Mit falschem Gottsdienst sie fürhin/
Allein nachstelten dem gewin/
Lärten dem Volck die Seckel auß/
Vnd schlossen auff deß Himmels hauß/
Die Hell aber sie sperten zu/
Auch gaben sie für spat vnd fru/

> Wie die Seelen jetzt da jetzt dort/
> Durch sie schwebten an manchem ort/
> Durch der gebett kündten sie Gott
> Bewegen hin vnd her ohn spott.

Der lateinische Text zum Vergleich:

> Huius ego impulsus fama per longa viarum
> Perrexi spatia ad sacri fastigia montis,
> Conuenique senem sub aprica rupe sedentem:
> Qui, postquam acceptam mihi reddidit ore salutem,
> Suadet vt assideam. Assedi, et simul ista rogaui,
> Cur sibi tale genus vitae delegerit, et quo
> Ipse modo possit dura inter tesqua manere,
> Plurima vbi desunt humanis vsibus apta.
> Tunc mihi vir sanctus respondens, talibus infit;
> Intra vrbes olim placuit mihi viuere, quando
> Iunior ac rerum ignarus nihil esse putabam
> Optandum, nisi diuitias et commoda vitae
> Praesentis, vulgi exempla erroremque secutus.
> Tunc ego gaudebam turba coetuque virorum,
> Cumque aliis praeceps in gaudia vana ruebam,
> Deceptus falsa specie verique bonique.
> Sed postquam subiit grauior labentibus annis
> Aetas, accessitque mihi prudentia maior,
> Coepi hominum mores (diuino numine credo
> Impulsus) mecum perpendere, et acta notare,
> Viuendique modos varios examine acuto.
> Turpia multa quidem fieri et scelerata videbam,
> Iustitiae superesse nihil nisi nomen inane,
> Puniri insontes, sontes impune vagari,
> Virtutem in vitio, vitium in virtute latere,
> Pauperem vbique premi et meritis plus posse fauorem,
> Ius venale, fidem extinctam, amissumque pudorem,
> Omnes artificum corruptas fraudibus artes,
> Latrones quoque cauponas conducere, vt illic
> Sopitos melius peregrinos perdere possint.
> Contemplabar item, multos furtoque doloque
> Ditatos, licet obscaenos, dignosque capistro,
> Laudari tamen atque coli, multumque timeri;
> Imperia indignis committi et honoribus illos
> Ornari, quibus est hominis dumtaxat imago;
> Denique auaritia labefactam relligionem,
> Atque sacerdotes tantum Venerique gulaeque
> Intentos, lucrum ficta pietate latenter
> Quaerere, et astute vulgi exhaurire crumenas,
> Dum pretio coelum reserant et tartara claudunt,

> Dum iactant se posse animas huc mittere et illuc,
> Et precibus quocumque velint impellere Diuos.

Andere Linien der Palingenius-Rezeption führen, wie Joachim Telle materialreich dargestellt hat,[9] nicht nur zu bekannten Namen wie dem eines Giordano Bruno (im 8. Buch seines Lehrgedichts *De immenso et innumerabilibus*. Frankfurt am Main 1591) oder dem des schriftstellerisch äußerst regen Magdeburger Schuldirektors Georg Rollenhagen, sondern auch in das bislang unwegsame Gelände des alchemischen Schrifttums, das sich von Palingenius' Behandlung des Mercurius (X, 187) und des ›Steins der Weisen‹ (X, 181) zur Exegese eines ›sensus alchemicus‹ ermutigt fühlte, der eine eigene, auch poetisch-didaktische, zumal in der naturphilosophischen Mythos-Rezeption florierende Tradition ausbildete.[10]

Dass der italienische Arztdichter andrerseits nicht nur in Rom, sondern in Deutschland auch bei frommen Lutheranern auf Widerstand stieß, anders als bei Spreng, belegt in monumentaler Manier der mit fast gleichem Titel und ebenfalls in zwölf Büchern publizierte *Zodicacus Vitae Christianae. Satyricon. Pleraque Omnia Verae Sapientiae Mysteria Singulari Suavitate enarrans* (Frankfurt am Main 1623) des Caspar von Barth (1587–1658), des (neben Paul Fleming) letzten großen protestantischen Neulateiners im deutschen Kulturraum. Das äußerst weitläufige, weitgehend unerforschte Œuvre Barths, in dem er sich als berühmter Polyhistor und Philologe, zugleich als vielseitiger lateinischer Dichter und eifriger lateinischer Übersetzer profilierte,[11] hier nur stichworthaft zu erwähnen, ist durchzogen von lehrhaften Poemen verschiedenster Art (teilweise schon gedruckt in seinen *Opuscula varia*, Hanau 1612, teilweise auch inseriert in sein spät vollendetes, auch ins Deutsche übersetztes und zum Beispiel von Quirinus Kuhlmann gelesenes Kompendium der quasi-augustinischen *Soliloquia*, Zwickau 1655). Zu diesem Umkreis zählen lateinische Theognis-Adaptionen, Kollektionen von Fabeln und Verssatiren, Gedichtzyklen über literarische und historische ›Heroen‹ sowie didaktische Großpoeme, darunter, auch als Auseinandersetzung mit dem Neostoizismus gedacht, *De fide salvifica et de constantia* (Frankfurt 1623). Barths *Zodiacus* ist, obwohl des öfteren durchsetzt mit zeithistorischen Durchbli-

---

9 Telle 2013, Nr. 14, bes. S. 503–508.
10 Dazu Kühlmann 2002.
11 Werkbibliografie bei Dünnhaupt 1990, S. 401–421. Die neuere Forschung hat sich bisher nur mit dem lyrischen Werk (Kühlmann; Textauswahl mit Übersetzungen, Bio-Bibliografie und Kommentar in Hl [1997], S. 863–903 u. 1484–1527) und den Übersetzungen namhafter Texte der Romania befasst (Arbeiten von Briesemeister und Ludwig). Den einzigen Gesamtüberblick über Leben und Werk, auch über die Lehrdichtung, bietet, wie auch immer chaotisch und oft fragwürdig, Hoffmeister 1931; vgl. aber den Artikel (*sub verbo*) von Kühlmann. In: Killy/Kühlmann 1 (2008), S. 332 f.

cken (etwa im zweiten Buch zum beginnenden Dreißigjährigen Krieg und seiner Vorgeschichte), als biblisch fundierte, in jeder Hinsicht aemulative lutherisch-christliche Kontrafaktur von Palingenius' Epos konzipiert:[12] nicht nur, indem das erste Buch beginnt mit einer Nachdichtung des Heils- und Unheilsgeschehens im Paradies, sondern auch dadurch, dass sich Barth am Ende des ersten Buches demonstrativ in einen poetischen Dichterkatalog einreiht, der bis zur Bibelepik der christlichen Spätantike zurückreicht, aber auch schon schon, neben Vida, Scaliger und (in Umschreibung des Namens) dem Schotten George Buchanan, auch die Schöpfungsdichtung des französischen Hugenotten Du Bartas umfasst (zu ihm s. u.). Ich zitiere die letzten Verse des ersten Buches (S. 30 f.):

> Felices animae, Vario PRVDENTIVS aestu
> Gesta canens veterum contra tormenta necemque.
> Seduliusque pater, Marij & Victoris Acumen;
> Atque alio dignus sed & hoc quoque dignus ARATOR
> Nomine, Paulinusque & simplicis vmbra Iuvenci.
> Et generosorum stirpes Alcimus alta parentum,
> Hisque pares alij, quos inter amabile nomen
> Exserit, eloquij princeps, quem Gallia adorat
> Barbariem exsuperans, CHRISTI, Bartassius, augur.
> Divina antistes Cithara insuperabile carmen
> Concinit. hunc juxta docto Nazarius ore
> Mincigenis fidibus melos aequiparabile jactat.
> Nec minus arguto sublimis SCALIGER oestro,
> Flamminiusque nitens, Vidaeque volubile Christum
> Laudat ebur; Scotiaeque ingenti Buccina plausu.
> Innumeraeque animae, quae postquam corpore functae.
> Purpureum æternis degunt in floribus aevum,
> Carmina cantanteis, in vita qualia cuique
> Indulsit dominus laudi; memorantque nepoteis:
> Salvete aetherei proceres, purissima flammae
> Fulgura divinae, & choreis accedite nostris:
> Olim adeo inter vos florens juvenilibus annis
> Perpetuum condam dia in praeconia carmen.[13]

---

12 Dazu wenig informativ Hoffmeister 1931, S. 56–64 mit dem Abdruck (S. 64) eines barthschen, gegen Palingenius gerichteten Epigramms, dessen Text (fehlerhafte Abschrift?) fast unverständlich ist.

13 *Übersetzung von Jost Eickmeyer*: Selige Geister: PRVDENTIVS, der mit wechselnder Glut die Taten der Alten wider Folter und Todesgefahr besang. Auch Vater Sedulius und der Scharfsinn des Marius Victorinus; auch ARATOR, der eines anderen, aber auch dieses Ruhmes würdig ist, und Paulinus und der Schatten des schlichten Iuvencus. Ferner Alcimus, der hohe Spross aus edler Familie, und andere, die ihnen gleichen; unter ihnen sticht ein betörender Name hervor, der Fürst der Sprachkunst, den Gallien verehrt und so die Barbarei überwindet: Du Bartas,

Indem Barth hier Prudentius (ca. 348–405 n. Chr.) nennt und dabei gewiss neben den Märtyrerhymnen auch dessen moraldidaktisch-agonale *Psychomachia* assoziiert, wird eine alte allegorisierende Darstellungskonzeption berufen, die bereits im deutschen Frühhumanismus durch den Schwaben Heinrich Bebel (1493–1518) in seinem *Triumphus Veneris seu Voluptatis contra Virtutes* (ca. 2.000 Verse; Erstdruck 1509, mit dem Kommentar von Johannes Altenstaig Straßburg 1511) zur Rahmenhandlung eines Epos (ca. 2.000 Verse) ausgebaut wurde, in deren Zentrum sich bald eine satirische Ständerevue entfaltete.[14] Mit einem andersartigen allegorisierenden Konstrukt wagte es Barth, den muttersprachlichen Sektor zu betreten. Sein merkwürdiges episches Werk hieß *Deutscher Phoenix* (Frankfurt am Main 1626), geschrieben in paarweise gereimten, durchaus holprigen Langzeilen, die, oft als solche kaum erkennbar, den sechshebigen epischen Langvers (Alexandriner) nachbilden sollten, sich jedoch in jeder Hinsicht (prosodisch, metrisch und stilistisch) noch ganz unbeeinflusst zeigen von Opitz' kurz vorher (1624) kodifizierten poetischen Anweisungen. Bereits im Titel signalisiert Barth sein allegorisches Verfahren: eine geistliche, quasi vershomiletische Exegese des Mythos um den sich immer wieder aus seiner Vernichtung erhebenden sagenhaften Vogel Phönix. Grundlage waren sehr verzweigte, bis auf die Antike (bes. Claudian und Laktanz) zurückweisende Überlieferungen, mit denen sich Barth auch als philologischer Kommentator beschäftigte.[15] Das deutschsprachige Epos präsentiert eine meditative und appellative Auslegung des Vogelemblems in doppelter Hinsicht. Der Wundervogel, immer wieder von neuem beschrieben (Hymnus am Anfang, dann etwa S. 52 f.) wird zum Makrozeichen sowohl der dem »frommen Christen« zugesagten Unsterblichkeit wie auch zum Inbild des leidenden und auferstehenden Christus. Eigentliche Heimat des Phönix ist das Paradies

---

der Seher CHRISTI. Der Meister singt mit göttlicher Leier ein unübertreffliches Lied. Nach ihm stößt Nazarius mit gelehrtem Mund einen Gesang aus, der den vom Mincio stammenden Leiern durchaus vergleichbar ist. Auch der edle SCALIGER mit scharfsinnig-poetischem Furor, der glänzende Flaminius und die geläufige Flöte des Vida loben Christus in keiner geringeren Weise; so auch die Trompete Schottlands mit gewaltigem Brausen. Zahlreiche Geister, die nach dem Abscheiden von ihren Körpern eine purpurgeschmückte Zeit unter ewigen Blumen zubringen, dabei Lieder singen, wie sie zu Lebzeiten der Herr einem jeden zum Lobe gewährt hat, und ihre Enkel ermahnen. – Seid gegrüßt, ihr himmlischen Ahnen, ihr reinsten Lichter des göttlichen Feuers, und schließt euch unseren Chören an. Längst schon will ich unter euch, in der Blüte meiner Jugendjahre, ein ewigwährendes Lied zum Ruhme Gottes anstimmen.

14 Maßgeblich zu allen Aspekten dieses Werkes die Analyse von Hess 1971, S. 271–319.
15 Zu Barths *Phoenix*-Dichtungen Hoffmeister 1931, S. 78–141; dazu im Anhang ein Faksimiledruck des *Deutschen Phoenix* (darauf im Folgenden mit Angabe der Seitenzahl verwiesen). Hoffmeisters Darlegungen bieten, soweit ich sehe, die materialreichste, wenn auch bibliografisch höchst konfuse Zusammenstellung der literarischen Phönix-Rezeption. von der Antike bis ins 17. Jahrhundert.

(S. 37–40), koloriert im Bild einer Insel mit einem bukolisch anmutenden Wäldchen, in dem aus einer wunderbaren Rose bzw. aus einer Weinrebe ein Nektar fließt, mit dem auch die Poeten nach Homers und Vergils Vorbild Anteil an der Unsterblichkeit gewinnen (S. 39):

> Das Nectar nennen die Poeten ohne schew/
> Von welches büchleins safft *Homerus* hat getruncken
> Auch *Orpheus* vnnd *Maro*, sonst weren lengst versuncken
> In so vihl hundert Jahr jhr schön gesetzte sachn/
> Die jetzt jhr lob vnd ruhm mehr als vnsterblich machn.
> Sie haben in die Vers voll künste vnd weißheit/
> Gedrucket aus der Blum vntödliche liblichkeit:
> Nach dern Exempel dann vihl löbliche Nachkomn
> Auch habn jhrm gedicht Ewige zierd gewonnen.

In der Beschreibung von Heimatort und »Pallast« des geistlichen Vogels (S. 36–44), der auch im Sinne des Alchemohermetismus bedichtet werden konnte (s. u. zu Michael Maier), kontaminiert Barth Erinnerungen an das biblische Paradies mit Vorstellungen des himmlischen Jerusalems, verrät in der altepischen Ekphrasis von Türbildern (Kreuz und Phönix) aber auch konzeptionelle Anleihen zum Beispiel an Vergil (vergleichbar *Aeneis* I, 442–493). Dazu treten andernorts andere ›klassische‹ Reminiszenzen (etwa an die alte allegorische Deutung von Homers *Odyssee* oder an Claudians *Proserpina*-Epos, S. 53). In gleitenden Übergängen wechselt Barth immer wieder seine Sprechhaltungen. Längere Passagen, die dem frommen und von Christus erlösten wahren Christen das lasterhafte, von Satan bewirkte Treiben der gottlosen Welt gegenüberstellen, werden mehrfach unterbrochen von Anrufungen und Gebeten (in der Ich-Form), die, metadihegetisch, auch Zwecke und Publikum des Epos beleuchten (S. 20):

> O eyniger *Phoenix*. O blutsprengder *Pelican*,
> O grossr Engel des bunds/ fang in meinr Sehlen an
> Das Reich der Gnaden dein: weil ich noch leb auff Erd/
> Daß deine krafft in meinr schwachheit gerühmet werd.
> Vnd alle Brüder mein/ lesend diß mein gedicht/
> Verlassn die Nacht der Welt/ suchen dein theures Licht.

Schon vorher hatte Barth seine Wendung zu der neuen Rolle eines muttersprachlichen ebenso christlichen wie vaterländischen Dichters in Erinnerung an seinen lateinischen *Zodiacus* und seine ausgedehnten philologischen Arbeiten verkündet (S. 8 f.):

> Weicht von mir auff ein zeit/ Griegischer Musae Rhum/
> Auch Römischer Sprache Krantz/ in welche das Christenthum
> Zu vbersetzen schön/ mit Versen allerhandt//

> Durch Gottes Gnade ich ins Mittel bin gesant.
> Ihr Zeichen zwölff/ die/ durch Figuren wundersan/
> In meiner Jugent habt mir me[i]n Hertz auffgethan
> Mit Stralen so/ durch Krafft der rechten Seelen Sonnen/
> Mein Gemüth mir habn/ in Lieb Christi/ abgewonnen/
> Daß in so vil an zahl der Bücher ich gepreist
> Die Tugent/ vnd gestrafft alles was vnrecht heist.
> O tiffe Lust/ mit fleiß zu forschen alle Lehr
> Der weitgegrünten Künst/ in allr Scribenten Ehr.
> Zu welcher nutz vnd fromn/ vbr all mein Vorfahren
> Ich gesucht hab vnd erlangt/ in blühenden Jahrn/
> Ein Lob so weit sich thut *Antiquitas* außstrecken/
> Dern Wunden ich verbind/ dern ich manche Flecken
> Geheilet hab bißher/ last mich nun meine Handt
> Auch richten zu einr Frewd meim liben Vatterlandt/
> In teutscher Sprach ein Lid dem Herren Christo mein
> Zu spilen/ in dem Bild deß edlen Vogels sein.

Die polemische Stoßrichtung von Barths Epos richtete sich, auch wenn der Dichtername nicht genannt wird, gegen den von Lukrez poetisch nobilitierten, sich in Barths Optik latent verbreitenden Epikureismus, der sowohl wegen seiner angeblich amoralischen Lebensmaximen als auch wegen seines gottlosen Rationalismus im Namen eines dezidiert theokratischen Weltbildes wortreich und scharf attackiert wird (S. 73 f.):

> Aber was will ich schon den leuten bringen an
> Die noch ein willn habn zu gehn des lebens Ban/
> So doch vnzehlich vihl/ ja gantze landt voll seyn/
> Des Ruchlosen Gesinds/ der scheußliche Bacchi Schwein
> Der Epicurer grob/ *Cyclopen* und *Chimaern*,
> Die jhre Sehle nicht bedenckn/ den Bauch zunehrn?
> Die auß aller Gottesfurcht/ allr lib und tugent schon/
> Die sie noch nie erkant/ treibn jhrn Spott und Hohn?
> Sie glauben nicht/ das Gott die welt erschaffen hat
> Sie glauben nicht/ das er sie halt in seinem Rath.
> Sie glauben nicht/ das sterbn den Leib allein angeh/
> Vnd wollen das die Sehl mit jhm zugleich vergeh/
> Das sie nur nicht zugleich sich fürchten müssen sehr
> Für straff der Hellen Pein/ vbr jhr sünde schwer.
> Ja sie zweiffeln daran/ob Gott allmächtig sey/
> Ob er die zusag seyn auch könne halten frey.
> Sie lehren vnverschämpt/wölln mit vernunfft probirn.
> Das Menschen in dem todt verderben gleich den tihrn/
> Wenn sie einmahl das Licht verlassen disser zeit/
> Bleibn sie (nach jhrem wunsch) ewig in nichtigkeit.
> Aber es geht jhnen wie man im Sprichwort sagt/

> Was einer sehe gern/ zugleuben jhm behagt.
> Dann weil ohn Buß/ vnd lust zu mercken auff das gut/
> Ihr leib und sehl zur Hell/ mit fürsatz/ fahren thut/

Während die letzthin auf spätmittelalterliche Traditionen zurückweisende Ständedidaxe bei Barth nur partiell in den Vordergrund rückte, dominierte sie in den weitläufigen Lehrdichtungen des in der Neumark wirkenden lutherischen Dichterpfarrers Bartholomäus Ringwaldt (1530/32–1599): sowohl in der Rollenrede der *Christlichen Warnung des Trewen Eckarts* (zuerst Frankfurt/Oder 1588), einer moralisch instrumentierten Vision von Himmel und Hölle, als auch in seiner standesethischen, mit historischen Exempeln untermauerten, in ihrer Skandierung recht regelmäßigen Knittelversdichtung (mehr als 10.000 Verse) *Die lautere Wahrheit* (zuerst Erfurt 1585), beide oft nachgedruckt.[16] Letztgenanntes Werk konstituiert sich als Reimpaarrede nicht im epischen Fließtext, nach antikem Muster in Büchern geordnet, sondern in kleineren, jeweils durch Überschriften markierten Texteinheiten, die Lehrreden mit satirisch gefärbten Miniaturen verbreiteter Handlungs- und Verhaltensmodelle kombinieren. Geboten wird so ein schier unendliches Spektrum aller möglichen Laster (wie »Wucher«, »Vollsaufen« oder Kleiderluxus) im Horizont einer die ganze Gesellschaft in Auge fassenden, im farbigen Detailrealismus artikulierten und deshalb kulturgeschichtlich aufschlussreichen Pflichtenlehre. Einer der tragenden Leitbilder ist dabei der ehrwürdige (einst von Erasmus von Rotterdam schon lebensreformerisch applizierte) allegorische Typus des Miles christianus. In seinem Zeichen ist das Werk durchzogen von einer aus Einzelkapiteln bestehenden Textschicht, durch numerierte Überschriften verkettet, die nach und nach eine genaue Tabulatur der Obliegenheiten des christlichen Kriegsmanns und Söldners (von der Anwerbung bis zum christlichen Tod) entwerfen. Gerade dieser Textteil fand eine bedeutende Resonanz, hat ihn doch der oberrheinische Autor Johann Michael Moscherosch (1601–1662) in seinem oft aufgelegten satirischen Hauptwerk, den *Gesichten Philanders von Sittewald* (2 Teile, Straßburg 1640 ff., hier erweiterte Neuausgabe des Zweiten Teils, zuerst 1644, dann 1665) ausgeschrieben und als »Lehrbrief« in 80 Strophen zusammengestellt, teils wörtlich, teils offenbar in geringfügiger Umarbeitung. Dies ausgerechnet und bewusst konstrativ in dem »Gesicht« *Soldaten-Leben*, das auf weiten Strecken von den Räubereien und Gräueltaten einer marodieren-

---

[16] Vorliegend nun in der wichtigen Edition der ausgewählten Werke durch Masiero 2007; hier auch Kommentare und Nachweise der Druckgeschichte.

den Soldateska im äußersten Westen des Reiches erzählt, – nicht ohne autobiografischen Bezug.[17] Ich zitiere drei der von Moscherosch gedruckten Strophen):[18]

> Der Soldaten Lehr-Brief.
>
> Wer sich zum Kriegsmann werben läßt
> Soll sein fromm, redlich und faustfest.
> Er soll nichts fürchten als nur Gott
> Und nach ihm seines Herrn Gebot.
> Er soll sich üben Tag und Nacht
> Bis daß er wird zum Mann gemacht
> Und lerne aus Erfahrung wohl
> Wie man dem Feind begegnen soll.
>
> Du sollst nicht darum ziehn zu Feld
> Daß du allein viel Gut und Geld
> Mit spielen, schätzen, fressen, saufen,
> Mit raufen, morden, beuten, laufen
> Gewinnen wollst, wie viel' auf Erden
> Allein nur darum Krieger werden
> Und achten es für ungefähr,
> Wenn schon ihr Herr der Teufel wär'.
>
> Wer also kämpft und bleibt im Feld,
> Der stirbt auch wie ein rechter Held.
> Behält er dann das Leben sein
> Und bringt doch nichts als Wunden heim,
> So ist er dennoch auf der Erd'
> Solang er lebet ehrenwert
> Und soll ihm billig, wann er alt,
> Ist worden, geben Unterhalt.

Bleiben wir im Bereich der protestantischen, muttersprachlichen, moralisch-theologisch abgesicherten, Wissensbestände und Erfahrungsprobleme aufrufenden und zugleich die Alltagswelt postulativ modellierenden Speculum-Literatur, muss als zeitlich letztes Exempel ein bislang kaum beachtes[19] versdidaktisches

---

17 Ausgabe Straßburg 1665, S. 576–836; abgedruckt in der Auswahlausgabe: Moscherosch 1883/1964; zu benutzen ist auch die gekürzte und sprachlich modernisierte Neuausgabe: Unter Räubern 1996. Zum biografischen und historischen Kontext s. Schäfer 1982, bes. S. 89–119.
18 Ich zitiere die Strophen 1, 5 und 9, hier nach der sprachlich leicht modernisierten Fassung bei Unter Räubern 1996, S. 115 f., sie entsprechen in der Ausgabe von Masiero Textstücken der S. 19, 26 und 29.
19 Als einzige (kleine) germanistische Arbeit ist die Studie von Thomke 1987 zu verzeichnen; der Aufsatz von Pot 1994 widmet sich ohne genauere Textanamnese vor allem den Paratexten;

Monumentalwerk aus der Feder des Wilhelm Fabry aus Hilden im Rheinland (deshalb latinisiert Fabricius Hildanus, 1560–1634) erwähnt und weiteren Untersuchungen empfohlen werden. Fabry lebte als hochgeachteter Chirurg zuletzt in Bern (ab 1615), war dort (so Forster) die »überragende literarische Persönlichkeit«. Neben vielen fachmedizinischen Schriften (Balneologie, Militärmedizin, Chirurgie, Anatomie, Krankheitsmonografien) schrieb er Kasualpoeme, geistliche Lieder und sogar sogar Sonette. Zu seinem versdidaktischen Pensum (im Anschluss an einen längeren Prosateil) gehörte ein warnend gemeinter *Christlicher Schlafftrunk* (Frankfurt am Main 1624; Abb. 4 und 5), spektakulär in der Ausdeutung eines beigegebenen Kupferstichs, der neben Insignien der Lasterhaftigkeit die Trunkenheit in Gestalt eines von Dämonen umlauerten ›Manneken Piss‹ vorstellt, dazu auch weitläufigere diätetische Präzepte mit physiologischen und anatomischen Erläuterungen liefert; beigegeben sind am Schluss Lehrdichtungen des pfälzischen Dichterarztes Johannes Posthius (1537–1597), der neben Gesundheitsregeln vorher schon auch eine der vielen Bäderschriften (*Bericht von dem neuwen erfundenen Sauwrbrunnen zu Langen Schwalbach*, Frankfurt am Main 1582) in deutschen Versen publiziert hatte.[20]

(Fabry, Ed. 1624, S. 53, zitiert hier der Beginn ohne die lateinischen Marginalien)

Christlicher Schlaff-Trunck. Bey welchem Der Abriß einer vralten Figur vnnd Bildnus der Trunckenheit zusehen/ vnd die Erklärung derselben zulesen. Zu diesen Betrübten Zeiten/ anstatt der Bachanalischen Schlafftrüncken/ vnd köstlichen Heydnischen Mummereyen vnd Auffzügen/ nützlich vnd hochnöthig zu lesen vnd zu behertzigen.

WAs Trunckenheit sey/ jederman
Wohl weiß/ vnd auch köndt zeygen an:
Weil leyder jetz zu dieser zeit/
In ganz *Europa* weit vnd breit/
Solchs Laster beyd bey groß vnd klein/
Vor andern ist vnd wird gemein:
Ja sag ich/ leyder auch bey denen/
Die sich doch fromme Christen nennen.
Ist aber jemandt in dem Landt/
Dem Trunckenheit ist vnbekandt/
Hat gehalten sich allzeit daheym/
Mit *Tetin* gmachet sich gemein/

Forster 1985, bes. S. 60 f. u. 64 f., charakterisiert das Werk sehr knapp in seinem regionalen kulturellen Milieu; zu Fabrys Leben und Werk insgesamt grundlegend nun der Artikel (*sub verbo*) von Joachim Telle. In: VL 16,2 (2012), Sp. 289–296.
20 Zu Posthius' Lehrdichtungen s. Strein 1993, Karrer 1993, S. 450 f. u. 549 f. (auch mit weiteren bibliografischen Details).

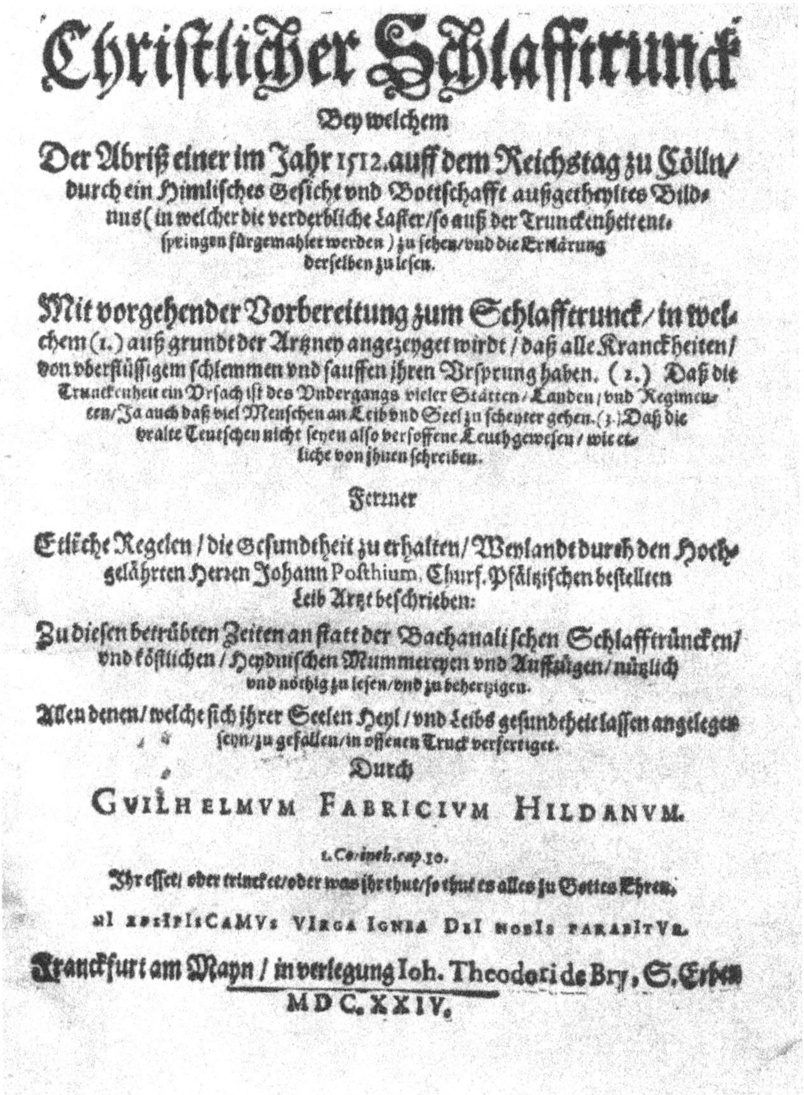

Christlicher Schlafftrunck

Bey welchem

Der Abriß einer im Jahr 1512. auff dem Reichstag zu Cölln/ durch ein Himlisches Gesicht vnd Bottschafft außgetheyltes Bildnuß (in welcher die verderbliche Laster/so auß der Trunckenheit entspringen fürgemahlet werden) zu sehen/vnd die Erklärung derselben zu lesen.

Mit vorgehender Vorbereitung zum Schlafftrunck/ in welchem (1.) auß grundt der Artzney angezeyget wirdt / daß alle Kranckheiten/ von vberflüssigem schlemmen vnd sauffen ihren Vrsprung haben. (2.) Daß die Trunckenheit ein Vrsach ist des Vndergangs vieler Stätten/ Landen/ vnd Regimenten/ Ja auch daß viel Menschen an Leib vnd Seel zu scheyter gehen. (3.) Daß die bralte Teutschen nicht seyen also versoffene Leuth gewesen/ wie etliche von jhnen schreiben.

Ferner

Etliche Regelen / die Gesundheit zu erhalten/ Weylandt durch den Hochgelährten Herren Johann Posthium, Churf. Pfältzischen bestellten Leib Artzt beschrieben:

Zu diesen betrübten Zeiten an statt der Bachanalischen Schlafftrüncken/ vnd köstlichen / Heydnischen Mummereyen vnd Auffzügen/ nützlich vnd nöthig zu lesen/vnd zu behertzigen.

Allen denen/ welche sich ihrer Seelen Heyl / vnd Leibs gesundheit lassen angelegen seyn/ zu gefallen/in offenen Truck verfertiget.

Durch

GVILHELMVM FABRICIVM HILDANVM.

1. Corinth. cap. 10.

Ihr essett oder trincket/oder was jhr thut/so thut es alles zu Gottes Ehren.

nI soslpIsCAMVs VIrgA IgnIA DeI nobIs paraDItVr.

Franckfurt am Mayn/ in verlegung Ioh. Theodori de Bry, S. Erben
MDCXXIV.

Abb. 4

Abb. 5

Dem Baccho/ dem sehr vngeheur
Verschlossen allzeit seine Thür/
In Nüchterkeit gelebt: der soll
Beschawen diese Bildnus wohl.
Die wird jhm geben zuverstahn
Recht gründlich/ vnd jhm zeygen an/
[54] Was solchs laster sey vnd mehr
die frucht/ die von jhm kommet her.
 Für jederman ein Kind fast klein
Lährt auß die Blaß gefüllt mit Wein/
Trägt hörner: Nackend ist zugleich.
Ein Scepter/ vnd ein Kron fast reich/
Vnd köstlich auff der achßlen sein
Tregt solches kind gefült mit wein.
Der Scepter vnd die kron nimm war/
Die seind zutragen jhm zuschwär.
Drumb sincken solche alle beydt/
Seind jetz zufallen gantz bereit.
Es führt ein schwerdt/ daß ist fast groß/
Darzu gantz scharpff/ auch ist es bloß.
Ein offnes Buch auß frechem muth
Zertritt/ vnd auch beseichen thutt.
Ein Täschen/ welche ist zerspalten/
(Vnd drumb kein pfennig nicht kan halten)
Am Gürtel tregt. Steht auff der Baren/
Der Satan thut sich auch nicht sparen.
Nimpt seiner schantzen fleissig war.
Ist embsig vnd gefließen gar/
Das er mit Ketten/ mercket doch/
Halt solches kind in seinem Joch.
Wolt jhr nun weiter recht verstahn/
Was jedes stück vns zeiget an/
Bey solchem kindt gar sehr mißstalt:
Ich wills erzehlen kurtz vnnd bald.
Will jedem geben recht bescheidt/
Was bey vns schafft die Trunckenheit.
Zum ersten ist solchs Kind mißstalt
An seinem Leib/ man merckt auch bald/
Daß bey ihm ist kein schamm noch zucht/
Solchs schafft bey jhm deß Rebstocks frucht.
Derselbe offt ein klugen mann.
Gleich wie ein kindt bald machen kan.
[55] Daß er zum Narren wirdt alßbald/
Vnd sich so Wunderbar verstalt/
Daß auch/ wann es nur köndte sein/
Sich in ein Bären/ Stier/ vnd Schwein.
Verwandlen wurd gantz vngespart/

> Vnd nemmen an ein frembde art.
> Bey manchem drumb man spüren thut
> Eins Löwens/ Affens/ Schweines muth.
> Wann er ist voller Bier vnd Wein.
> Vnd solchs zwar anders nicht kan sein/
> Dann wann der Bauch ist voller Bier/
> Voll starckes Weins/ vnd Maluasier/
> So wirdt die Leber/ nemmen wahr/
> Die Leuden auch erhitzigt gar.
> Im magen Speiß vnd Tranck aufwallen.
> Ein Fewer sich anzindt bey der gallen/
> Dasselbe fähret jmmer fort/
> Vnd zündet an die nechste ort.
> Von solcher hitz zum Hirn behendt
> viel dämpff ziehn auff/ an allem end
> Desselben Neruen Adern klein/
> Verstopffen: daher in gemein
> Ihr Ampt verrichten können nicht
> Drumb höret weiter mein bericht.
> Der Neruen von dem hirn/ nim wahr/
> Herauß entspringen sieben par.
> Daß Erste zu den augen sich
> Theilt auß/ durch welche Wunderlich
> Dieselb empfahen krafft vnd schein/
> Das man kan vnderscheyden fein
> Ein jedes ding/ auch was es sey/
> Erkennen recht vnd wol darbey.
> [...]

Weitaus monumentaler wirkt vor allem sein in etwa 11.000 Knittelversen vorgelegter, auch Brants *Narrenschiff* benützender *Spiegel des Menschlichen Lebens* (Bern 1621; Abb. 6). Konzeptionell ausgerichtet am Schema der menschlichen Lebensalter, verflicht Fabry hier Medizinisch-Diätetisches, durchaus rationalistisch reflektiert, mit einer moralkritischen Anamnese und einer biblisch gegründeten Protreptik, deren Autoritätenfundus die Kirchenväter ebenso umgreift wie Bernhard von Clairvaux und den jungen, noch im Geiste Johann Arndts wirkenden lutherischen Theologen Johann Gerhard (1582–1637). Dass gerade dessen, von Fabry berufene, lateinisch und deutsch erschienenen *Meditationes sacrae* (zuerst Jena 1606/07) bald auch in einer versifizierten deutschen Reimpaarversion (Jena 1608, ND 2001) vorlagen,[21] also exemplarisch die poetische Metaphrase eines theologischen Lehrbuchs dokumentieren, mag die Attraktivität der Lektüre erhöht

---

21 Zu den Neueditionen s. das Literaturverzeichnis (Quellen).

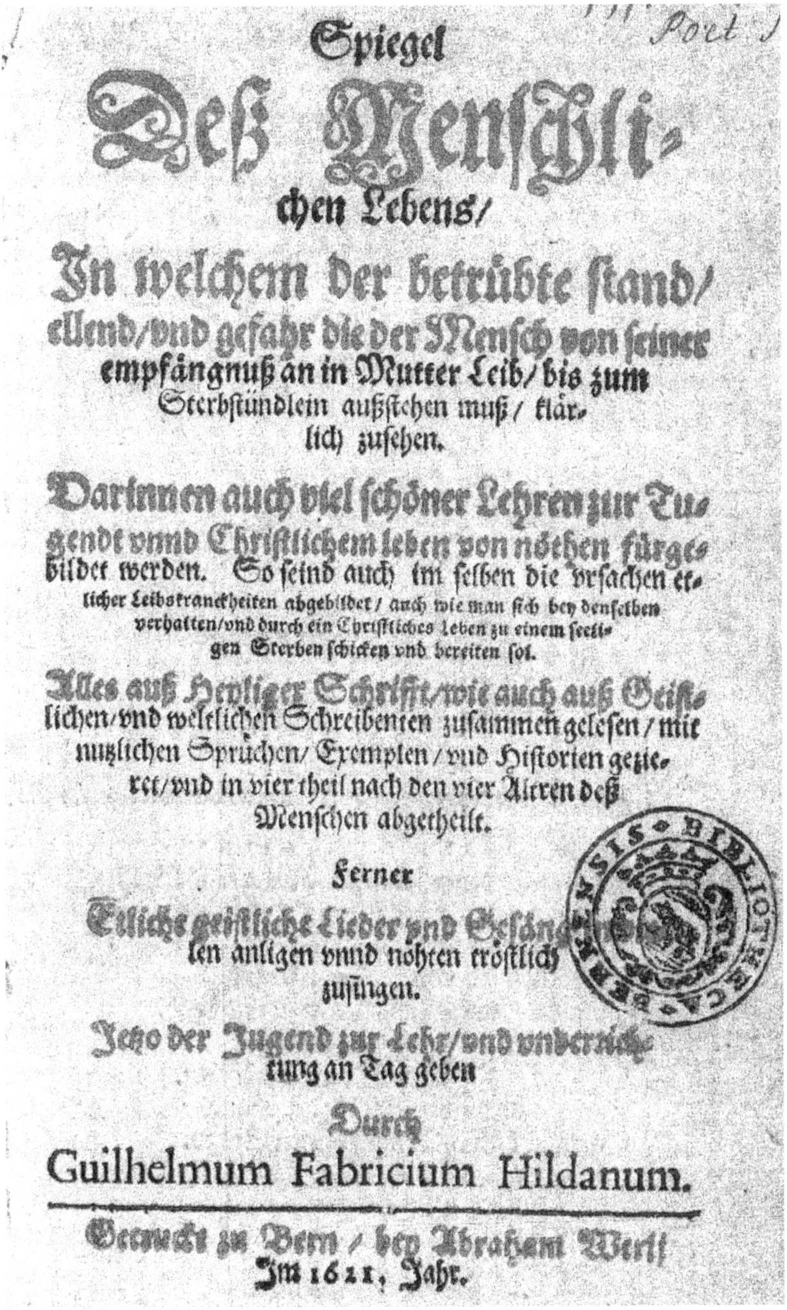

Spiegel
Deß Menschlichen Lebens/

In welchem der betrübte stand/
ellend/vnd gefahr die der Mensch von seiner
empfängnuß an in Mutter Leib/ biß zum
Sterbstündlein außstehen muß/ klärlich zusehen.

Darinnen auch viel schöner Lehren zur Tugendt vnnd Christlichem leben von nöthen fürgebildet werden. So seind auch im selben die vrsachen etlicher Leibskranckheiten abgebildet/ auch wie man sich bey denselben verhalten/vnd durch ein Christliches leben zu einem seeligen Sterben schicken vnd bereiten sol.

Alles auß Heyliger Schrifft/wie auch auß Geistlichen/vnd welelichen Schreibenten zusammen gelesen/ mit nutzlichen Sprüchen/ Exempeln/ vnd Historien gezieret/vnd in vier theil nach den vier Altren deß Menschen abgetheilt.

Ferner

Etliche geistliche Lieder vnd Gesänge, bey allen anligen vnnd nöhten tröstlich zusingen.

Jetzo der Jugend zur Lehr/vnd vnderrichtung an Tag geben

Durch
Guilhelmum Fabricium Hildanum.

Getruckt zu Bern / bey Abraham Werli
Im 1621. Jahr.

Abb. 6

haben. In zahlreichen Marginalien bezieht Fabry einen weiten literarischen Zitaten- und Anspielungsradius in sein Werk ein, dies auch, wenn er in offenkundiger enzyklopädischer Absicht immer wieder Partien zur Darstellung aktueller technologischer und naturkundlicher Wissenskomplexe einarbeitet. Hier dominiert ein am bürgerlichen Arbeitsethos ausgerichtetes Bewertungsverhalten, das zum Beispiel Bergbau und Alchemie vornehmlich unter den Gesichtspunkten eines vom ›Laster‹ des Geizes gesteuerten Missbrauchs thematisiert. Anhand einer Marginalie lässt sich nachweisen, dass Fabry auch aktuelle Erfahrungen und Beobachtungen integriert, wenn er in seiner harschen Abkanzelung der Alchemie das Schicksal und die letzten Selbstverwünschungen des in den Ruin getriebenen, zeitweise in der Pfalz wirkenden Arztalchemisten Bernard Gilles Penot (1519–1617) verarbeitet, mit dem Fabry in persönlichem Kontakt, zumindest im Briefverkehr, stand (*Der dritte Theil*, S. 265 f., ohne die Marginalien):[22]

> Noch fürt der Geitz zum Fewer heiß/
> Viel daß sie blasen bis zum Schweiß/
> Ja bis sie haben drann gekehrt
> Ihr Haab Gut/ und solchs verzerrt/
> So haben viel dann den Gewinn/
> Daß müssen zu dem Spital hin:
> Mit Weib und Kind in grund verderben/
> Und endlich in der Armut sterben.
> Ein solchen Trug und blinden Tandt/
> Satan fürwar zu erst erfand:
> Daß er mit solchem Narrenspiel
> Der Menschen könnt verblenden viel/
> Wie er dann meisterlich solchs thut/
> Daß mancher Leib/ Ehr/ Gut/ und Blut
> Verzerrt und bringt in grosse Gfahr:
> Ein Blindheit ists/ sag ich fürwar.
> Dann Gott allein ist Meister gut/
> Der Gold und Silber schaffen thut/
> Tieff in der Erden durch sein Macht.
> Wer hat/ sag mir/ zuwegen bracht/
> Auff dieser Erden weit und breit/
> Durch seine Kunst/ Geschicklichkeit/
> Müh/ arbeit groß nach bestem Fleiß:
> Daß wurd sein Haar schwartz oder weiß?
> Auch daß ein kleiner wurde groß/
> Gott solchs allein verrichten muß.
> Der ist der Schöpffer Hoch geacht/
> Der solchs thut durch sein Göttlich Macht.

---

[22] Zu Penot, auch zu seinen Kontakten mit Fabry s. CP 3 (2013), bes. Nr. 128.

> Und ist die ganze Alchymey
> Nur Affenspiel/ Betriegerey.
> Die viel hat in die Armut bracht/
> Und keinen noch nicht reich gemacht.

Für kulturgeschichtliche Einblicke bietet das Genre dieser großangelegten Speculum-Literatur mancherlei bisher kaum genutzte Möglichkeiten, so wenn zum Exempel Fabry gegen die weibliche Mode der Entblößung von Hals und Brust nicht so sehr in moralischer als in ärztlicher Optik Front macht:[23]

> Für alle Töchter weich und zart,
> Besonders die von schwacher Art,
> Ist es verderblich gar und bös,
> Wenn Hals und Brust sie tragen bloß
> In deutschem Land insonderheit,
> Wo kalte Luft ist allezeit,
> Weit mehr noch als im Frankenreich,
> Italien, Spanien und dergleich',
> Wo solche Hoffart ist erdacht,
> Zum Teil aus Not, zum Teil aus Pracht;
> Aus Not, dieweilen es ist heiß
> Bei ihnen, wie ein jeder weiß.
> Doch mehr aus Lust und Fleisches Pracht
> Von dort nach Deutschland ist gebracht.
>
> Durch solche Kält' Herz, Lung' erfriert,
> Das Hirn zugleich geschwächet wird.
> [...]
> Das Haupt wird flüssig, krank dabei.
> Dann folgt an Krankheit mancherlei,
> Auch dann, wenn bisher die Natur
> Der Tochter war gesund und pur.
> Nun wird sie bleich und mißgestalt',
> Ist jung, und scheinet trotzdem alt.
> Sodann auf Ohren, Brust und Magen
> Die Leiden werden sicher schlagen.
> Daher der ganze Leib wird schwach.
> Bald folgt ein andres Ungemach:
> Denn solche Frauen krank und bleich
> Gebären Kinder schwach und weich.
> Glaubt ihr, es könnt' ein schwaches Weib
> Gebären einen starken Leib?

---

23 Hier zitiert nach der sprachlich modernisierten Auswahlausgabe von Huckenbeck 2010, S. 63 f.

> Bisher gibt's die Erfahrung nicht,
> Auch die Natur dagegen spricht.
> [...]
> Noch eins muß ich hier zeigen an,
> Obwohl bekannt bei jedermann:
> Man spürt die große Lust zur Pracht,
> Zum Fressen, Saufen Tag und Nacht,
> Ja, Tanzen, Springen, Saitenspiel,
> Leichtsinn sowie dergleichen viel
> Vornehmlich, wenn geknüpfet ist
> Das Eheband zur selben Frist.
> Man meint, es müsse alles sein
> Gesteckt in Kleidung, Bier und Wein.
> Drum viele – es ist zum Erbarmen –
> Durch Schulden hinterher verarmen.
> Die Ketten, Armband, fremdes Haar,
> Die Seidenröcke, Perlen klar
> Muß man versetzen und verkaufen,
> Als Bettler durch die Lande laufen.

Gegenüber dieser an normativen Denkfiguren (Dekalog, Tugend- und Lasterschemata) ausgerichteten, jedoch von empirischem Weltwissen gesättigen Speculum-Literatur lassen sich im 16. Jahrhundert Ausdifferenzierungen der verhaltenskundlichen Lehrdichtung beobachten, die das Genre in die doktrinale Sphäre einer mehr und mehr säkularisierten Konversationskultur einbeziehen. Erkennbar werden markante Verlagerungen der diskursiven Interessen. Es geht dabei nicht primär um die Formierung einer christlichen Gewissens-, Standes- oder Amtsethik, sondern um die von der ›besseren‹ Gesellschaft geforderte Internalisierung eines ästhetisch, in der Beherrschung eines »höflichen« Benimm-Codex (»elegantes mores«), sichtbaren und abgesicherten, sozial disziplinierten und sozial distinguierten geselligen Verhaltens. In der Forschung, auch durch Editionen fand unter diesem Aspekt verdiente Aufmerksamkeit die, vielleicht nach Ovids Vorbild, in Distichen geschriebene, in Unterkapitel gegliederte, bald (1551) von dem Wormser Schulrektor Caspar Scheidt (ca. 1523–1565) ins deutsche Reimpaarverse übersetzte Lehrdichtung des zuletzt in Lüneburg wirkenden Pfarrers und Kircheninspektors Friedrich Dedekind (ca. 1524/25–1598): *Grobianus. De morum simplicitate libri duo* (Frankfurt am Main 1549 u. ö.).[24] Die Titelfigur, vorgegeben von S. Brants *Narrenschiff*, wurde bei manchen Historikern zur Sym-

---

[24] Heranzuziehen ist die zweisprachige Neuedition von Könnecker 1979 sowie 1991 S. 118–134; zu Leben, Werk und Forschungsbibliografie nun der Artikel (*sub verbo*) von Jan-Dirk Müller. In: VL 16,2 (2012), Sp. 119–127; Scheidts Übersetzung (eher Bearbeitung, was noch genauer zu studieren wäre) erreichte bis 1615 insgesamt 14 weitere Ausgaben.

bolfigur des Jahrhunderts. Dedekind verarbeitete zahlreiche Anregungen, vor allem die der seit dem Mittelalter verbreitete »Tischzuchten«-Literatur. Doch entscheidend für den Erfolg des Werks mit ansehnlicher Nachwirkung auch im Ausland, vor allem in England, war ein genialer konzeptioneller Kunstgriff. Der Autor, sonst durchaus verwurzelt in der reformationshumanistischen Bildungsparänese, ergeht sich nicht in einer Scheltrede gegen einen Lastertypus, sondern schildert, ja empfiehlt eine verkommene Gesellschaft in der totalen Assimilation an deren eigene, absurd-depravierte Regeln des Zusammenlebens (»Handlungsanweisung durch Abschreckung«; B. Könnecker), in dieser Hinsicht angeregt von dem aus der Antike überkommenen sophistisch-rhetorischen Genus des Ironischen Enkomions,[25] dessen Fazit der Leser in sinnverkehrter Lektüre zu erschließen hatte. Jan-Dirk Müller hat jüngst Dedekinds Werk, wie folgt, in Kurzform charakterisiert: »Dedekind dehnt das Thema über die Tischzucht hinaus auf andere Alltagsbereiche aus. Der Grobianus hat ein ungepflegtes Äußeres, rüde Umgangsformen, setzt sich rücksichtslos durch, lässt seinen Körperfunktionen freien Lauf, ist grob gegenüber Frauen, ist versoffen, benimmt sich ekelerregend bei Tisch [...]. Das erste Buch gilt dem Grobianus als Diener, das zweite dem Grobianus als Gast oder Gastgeber«[26] (zitiert im Folgenden ed. Könneker, 1979, S. 25 f. und 119 f. ohne die Marginalien, der Beginn von Caput I, 5, V. 1–20). Der Vergleich zwischen der lateinischen und deutschen Fassung wird auf Schritt und Tritt belegen, wie Scheidt seine Vorlage an Drastik der Formulierungen meist weit übertrifft, nicht nur durch Sprecherwechsel in die direkte Rede und farbige Ausmalungen der anstössigen Verhaltenstabulatur (hier unter anderem das Furzen bei Tisch und das Gehabe des ›Pflastertreters‹), sondern in der Mikrostilistik auch durch eine muttersprachliches Vokabular, das unmittelbare emotionale, teils belustigte, teils empörte Beteiligung des Lesers garantiert:

>Caput V.
>
>>Iam bene visceribus per splendida fercula pastis
>>>De rebus nullis anxius esse velis.
>>
>>Sed tua per scamnum componito membra sopori,
>>>In quo sunt scamno prandia sumpta tibi.
>>
>>Sic iaceas, donec cenandi venerit hora,
>>>Tunc tibi de somno surgere tempus erit.
>>
>>Dum dormis, poteris crepitus impune frequentes
>>>Edere, nec qui te carpere possit erit.

---

[25] Ironische Enkomien sind abgedruckt in dem wertvollen Kompendium von Dornau 1619/1995; zum Typus weiterhin gültig der einsame Überblick von Hauffen 1893.
[26] Zit. nach Müller 2012, Sp. 121 f.

In manibus cum non habeas, potuisse tenere,
    Si quis verba tibi dixerit ulla, nega.
Si dulci tibi non libet indulgere sopori
    Nec tua delectat corpora pigra quies,
Tum spatiaturus vicos exsurge per urbis:
    Res bene repleto convenit illa viro.
Inlotis manibus venisti ad prandia primum,
    Inlota debes rursus abire manu.
Nec quamvis multo sit calceus undique caeno
    Oblitus, ut purges, sit tibi cura, vide.
Quid purgare iuvat, cum sit tibi rursus eundum
    In caenum? Vanus sic labor ille foret.

Das fünfft Capitel/ von schlaffen/ spatzieren/ junckfrawen dienst/ reuerentz/ vnd anderer holdseligkeit.

WAnn du nun also kropff vol bist/
    So sey on sorg/ vnd faul als mist.
Deins orts laß dich keins wegs vertreiben/
    Fein auff dem disch solt ligen bleiben.
So kan man je den disch nicht decken/
    Man müß dich zu dem essen wecken.
Oder streck dich so lang du bist/
    Auff den banck da du gsessen bist/
Vnd gessen hast dasselbig mol/
    Darauff zimpt dir zu schlaffen wol:
Da schlaff dann sanfft/ vnd lig fein still/
    Biß man das nachtmal nemen will.
Jm schlaff laß fürtz in lufft hin stieben/
    So wirt dichs gantze haußgsind lieben.
Wolt aber jemandt dich drumb straffen/
    Daß du mächst solch rumor im schlaffen/
Sprich/ es ist nicht in meinem gwalt/
    Daß ich die fürtz in henden halt/
Laß farn was nit hat lust zu pleiben/
    Jch müß den vnflat von mir treiben.
Vnd laß jm dann ein par darzů/
    Daß er die naß verhalten thů.
Der rauch kompt deinem Herrn eben/
    Er darff kein gelt vmb kertzlin geben/
Hastu zum schlaff kein sondern lust/
    So geh vmb zu spatzieren sust:
Trit durch die gantz stat hin vnd wider/
    Ein gassen auff/ die ander nider/
So sicht man dich das pflaster tretten/
    Die dich sunst lust zu sehen hetten.
Vnd hör was newer zeittung sey.

Nur scheinbar schließt sich an den Typus des ironischen Enkomions das reizvolle, in drei Büchern mit elegischen Distichen vorgelegte, in Tonfall und Struktur teilweise von Ovids *Ars Amatoria* inspirierte Lehrepos *De arte bibendi* an (Nürnberg 1536, erweitert ebd. 1537).[27] Sein Verfasser war der nach Studien in Wittenberg und Leipzig in Ansbach (1528) als Schulrektor wirkende Vincentius Opsopoeus (eigentlich Heidecker; gest. 1539), in regem Kontakt stehend mit Zirkeln oberdeutscher Humanisten und hervortretend mit einem ausgedehnten Oeuvre von Dichtungen, Übersetzungen und Editionen.[28] In ausdrücklicher Abwehr moralischer Eiferer und zürnender Prediger würdigt der Verfasser im ersten Buch die Freuden des erholsam-einsamen oder auch mit der Ehefrau traut geselligen häuslichen Trinkers (ein seltenes Thema), widmet sich dann ausführlich den konvivialen Genüssen. Hier geht es um Art und Grenzen der bacchantisch beflügelten Konversation, um wahre und falsche Vertraulichkeit, auch um die interne Prävention gegen ein Fehlverhalten, das die nur nur scheinbar aufgelöste ständische Hierarchie oder die konfessionellen Klüfte außer Acht lassen möchte. Die anderen Bücher bieten (Näheres wäre weiter zu erkunden) neben ausführlichen diätetischen Regeln des Trinkgenusses und der konvivialen Rituale (Zutrinken«) auch abschreckende Schilderungen der zum ›viehischen‹ Laster entarteten Trinkerlüste samt allegorisch strukturierten Partien (Garten der Trunkenheit in Buch II mit Proömium an Bacchus), nicht zuletzt polyhistorisch gesättigte Versifikationen aller erreichbaren literarischen Nachrichten über die Trinkkultur des Altertums (Buch III). Gelehrter Enzyklopädismus verschränkt sich so immer wieder mit dem Darstellungsgestus eines kleinen Handbuchs für alltagsweltliche Herausforderungen: wenn Opsopoeus beispielsweise prophylaktische Ratschläge gegen die somatischen Folgen drohender Exzesse zusammenstellt. Ich zitiere auszugsweise aus der sehr reizvollen deutschen Übersetzung, die Gregorius Wickram, Gerichtsschreiber in Colmar (Vetter des bekannten Erzählers) 1537 vorlegte (aus Buch III, fol. Miij; überschriebene Umlaute adskribiert):

---

27 Nachdrucke bis mindestens 1690, abgedruckt in *Delitiae Poetarum Germanorum* (1612), ed. Janus Gruter (Bd. 4,2, S. 1202–1273, Internet-Edition in CAMENA); dazu erschien eine deutsche Übersetzung in Reimpaaren durch Gregor Wickram (Freiburg im Breisgau 1537); s. unten daraus ein Zitat. Das Werk wurde auch zusammengedruckt (Frankfurt am Main 1578) mit dem von Melanchthon zuerst 1555 hg. Lehrepos *De arte iocandi* des Hamburgers Matthias Delius (1523–1544); zu ihm s. Haye 1997, S. 385 f.
28 Pionierhaft zur Biografie Jegel 1940; zu Leben und Werk im knappen Überblick (Forschungen Mangelware) der Artikel (*sub verbo*) von Kühlmann in: Killy/Kühlmann 8 (2010), S. 727, sowie von Thomas Wilhelmi. In: VL 16,4 (2015), Sp. 664–673.

Der findet andere artznei
    Das er vor trunckenheyt sei frey
Es seind vil ding die wir essen
    Und jhrer krafft do vergessen
Etlich die do den durst pringen
    Etlich die trunckenheyt zwingen
Ein rettig magstu haben wol
    Der ist auch solcher tugent vol
Wann jhnen issest vor dem wein
    Abtreibt er die trunckenheyt dein
Brassica das kraut wolbekandt
    Das kappiskraut ist es genant
Dem wolgemuot zuwider ist
    Den reben auch zu jeder frist
Dasselb vertribt auch trunckenheyt
    So das issest ehe thuost bescheyt
Das kraut porrum genant ist lauch
    Das hat die krafft vnd tugent auch
Ein zwybel iss mit nüchterkeyt
    So magst auch thun guoten bescheid
De mandtlen die do bitter seind
    Abtreiben auch den wein geschwindt
Von schnellen thieren prott die lung
    Welche schnell seind in jhrem sprung
Der selben lung geproten wol
    Die iss erstlichs so würst nit voll
Die haselnussen auch mit krafft
    Abtreiben auch das rebensafft
Die dürren feygen seindt auch guott
    Die nüechtern halten sie inn huot
Ein feig die nit wol zeittig ist
    Die bringt vil durst zu jeder frist
Den Saffran braucht man auch inn wein
    Das er uns nit mag schädlich sein[.]

In seiner Praefatio setzt sich Opsopoeus ab von den Heuchlern, die ihm bacchantische Exzesse vorwerfen, wolle er doch lieber als ein mäßiger Weintrinker mit Gefallen am »lusus inter pocula« angeklagt werden denn als »seditiosus, aut doctor pestilens, aut in Deum blasphemus, aut alienorum scriptorum falsarius, aut sacrae Scripturae perversor, aut disturbator pacis & concordiae, aut pestilentissimae haereses autor & adiutor, aut sacrilegus aut nefarius Sacramentarius, aut furia Anabaptistica, aut denique turpis moechus, aut impostor, aut plagiarius«. Aufzählungen wie diese scheinen zugleich eine Konflikt- und Krisenerfahrung namhaft zu machen, gegen die ein geziemender Trunk tröstend und kompensatorisch wappnen sollte.

VI Scientifik und poetische Naturkunde

Die bisher behandelten lehrhaften Werke des 16. Jahrhunderts legen eine vorherrschende Stellung der religiös-moralischen oder zivilisationskritischen Verhaltensdidaktik nahe. Ob und wieweit demgegenüber die poetische Umsetzung von Diskursen der Artes und der scientifischen Disziplinen ganz zurücktrat, bleibt die Frage, weil gerade dieser Sektor nur in Ausschnitten forscherlich aufgearbeitet ist und auch hier nur schlaglichtartig behandelt werden kann. Wenig wissen wir bisher, soweit ich sehe, beispielsweise über die episch-deskriptive Darstellung der berühmten astronomischen Straßburger Münsteruhr durch Nicodemus Frischlin (1547–1590), dem Straßburger Rat gewidmet (*Carmen de Astronomico Horologio Argentoratensi*. Straßburg 1575, mehr als 40 Druckseiten mit ca. 1.600 Versen in der Ausgabe der *Opera Poetica* von 1598),[1] und die Einordnung dieser Dichtung in die urbane Publizistik, darunter ein Flugblatt (1574, zwei Fassungen, nach Beschreibungen von Tobias Stimmer) des berühmten Dichters und Publizisten Johann Fischart (1547–1590).[2] Frischlin hatte schon früher in Tübingen vertretungsweise Astronomie zu lehren, verfügte also über Grundkenntnisse.[3] Gegenstand war nun ein 1574 eingeweihtes, bald weithin berühmtes Kunstwerk, das man eher als »Weltmodell« (Oestmann) als mit dem Wort ›Uhr‹ bezeichnen muss: ein über mehrere Stockwerke bis in die Höhe von ca. 18 Metern aufragendes, mit Malereien reichverziertes und innen wie außen höchst komplexes Gebilde, das unter anderem anhand einer Kalenderscheibe und eines Himmelsglobus den Lauf und die Phasen der Sonne und des Mondes abbildete, alle Daten des Kalenders (Zeitpunkte, Monate, Jahre, Wochentage, Feste und dergleichen; Abb. 7) in Gegenwart und Zukunft ablesbar machte, Sonnen-und Mondfinsternisse längerfristig anzeigte, ein meisterhaftes Astrolabium zur Bestimmung der Planeten und ihrer Bewegungen samt denen der Tierkreiszeichen bestaunen ließ, weiter oben schließlich in protreptischer Mahnung auch die Lebensalter (in den Zwickeln des Astrolabiums) bis hin zur finalen Konfrontation von Christus und dem Tod figural vergegenwärtigte.[4] Die Schaffhauser Uhrmacher Isaac (1544–1620) und Josias Habrecht (1552–1575?) schufen die mechanischen Werke nach der Konzeption unter anderem des Astronomen Konrad Dasypodius (1531–1601); für die Maler und Bildhauerarbeiten hatte man den namhaften Künstler Tobias Stimmer (1539–1584) gewonnen. So sehr

---

1 Wilhelmi/Seck 2004, Nr. 18 und 152.
2 Dazu Hauffen 1896 sowie Bd. 2 1922, S. 172–176.
3 Dazu ausführlich Bauer 1999.
4 Grundlegend zur Münsteruhr das meisterhafte Buch von Oestmann 1993 mit zahlreichen Dokumenten, unter anderem auch zu und von Dasypodius.

Abb. 7

Frischlin auch Wert darauf legte (ein manchmal schwieriges, auch den Leser an seine Grenzen führendes Unterfangen), die Einzelheiten dieses Wunderwerks in eleganten Versen so einsichtig zu machen, dass astronomisches Wissen und technische Leistung gleichzeitig zur Geltung kamen, so deutlich ging es ihm immer wieder um die Profilierung zweier Leitdiskurse: der Rühmung einer in Straßburg bewiesenen urbanen Gesinnung nach den Vorbildern des Städtelobs, bei dem hier selbstverständlich gleich auf der ersten Seite das Münster und der Münsterturm samt seinem sagenhaften Architekten Erwin von Steinbach (»Steinbachia de gente ERVINVS«) genannt wird, Archetypus zahlreicher Elogien in Vers und Prosa bis hin zu Goethe und darüber hinaus.[5] Gleichzeitig legte Frischlin Wert darauf, an diesem Exempel und mit Tönen der ›querelle des anciens et des modernes‹ den rinascimentalen, den quasi ›göttlichen‹, den modernen, den aktuellen menschlichen Wissens- und Erfindergeist hervorzuheben.[6] Wie das mechanische Werk in schöpferischer Potenz mit der Natur wetteifert, sollte das eigene literarische Opus aemulativ offenbar eine lange Reihe astronomischer Lehrdichtungen fortschreiben, die Frischlin exemplarisch bis auf Arat zurückführt. Vorher steht zu Beginn ein kleines Proömium mit der Bitte um göttlichen Beistand, das in Vers 6 wörtlich an Vergils *Georgica* (I, 5) anschließt, sodass mit Arat und Vergil wichtige ›duces‹ der Gattungen aufgerufen sind (S. 39 bzw. 42):

>   Astra polosque nouos, & nexos orbibus orbes,
>   Horarum vices varias, Solisque labores,
>   Et Lunae metas, discretaque corpora certis
>   Limitibus, coeli veros imitantia motus,
>   Artifici fabricata manu, miracula rerum,
>   Hinc canere incipiam. Coeli mihi summa potestas
>   Dextra adsit, faueantque meis pia numina coeptis.
>   [S. 42]
>   Humanae ô diuina manus inuenta. Quid vsquam
>   Aut DEVS, aut Natura facit: quod pollice nostro
>   Non imitemur opus, nostri gens aemula Patris?
>   Et quisquam has fabricas satis admiretur, & ore
>   Praedicet? antiquus si tale videret Aratus
>   Structum opus: egregio quàm conderet aethera versu?
>   Si Proclo Sphaeram licuisset cernere talem:
>   Nónne putas illum longè meliora fuisse
>   Scripta relicturum, quae postera disceret aetas?[7]

---

5 Dazu herausragend Berns 1989.
6 Zum Kontext s. Kühlmann 1990.
7 *Übersetzung*: Die Sterne und neuen Himmel und die ineinander geflochtenen Kreise, den mannigfachen Wechsel der Stunden, die Mühen der Sonne, die Wendepunkte des Mondes

Die Straßburger Weltuhr richtete sich grundsätzlich noch nach dem Ptolemäischen Kosmosmodell aus, und auch Frischlin erwähnt zunächst nur sehr knapp (in einem Vers) die »numeri« (Berechnungen) des Kopernikus (S. 44). Erst in einem späteren Darstellungskontext, dort, wo es galt, die Zeichen und Bilder des Straßburger Wunderwerks zu beschreiben, widmete sich der Dichter dem offenbar von Dasypodius veranlassten Porträt des Kopernikus als Forschers und Lehrers so, dass (trotz des mehrdeutigen »finxit«) ein rühmendes Einverständnis mit dem neuen Himmelsbild aufleuchtet, auch wenn Dasypodius an eine Verteidigung des heliozentrischen Systems wohl noch gar nicht gedacht hatte (S. 66):

> Exterior facies, multis speciosa figuris
> Et varijs hominum formis, varijsque Deorum
> Conspicua. hic vivo renitet Copernicus ore,
> Cui decus eximium formae par fecit imago:
> Os rubeum, pulchrique oculi pulchrique capelli,[8]
> Cultaque Appelleas imitantia membra figuras.
> Illum scrutanti similem, similemque docenti
> Aspiceres: qualis fuerat, cum sidera iussit
> Et coelum constare loco: terramque[9] rotari
> finxit, & in medio mundi Titana locauit.[10]

Es entsprach dem Darstellungsprogramm des großen Uhrwerks wie auch dem implizierten, durchaus auch moralischen Ordnungsmodell und Sinnstiftungs-

---

und die verschiedenen, mit sicheren Grenzen unterschiedenen Körper, welche die wahren Bewegungen des Himmels nachahmen, ein Wunder der Natur, hergestellt von kunstreicher Hand, davon will ich zu singen beginnen. Die hohe Kraft des Himmels stehe mir hilfreich bei und die frommen Gottheiten mögen meine Unternehmungen fördern. [...] O göttliche Erfindungen der menschlichen Hand! Was schuf jemals Gott oder die Natur, ein Werk, das wir nicht mit unserem Daumen nachahmen, ein Geschlecht im Wettbewerb mit unserem Vater? Und könnte jemand diese Werkstücke genügend bewundern und mit Worten preisen? Wenn solch ein fertiges Werk der alte Arat sehen würde, wie würde er dann erst den Himmel mit ausgezeichnetem Vers darstellen? Wenn es Proklos vergönnt gewesen wäre, eine solche Himmelssphäre anzuschauen, glaubst du nicht, dass jener bei Weitem bessere Schriften hinterlassen hätte, die eine spätere Zeit hätte erlernen können?

8 Druckfehler? Gemeint ist gewiss das klassische »capilli«.
9 Textvorlage (Druck 1598): terremque.
10 *Übersetzung*: Die äußere Hülle ist verziert mit vielen Figuren und lässt anschauen mannigfache Bilder von Menschen und ebenso von Göttern. Hier leuchtete mit lebendigem Antlitz Kopernikus auf, dem das Porträt, wie angemessen, eine herausragenden Reiz verlieh: ein rötliches Gesicht, schöne Augen und schöne Haare und eine gepflegte Gestalt, die Figuren eines Appelles nachahmt. Als einen Forscher und als einen Lehrenden könntest du ihn anschauen, wie er es war, als er die Sterne und den Himmel an ihrem Platz verharren ließ, die Erde in eine Kreisbewegung versetzte und in der Mitte der Welt den Titan [die Sonne] verortete.

zweck der literarischen Verarbeitung, dass Zeit und Kosmos nicht ohne Zeitlichkeit und Ewigkeit gedacht werden konnten, dass also der Tod als etablierte Figur eines Endes der individuellen Zeiterfahrung und Bewährungsfrist auftrat, hier unter dem Kapitel »Imagines Christi Et mortis« (S. 59–65) im antagonistischen Widerspiel, im Uhrwerk mechanisch verknüpft, zu Christus. Frischlin bemüht das altepische Stilmittel eines im farbigen Detail ausgefalteten Vergleiches, das – in geradezu obsessiver Beschreibungslust (ein ekphrastisches Kabinettstück) – den Tod als entsetzliches Gerippe mit Pfeil und Bogen zeigt, ein schon in älterer Tradition topologisch und ikonografisch verfestigtes Mahnzeichen einer lebenslang notwendigen *meditatio mortis* (S. 59 f., Anfang des Kapitels):

>Atque ecce vt tacito serpit pede, quolibet horae
>Momento, informis lethi insidiantis imago?
>Nam quoties passum absoluit, nataeque propinquat
>Infantis tenera effigies, vt personet aere
>Primam horae partem, toties fert obuia gressum
>Desuper oppositum species asperrima mortis.
>Vtque auceps tacito ceruis pede retia tendens
>Vertice in Hercynio, tenebris obtectus & vmbris,
>Circuit hinc illinc positarum lina plagarum,
>Dum tandem adducto consistens eminus arcu,
>Collimet, pariterque oculos & spicula tendat:
>Tum neruum intendit, telúmque volatile torquet,
>Alitis vt celeri contingat arundine pennas:
>Haud secus insidias aetati pallida primae
>Mors struit: intentátque necem, funúsque minatur,
>Atque omnes aditus, abitúsque omnemque pererrat
>Vndique circuitum, & certum quatit improba telum.
>Terribilis visu species, tota arida, tota
>Ossea, nec venis, nec duris turgida neruis:
>Nulla cutis: caro nulla: nec vllus fronte capillus
>Nulli oculi, sed fronte caua caua tempora liuent,
>Tota incana situ: scabri rubigine dentes,
>Perpetuò nudi, tum liuor in ore retecto
>Plurimus: & macies manibus digitísque suprema
>Et ventris pro ventre locus: pendetque tremendum
>Pectus, & à spinae tantummodo crate tenetur.[11]

---

11 *Übersetzung*: Aber siehe, wie stillen Fußes schlangengleich naht in einem Moment jedweder Stunde das grässliche Bild des hinterlistigen Todes! Denn immer wenn das zarte Gemälde des kleinen Mädchens einen Schritt tut und sich nähert, um den ersten Teil der Stunde mit ehernem Instrument anzuzeigen, ebensooft lenkt offenkundig seinen widersätzlichen Schritt entgegen von oben das äußerst harte Bild des Todes. Denn wie ein Vogelfänger mit heimlichem Schritt den Hirschen seine Netze am hercynischen Waldgipfel spannt, im Schutz von Dunkelheit

Der Faden wird von Frischlin fortgesponnen, bis bei angemessenem und zugemessenem Menschenalter die Zuversicht dominiert, dass Gott, gemäß seiner Providenz, das Lebensende bestimmt (S 63):

> Tunc etenim Morti CHRISTVS permittit, vt horam
> Pulset, & in curuum feriat tristi osse lebetem:
> Quando senex omnes vitae iam transijt annos,
> Debetúrque suo, naturae lege, sepulchro.
> Nam praefixa homini Mortíque est meta tremendae,
> Et sua cuique dies, & ineuitabile tempus,
> Quod nemo poterit celeri transcurrere lapsu.
> Non etenim dubio fluitant mortalia casu,
> Arbitrium nec caeca regit fortuna: nec omnes
> Res hominum tenui pendent sub tegmine fili.
> Fata regunt homines: fato mors aduenit aequo:
> Nec citius morimur, morimur nec tardius vnquàm,
> Quàm Superis visum: nostras DEVS, ipse gubernat
> Et vitae mortísque vices, quando omnia certo
> Consilio firmata DEI: qui tempora pulchro
> Ordine dispensat: qui iustis finibus annos
> Includit vitae, & spacium determinat aeui.[12]

---

und Schatten herumschleicht hier und dort um die Linien der ausgespannten Netze, bis er schließlich stehen bleibt, von fern den Bogen anlegt, zielt und gleichermaßen Augen und Pfeil anstrengt, dann die Sehne anspannt und den fliegenden Pfeil abschießt, um mit schnellem Pfeilrohr die Federn des Vogels zu erreichen, nicht anders organisiert der bleiche Tod schon für das erste Lebensalter seine Nachstellungen: ist auf das Ableben aus und droht mit dem Grab und durchirrt [in der Münsteruhr] alle Zu- und Abgänge, von allen Seiten den Umgang und schleudert schändlich sein zielsicheres Geschoss. Ein Bild, schrecklich anzusehen, ganz bleich, ganz aus Knochen, ohne Adern und stramme Muskeln, keine Haut, kein Fleisch, an der Stirne kein Haar, keine Augen, vielmehr leuchten bleifarbig an der hohlen Stirn hohle Schläfen, alle seit langem ins Grau übergehend, die Zähne schartig von modrigem Karies, im ganzen nackt, dann aber überall bleiartige Totenfarbe im geöffnetem Mund, und an Händen und Fingern äußerste Magerkeit und statt des Bauches nur der leere Ort eines Bauches: und schrecklich hängt die Brust und und wird nur vom Kranz der Rippen an der Wirbelsäule gehalten.

12 *Übersetzung*: Denn dann gestattet Christus dem Tod, dass er seine Stunde schlagen lässt und mit trauerbringendem Knöchel an die bauchige Glocke stößt, wenn der Greis schon alle Lebensjahre vollendet hat und nach dem Naturgesetz seinem Grab geschuldet ist. Denn die Lebenswende sind dem Menschen und dem schrecklichen Tod vorherbestimmt und jedem sein Tag und seine unvermeidliche Stunde, der niemand in schnellem Lauf entgehen kann. Denn nicht bewegen sich die menschlichen Dinge regellos in zweifelhaftem Zufall, und kein blindes Glück regiert den Urteilsspruch, und nicht alle Dinge der Menschen hängen am dünnen Gewebe eines Fadens. Das Schicksal regiert die Menschen: In gerechtem Schicksal kommt der Tod herbei, und nicht sterben wir schneller, auch niemals später, als es den Himmlischen richtig erscheint.

Im Schlussteil des Epos werden die am Bau der Münsteruhr Beteiligten von Frischlin nach Gebühr gerühmt (unter dem Titel »Artifices Totius Operis«, S. 76–81, neben Dasypodius und Stimmer besonders Isaac Habrecht), worauf ein »Ad Vrbem Argentoratvm Epilogus« (S. 81 f.) das Werk abrundet und so noch einmal, diesmal weit über das Uhrwerk hinausweisend, der Bildungsnimbus der oberrheinischen Metropole, (›Zierde des Elsaß und Ruhm des deutschen Landes‹: »decus Alsatiae, & Germanae gloria terrae«, S. 82) besungen wird. So entstehen eine in dieser Art wohl seltene Aretalogie der mechanischen Schmiedekunst als Partnerin der astronomischen Wissenschaft und ein bis weit in die Antike zurückreichender Anspielungsraum (zitiert S. 80 f.):

>ISACE: nostrorum decus amplum Habrechte, fabrorum.
>Nam quis te Heluetiûm Vulcania doctiùs arma
>Expediat manibus rapidis, atque arte magistra?
>Quis melius ferrum vasta fornace recoctum
>Perficiat, mirósque hominum perducat ad vsus?
>Tu potes in tenues illud diducere lamnas:
>Inque teres filum candentes flectere massas:
>Artificíque rotis dentes insculpere lima:
>Tu potes horarum certas describere metas:
>Legitimosque ciere sonos, & concita motu
>Corpora formare: & duris fabricare lacertis.
>Qualia nec Siculis construxit Lemnius oris:
>Nec Polycletaeus fudit vasto igne caminus:
>Nec fabrae effinxit autor celeberrimus artis
>Daedalus, aut Sicyon, aut nobilis aere Corinthus
>Ergo quicquid habet moles operosa rotarum
>[81] Intus: & occultae quicquid reuolubilis aedis
>Ponderis: vnde omnis venit in vaga corpora motus:
>Munus id omne tuum est. Nam tu monstrata sagaci
>Astronomi ingenio, dura sub forcipe solus
>Corpora formasti: tu gyris addere certos
>Doctus ab Astronomo dentis ritè omnia solus
>Ictibus innumeris operosa incude parasti:
>O summi artifices: & quis satis omnia versu,
>Explicet, aut vestros aequet cantando labores:
>Quotquot in hanc fabricam tantas impendere curas
>Sollicitis manibus voluistis, & arte magistra?

Unseren Wechsel von Leben und Tod bestimmt Gott selbst, weil alles nach dem festen Ratschluss Gottes festgelegt ist, der die Zeiten in schöner Ordnung zuteilt, der die Lebensjahre in gerechte Schranken einschließt und die Strecke der Lebenszeit begrenzt.

> Ingeniosi omnes: si quid mea carmina possunt,
> Nulla dies vnquam memori vos eximet aeuo.[13]

So gut wie vollkommen im Dunkel lag bisher auch die großepische hexametrische Vorstellung der philosophischen Disziplinen (*De Philosophia & eius partibus Carmen*, im Anhang einer Ausgabe von Schriften des Michael Psellus. Basel 1556, S. 104–152) aus der Feder des namhaften, aus Augsburg stammenden, vor allem aber in Heidelberg wirkenden Philologen Wilhelm Xylander (Holzmann, 1532–1576), der sich vor allem als Erforscher, Übersetzer und Editor der altgriechischen und byzantinischen Literatur hervortat.[14] Sein versepisches Lehrwerk (48 Textseiten zu je ca. 30 Versen) umreißt mit mancherlei Exkursen Wissensgehalt, Positionen, Zusammenhang und Nutzen der philosophischen Disziplinen, worunter verstanden werden, etwa in dieser Reihenfolge: die Kosmologie, Elementenlehre und Meteorologie, die Biologie und theologisch überdachte Anthropologie, die Medizin, Mathematik (Arithmetik und Geometrie) sowie die Musik, dann die drei Teile der Moralphilosophie und, eher als Anhang, die Gebiete des überkommenen Triviums (Grammatik, Rhetorik, Dialektik). Bis in die Mikrostilistik hinein wird immer wieder der sprachliche Einfluss des Lukrez ebenso evident

---

13 *Übersetzung*: Du, Isaak Habrecht, bist die erhabene Zier unserer Schmiede. Denn wer von den Schweizern könnte gelehrter als du mit flinken Händen und in meisterhafter Kunstfertigkeit schmiedeeiserne Geräte herstellen? Wer besser das glühende Eisen auf einer Riesenesse zubereiten und zum wunderbaren Nutzen der Menschen gestalten? Du kannst jenes Eisen in dünne Platten ausziehen und weißglühende Massen zu einem Draht biegen und mit kunstreicher Feile Zähne eingravieren. Du kannst sichere Drehpunkte der Stunden an rechter Stelle ertönen lassen und Körper formen, die durch Bewegung angetrieben werden, und mit starken Muskeln etwas herstellen, das weder der Lemnier [Vulkan] am sizilischen Gestade noch der Kamin Polyklets mit Riesenfeuer herausbrachte noch hervorbrachte Daedalus, der berühmteste Urheber der Schmiedekunst, oder auch Sicyon oder das im Erzhandwerk angesehene Korinth. Also alles, was die arbeitende Masse in sich hat und worüber sie verfügt im verborgenen Inneren des Gebäudes an aufziehbaren Gewichten, wodurch Bewegung in die beweglichen Körper kommt, dies alles ist dein Werk. Denn du hast die von dem scharfsinnigen Geist des Astronomen gezeigten harten Körper ganz allein mit der Schmiedezange geformt, du hast, vom Astronomen belehrt, den Rädern gewisse Zähne hinzuzufügen, ganz allein alle Arbeiten mit unzähligen Schlägen auf dem arbeitsamen Amboss genau vollzogen. O größte Künstler! Wer denn sollte alles genugsam im Vers erläutern oder im Gesang euren Arbeiten gleichkommen, ihr alle, die ihr auf dieses Werk mit rastlosen Händen und in meisterlicher Kunst solche Mühen aufwenden wolltet? Genies seid ihr alle: Wenn meine Gesänge etwas vermögen, wird euch niemals auch nur ein Tag dem Gedächtnis der Nachwelt entfremden.
14 Zu ihm Drüll 2002, S. 562f.; Volker Hartmann. In: Killy/Kühlmann 12 (2011), S. 604f.; in Vorbereitung zu Xylander der Artikel in VL 16,6 (von Volker Hartmann, vorgesehen für 2016) sowie der kommentierte Druck aller editorischen Paratexte Xylanders unter Einschluss des hier vorgestellten Lehrgedichtes in DH 5, S. 1–366.

wie Xylanders Grundverständnis von ›Philosophie‹, das zwar die überkommenen akademischen Lehrgebiete und Wissensdomänen abschreitet, jedoch sehr oft von Cicero-Lektüre imprägniert erscheint, zumal in der Gleichsetzung von Philosophie mit Weisheit (*sapientia*) gemäß Cicero, Tusc. I,1: »cum omnium artium, quae ad rectam vivendi viam pertinerent, ratio et disciplina studio sapientiae, quae philosophia dicitur, continerentur.« Gerade deshalb wirkt es zwar ungewöhnlich, doch überaus schlüssig, dass Xylander mit einer epistemologischen wie auch theologisch-anthropologischen Darlegung der verheerenden Folgen des biblisch beglaubigten Sündenfalls (Verlust der Gottähnlichkeit) beginnt, nicht ohne anschließend jedoch sehr genau die dennoch erhaltenen Vermögen, Instanzen und naturhaften Stimulantien des humanen Erkenntnisstrebens auch in psychologischer Reflexion herauszustreichen. Organ und Basis dieses Strebens sind die drei ›Teile‹ des menschlichen *animus* (darin einbegriffen, jedoch in wechselnder Ermächtigung, auch die humane *ratio*), der sich, ursprünglich mit einer auch nun nicht ganz geschwundenen Willensfreiheit begabt, mit den Impulsen der Affekte auseinandersetzen muss, jedoch weiterhin von Natur aus einen *amor sciendi* besitzt, der sich in wahrnehmender Erkenntnis (*notitia*) und kontemplativer Erfassung (als Weisheit: *sophia*) der vernünftigen Welt zu bewähren hat. Kognitive, voluntative und moralische Gesichtspunkte wie auch Imperative einer geistigen ›Perfektion‹ des Menschen ergänzen sich und überwinden eine sonst in der Epoche durchaus virulente anthropologische Skepsis. Die bedeutende Rolle, welche in der bewegten Apologie des menschlichen Wissensstrebens gerade die liebevolle Erforschung der Natur (»naturam amor sciendi«, siehe unten im Zitat) spielt, stilistisch auch in lukrezischen Töne und Junkturen signalisiert), verdient besondere Beachtung (im Folgenden Textproben der S. 106–108):

> Quarum prima omnis rationis protinus expers,
> Nec iussis eius fertur, neque continet in se:
> Communis sed enim[15] cunctis animantibus illa
> Corpus alit uirtute sua, uitamque tuetur,
> Sponte quidem, non sic à quodam edocta magistro.
> Ipsam praecipuè tum constat quippe uigere,
> Omnia cum molli recreantur caetera somno.
> Altera coelesti nobis ab origine uenit
> Pars animi (aeterni quondam genitoris imago
> Perfecta, ah quantis ea nunc submersa tenebris?)
> Qua non in toto quicquam diuinius orbe:
> Mens acie coelos rationis, & infima lustrans
> Tartara, quaeque in se supremus continet orbis,

---

15 Textvorlage: sedenim.

A' qua cuncta fluit largo sapientia riuo,
Cognitio hinc omnis simul atque scientia manat.
Has inter medio quaedam discrimine fertur
Tertia, quam per se constat ratione carere,
Participem tamen illius: quia libera mentis
Imperio, aut parêre potest, aut spernere iussa.
Haec hominum propria est, et Graecis dicitur [griechisch:] *hormè*,
Aut obiecta boni quoniam sub imagine quaedam
Appetit, aut ratione mali auersatur & odit:
Et uel uirtutes sequitur, parens rationi,
Vel brutis aequans hominem in contraria fertur,
Vana uoluptatum stultè ludibria sectans.
Nam prima *DEVS* omnipotens ab origine mundi
Libertate uoluntatem donauerat: illam
Principiò alma *DEI* patris praecepta secutus
Primus homo, recta placidam ratione regebat,
Donec deceptus diro Cacodaemonis astu
In misera inuitam coniecit uincula mentem.
[...]
Sic animi contrà duplex perfectio nostri
A' miti concessa *DEO*, quarum altera rerum
Notitia illustret mentem, simul altera cogat
Iussa uoluntatem rectae rationis obire.
Hinc Sophiae duplicis primùm prouenit origo.
Nam mentem solers ut contemplatio rerum
Perficit, illiusque est sola scientia finis:
Sic quae uirtutum, morum praeceptaque monstrat,
Alterius uera est animi perfectio partis,
In rebus proprium finem quia ponit agendis.
Non equidem nullo nobis bona tanta labore
Constant: ingenium & tantarum semina rerum
Omnipotens, simul auxilia instrumentaque praebet:
Caetera doctrina, et studium monstrabit, & usus.
Omnis homo (nisi uel brutis sit inertior ipsis)
Naturam ardenti stimulatur amore sciendi[16]

---

16 *Übersetzung*: Deren erster Teil entbehrt vollends jeglicher Vernunft, wird nicht von deren Befehlen getragen und bewahrt sie nicht in sich, ist vielmehr allen Lebewesen gemeinsam, nährt durch seine Kraft den Körper und erhält das Leben, und zwar ganz aus sich heraus und dazu nicht belehrt von einem Meister. Dann steht auch vor allem fest, dass er seine Kraft entfaltet, wenn alles Übrige sich im weichen Schlaf erholt. – Die andere Kraft des Geistes kommt zu uns aus himmlischem Ursprung (einst das vollkommene Bild unseres ewigen Schöpfers, nun aber, ach, von welchen Dunkelheiten überschwemmt! [Das Fragezeichen im lateinischen Text entspricht wie so oft in jener Epoche unserem Empfinden nach einem Ausrufezeichen.]). Im ganzen Erdkreis gibt es nicht Göttlicheres als ihn: den Geist der Vernunft, der mit Scharfsinn die Himmel und die Tiefen des Tartarus durchmustert und was in sich enthält der äußerste Himmelskreis,

Dem so umschriebenen Proprium des Menschen entspricht eine Gruppe von Tugenden, bei denen es offenbar auf die Kombination von *sapientia* und *prudentia* ankommt, also auf eine Harmonie moralischer und epistemologischer Fähigkeiten bzw. Willensanstrengungen (S. 127):

> Quarum naturae prima est aptissima nostrae,
> Ad quam praecipuè cuncti inuitamur amore,
> Cognitio rerum, siue haec sapientia fertur,
> Seu cum seiungit rebus fugienda petendis
> Solerti arbitrio, potius prudentia dicta est.
> Haec inter reliquas princeps consistit, ab huius
> Iudicio pendent illae, monitusque sequuntur:
> Sola quòd haec adeò rerum primordia, causas
> Euentusque uidet, progressusque inspicit omnes,
> Et similes rerum casus, exemplaque seruans
> Praeteriti meminit simul, annectitque futuro,
> Tum mala reijciens, quae sunt bona deligit, atque
> Humanos rerum discrimine temperat actus.[17]

---

von dem aus im reichen Strom alle Weisheit fließt; von hier aus breitet sich aus alle Kenntnis und das Wissen. – Ein gewisser dritter Teil liegt in der Mitte dazwischen mit gleichem Abstand, der zwar an sich, wie feststeht, der Vernunft entbehrt, trotzdem ihrer aber teilhaftig ist, weil er in Freiheit der Herrschaft des Geistes gehorchen oder seine Befehle verachten kann. Dieser [Teil] ist das Eigentümliche des Menschen und wird von den Griechen ›Antrieb‹ genannt, weil er im Bild eines Guten gewisse Gegenstände erstrebt oder sich davon, nach der Logik des Bösen, bewusst im Hass abkehrt, und so entweder, der Vernunft gehorchend, den Tugenden folgt, oder sich, den Menschen den Tieren angleichend, ins Gegenteil treiben lässt, in Dummheit dem eitlen Spiel der Lüste nachlaufend. Denn der allmächtige Gott hatte beim ersten Anfang der Welt den Willen mit Freiheit beschenkt und jenen regierte in Frieden mit rechter Vernunft, im Gefolge der wohltuenden Gesetze des göttlichen Vaters, der erste Mensch, bis er, getäuscht von der furchtbaren List des satanischen Dämons, seinen Geist unfreiwillig in elende Fesseln warf. [...]. So wurde andererseits vom milden Gott eine doppelte Perfektion unseres Geistes gewährt, von denen die eine den Geist erhellt durch die Kenntnis der Dinge, die andere den Willen zugleich dazu nötigt, den Weg der rechten Vernunft zu beschreiten. Daraus entstand zuerst der Ursprung einer doppelten Weisheit. Denn wie die eifrige Betrachtung der Dinge den Geist vollendet und allein das Wissen ihr Ziel ist, so ist die wahre Perfektion des anderen geistigen Teils die, welche die Vorschriften des tugendhaften Betragens zeigt, weil sie ihr eigentliches Ziel in den Bereich des Handelns verlegt. Es stehen uns solche Güter gewiss nicht ohne Mühe zur Verfügung. Die Begabung und den Keim solcher Dinge gewährt uns zugleich mit den Hilfsmitteln und Instrumenten der Allmächtige, das Übrige zeigen uns Gelehrsamkeit, Studium und Erfahrung. Jeder Mensch (wenn er nicht unfähiger ist als selbst die wilden Tiere) wird angetrieben an durch eine brennende Liebe zur Erforschung der Natur.

17 *Übersetzung*: Von denen die erste [Tugend] unserer Natur besonders angepasst ist und zu der wir alle besonders mit liebevoller Hingabe eingeladen werden: die Erkenntnis der Dinge, sei es dass diese als Weisheit gilt, sei es, dass sie, wenn sie mit trefflichem Urteil die zu erstrebenden

Damit hängen selbstverständlich auch die notwendige Klugheit und Weisheit bei der rechtlichen Regelung und Ordnung der öffentlichen Angelegenheiten ab, von Xylander in eine Perspektive gerückt, die (mit Anspielung auf Ovids berühmte Schilderung der sog. Goldenen Zeit) ein urtümliches ›natürliches‹ Zeitalter der »simplicitas« suggeriert, in dem Gesetze gar nicht nötig waren. Dem kontrastiert die Gegenwart einer pluralistischen Meinungsdivergenz, in der sich selbst über elementare moralische Werte und Bewertungen keine Einigkeit mehr herstellen lässt, ja die geschichtliche Erfahrung den Wechsel der Meinungen und zahlreiche Neuerungen zu bemerken und zu beklagen hat; Xylander stellt sich den Befunden bestürzender Modernität (Auszüge aus S. 134 bzw. 137):

> Quin & ciuilis prudentia splendida iuris,
> Et sacratarum ueneranda scientia legum,
> Iusticiae interpres, custos aequique, bonique,
> Ciuilis Sophiae rectè pars maxima fertur.
> Olim sponte sua, neque iure aut lege coacti,[18]
> Quisque suam pro se uitamque domumque fouebat.
> Contentus paucoque & fraudis nescius omnis,
> Cunctaque felicis naturae nutibus ibant.
> In peius donec tacitè uergentibus annis
> Irrupit, sacri studiumque extinxit honesti
> Paulatim, priscamque aboleuit simplicitatem
> Turpis auaritiae foedum, exitialeque crimen.
> [...]
> Namque & de rebus sunt diuersissima ijsdem
> Iudicia, & sua cuique hominum sententia fertur:
> Dissimiles uarijs mores sunt gentibus, & quod
> Turpe putant alij, multis censetur honestum.
> Temporis hinc semper successu multa nouantur.[19]

Dinge von den zu meidenden trennt, eher Klugheit genannt wird. Unter den übrigen stellt diese die erste dar, von ihrem Urteil hängen jene ab und folgen ihren Ermahnungen: weil sie allein genau den Ursprung der Dinge und die Ursachen und Ergebnisse sieht und alle Fortschritte mustert und die ähnlichen Fälle der Geschehnisse und entsprechende Beispiele der Vergangenheit im Gedächtnis bewahrt und gleichzeitig mit der Zukunft verknüpft, dann auch das Böse zurückweist und das, was gut ist, auswählt und die menschlichen Handlungen nach dem Unterschied der Dinge anleitet.

18 Nach Ovid, met. 1, 89 f.

19 *Übersetzung*: Ja besonders die glänzende Klugheit des bürgerlichen Rechts und das verehrungswürdige Wissen der geheiligten Gebote, Dolmetsch der Gerechtigkeit und Hüter des Billigen und Guten, gelten zurecht als der Hauptkomplex der bürgerlichen Weisheit. Einst sorgte jeder von selbst und ohne Zwang von Recht und Gesetz im eigenen Interesse für sein Leben und sein Haus. Jeder war zufrieden mit Wenigem und kannte keinen Betrug, und alles ging vor sich nach den Winken einer glücklichen Natur, bis unversehens mit den sich neigenden Jahren

Protreptischen Charakter, mit verachtender Schärfe tingiert, nehmen virtuose Schlusspassagen des Epos an, in denen Xylander offenkundige Bildungsfeindschaft und barbarische Rohheit verschiedener Provenienz anprangert. Hier geht es nicht nur um Desinteresse, Habgier, Hingabe an Lust und Laster (in einer beeindruckenden polysyndetischen paratraktischen Reihung anfangs aufgezählt), sondern bald auch unverkennbar im Geist des urbanen Gelehrtenbürgertums gegen die Aversionen, die Überheblichkeit und die barbarische Gewalt jener Fraktionen des Adels, die hier mit dem bereits notorischen Hüll- und Schimpfwort (schon zu Melanchthons Zeiten gebräuchlich) der Kyklopen (nach Homers *Odyssee*) oder ›Kentauren‹, also der Pferdemenschen (wie die Ritter), bezeichnet, ja sogar als ›Halbmenschen‹ (»semihomines«) apostrophiert werden (zitiert S. 145 f.):‚

> Namque aut diuitijs inhiant sine fine parandis,
> Vsus ignarique imprudentesque bonorum,
> Mollia posthabitis aut quaerunt ocia curis:
> Aut omni studio, dictante cupidine, sola
> Corporis obscoeni petitur malesana uoluptas:
> Aut caede hi grassantur, inhumanasque rapinas
> Exercent, fastuque alios, uel robore freti,
> Aut opibus, spernunt: iuuat insultare minori,
> Sub pedibus leges, est pro ratione libido,
> Vis pro iure: *DEVM* neque re, neque nomine honorant.
> Tales, Trinacrias quondam insedisse cauernas
> Cyclopes, tales scelerato Ixione natos[20]
> Semihomines Othryn coluisse[21] ferunt Centauros:
> Forma quòd his hominum quodque essent corda ferarum,
> Immanes mores, ac saeua et barbara uita.
> Atque utinam nostrum non peruenisset ad aeuum
> Id genus, ingentesque facesseret usque labores
> His, quorum cura patricinioque fouentur
> Res indefessis, & sustentantur honestae.
> Contemnant illi literas, artesque sinamus,
> Vanaque diuinis praeponant gaudia rebus:
> Exiget ista graues ab ijs insania poenas,

---

das schändliche und todbringende Verbrechen der hässlichen Geldgier eindrang, das Bemühen um das heilige Ehrenhafte auslöschte und allmählich die alte Einfachheit zerstörte. [...] Denn über dieselben Dinge herrschen ganz unterschiedliche Meinungen und jedem Menschen gilt nur sein eigenes Urteil: Bei verschiedenen Völkern sind die Sitten ganz verschieden, und was die einen für schändlich halten, wird von vielen als ehrenhaft erachtet. So kommt es im Fortgang der Zeiten immer zu vielen Neuerungen.
20 König der Lapithen in Thessalien, Vater der Kentauren; vgl. Ovid, met. 12, 504.
21 Berg in Thessalien; vgl. Ovid, met. 12, 513.

> Et frustra quondam temerè neglecta requirent,
> Nec quicquam Sophiae studio decedet honoris,
> Ipsum si spernat malesanum & futile uulgus.²²

Starke Töne, die ihre kompetente Fortsetzung bzw. ihren Gegenpol finden in spektakulären Formulierungen, die das Prinzip ›Bildung‹ fast ausschließlich und ganz wörtlich mit ›Kultur‹, d. h. mit Literatur, Gelehrsamkeit und Wissenschaft identifizieren, hier im Rekurs auf die zwar schon antike,²³ aber im postreformatorischen 16. Jahrhundert keineswegs überall so umstandslos verherrlichte Maxime der »cultura animi«: Kultur als lebenskräftige, alle Übel überwindende, bis zum Tode gültige Praxis einer sinnvollen und sinnstiftenden *ratio vitae* abseits aller christlichen Heilssorge, das ist, auf kurze Formeln gebracht (unter anderem von Cicero beeinflusst), Xylanders im wahrsten Sinne kulturanthropologische Botschaft, die dieses sein Epos abschließt in der Kongurenz der individuellen Bildungssicherheit und des, so wörtlich, enzyklopäischen, den Anforderungshorizont kennzeichnenden Umblicks. Ich zitiere (S. 151 f.) die Schlussverse, in welchen zuletzt die eigene Dichtungsleistung in einer selbstbewussten Bescheidenheitsformel, Maß nehmend an Cicero und Homer, ins Licht gerückt wird:

> At cultura animi, cuius sapientia nobis
> Quaeritur auxilio, nobis bona tanta parabit,
> Quanta malum certè nunquam continget apisci:

---

22 *Übersetzung*: Denn entweder hecheln sie darnach, ohne Ende Reichtum anzuhäufen, oder trachten nach weichlichem Müßiggang, unwissend und unfähig, Güter zu nutzen, und dabei alle Sorgen hintanzustellen, oder es wird mit aller Energie unter dem Diktat der Begierde allein die gesundheitsschädliche Wollust des schamlosen Körpers gesucht, oder sie schweifen in Mord und Totschlag herum, ergehen sich in menschenfeindlichen Räubereien und verachten hochmütig andere im Vertrauen auf die eigene Kraft und die eigenen Mittel. Freude macht es [ihnen], den Schwächeren zu quälen, unter den Füßen liegen die Gesetze, Gier herrscht statt der Vernunft, Gewalt anstelle des Rechts. Weder in der Sache noch dem Namen nach ehren sie GOTT. Solche Kyklopen sollen einst die Höhlen Siziliens besessen haben, solche halbmenschlichen Kentauren, geboren vom verbrecherischen Ixion, den Othrys bewohnt haben, weil sie zwar die Gestalt von Menschen, aber die Herzen wilder Tiere hatten, ruchloses Betragen und eine wilde wie auch barbarische Lebensweise. Ach, wenn doch solches Geschlecht nicht bis auf unser Zeitalter gelangt wäre und in einem fort nicht ungeheuere Mühe bereiten würde denen, durch deren väterliche Sorge unermüdlich die ehrenhaften Dinge gehegt und erhalten werden. Mögen jene auch die Wissenschaft und die Künste verachten und wir zulassen, dass sie nichtige Freuden den göttlichen Dingen vorziehen: Dieser Wahnsinn wird von ihnen schwere Strafen fordern und und vergebens werden sie einst das, was sie blindlings verschmäht haben, zurückverlangen, und nicht wird es dem Studium der Weisheit an Ehre mangeln, auch wenn es [dies Studium] der krankhaft dumme und wankelmütige Pöbel verachtet.

23 So als Inbegriff der im Einzelnen wirksamen »Philosophie« bei Cicero, Tusc. 2,13.

Quae neque mobilitas fortunae laedere possit,
Nec tempus queat, aut grauis obscurare senectus,
Nec morbi uiolent. Haec nobis abdita rerum
Principia & causas & tot miracula monstrat,
Haec uirtutis iter sublime, fugamque malorum,
Ostendit placidae tutissima regula uitae.
Illius fructus uitae totius ad usum
Conducunt, totamque iuuant, tutantur & ornant.
Illa rudem aetatem format, regit illa iuuentam,
Consilio maturam auget: sed & illa senectam
Oblectat, serosque hominem comitatur ad annos.
Nec tamen est oneri, praestò est noctesque diesque:
Illa domi iuuat, illa foris: res illa secundas
Ornat, & ad duros adhibet solatia casus.
Sed nos optato tandem consistere fine,
Circumuectatos Sophiae per maxima regna,
Et iuuat extrema fessos requiescere meta.
Nec me tantarum praeconia splendida rerum
Exprimere, aut dignis sperem omnia dicere uerbis
Encyclopaediae pulcerrima munera posse:
Non si doctrina maturisque arduus annis
Eloquio ferrer magno à Cicerone secundus,
Aut Chij[24] uena fluerent mihi carmina uatis.[25]

---

24 Der Name der griechischen Insel, ansonsten für ihren Wein berühmt, steht hier als eine der präsumtiven Heimatorte Homers für Homer als Vertreter der epischen Dichung, dies wohl nach Ciceros Rede *Pro Archia poeta*, wo Xylander auch berühmte Passagen der hier wiederklingenden Bildungsprotreptik fand; s. hier in Kap. 19: »Homerum Colophonii civem esse ducunt suum, Chii suum vindicant«.

25 *Übersetzung*: Aber die innere Bildung, zu deren Weisheit wir uns um Hilfe wenden, wird uns solche Güter bereiten, die gewiss niemals ein Übel beeinträchtigen, weder die Unberechenbarkeit des Glücks verletzen noch der Lauf der Zeit oder das beschwerliche Alter verdunkeln noch Krankheiten versehren können. Sie, die sicherste Regel eines friedvollen Lebens, zeigt uns die geheimen Prinzipien und die Ursachen und so viele Wunder der Dinge, sie weist auf den sublimen Weg der Tugend und die Abkehr von den Übeln. Ihre Früchte führen zum Nutzen im ganzen Leben, helfen diesem, beschützen und zieren es. Sie bildet die Kindheit, regiert die Jugend, berät das reifere Alter, erfreut aber auch das Greisenalter und begleitet den Menschen bis zu den späten Jahren. Und doch fällt sie nie zur Last, ist Tag und Naht zur Hand, hilft zuhause und draußen, ziert glückliche Umstände und gewährt Trost bei den harten Zufällen des Lebens. Uns aber macht es Freude, [nun, hier im Gedicht] am erwünschten Ende zu stehen und, herumgetrieben durch die riesigen Reiche der Weisheit, am letzten Wendepunkt müde zur Ruhe zu kommen. Aber ich mag nicht hoffen, dass ich den glänzenden Ruhmespreis solcher Dinge zum Ausdruck bringen oder alle überaus schönen Gaben des enzyklopädischen Wissens mit würdigen Worten aussprechen kann: auch nicht, wenn ich, ausgezeichnet durch die Gelehrsamkeit reiferer Jahre, mich von meiner Beredsamkeit direkt auf einen Platz hinter dem großen Cicero tragen ließe oder mir Lieder entströmten aus der Ader eines Dichters von Chios (Homer]).

Während Xylander enzyklopädisches, ja pansophisches Bildungswissen umreißt und verherrlicht, dominieren in ähnlichen Großgedichten poetische Umsetzungen begrenzter Disziplinen. Interessant wäre es zum Beispiel zu verfolgen, wie ein gewisser Honoratus Draco Lehrbücher der Jurisprudenz versifizierte.[26] Das hier greifbare traditionelle Lob der akademischen Fächer lässt sich exemplarisch studieren im *Epos de Antiquitate & Praestantia Medicinae* des Heidelberger Professors Henricus Smetius (1537–1614).[27] Er stammte aus vornehmer Familie in Flandern und machte sich wie Petrus Lotichius Secundus oder der pfalzgräfliche Hofmedicus Johannes Posthius auch als Dichter einen Namen, ja sein voluminöses Handbuch der lateinischen Prosodie und Verslehre erwies sich geradezu als ›Bestseller‹des einschlägigen Schrifttums. Von Kurfürst Friedrich II. im Jahre 1574 nach Heidelberg berufen, sah er sich alsbald der lutherischen Gegenreform unter Kurfürst Ludwig VI. (1576/83) ausgesetzt und zog mit anderen standhaften Calvinisten nach einem Zwischenaufenthalt in Frankenthal an das 1578 gegründete Gymnasium Casimirianum in Neustadt an der Haardt. Nachdem sich aber nach dem Tode Kurfürst Ludwigs VI. die Pfalz unter dem Kuradministrator Johann Casimir (1583/92) den Reformierten wieder geöffnet hatte, kehrte er nach Heidelberg zurück, wo er seit 1585 an der Universität als Professor medicinae und Rektor (1600) wirkte.

Sein wissenschaftliches Lebenswerk hat Smetius in seinen zwölfteiligen *Miscellanea Medica* (1611) zusammengefasst. Diese Schriftenkollektion eröffnet das oben erwähnte, aus 874 Versen bestehende und Kurfürst Friedrich IV. gewidmete Preisgedicht auf die Medizin, eine poetische Festrede (*Epos de medicae artis antiquitate et praecellentia*, Erstdruck 1594), wie man sie auf Universitäten in ›actus publici‹ anlässlich der Verleihung akademischer Grade oder bei anderen Ereignissen repräsentativen Charakters zu halten pflegte. Ihre rhetorischen Muster waren in der reichen Deklamationsliteratur des 16. Jahrhunderts vorgeprägt und auch das Thema dieses Redetypus, Lobpreis des Faches, war obligat. Dies lässt sich, im Widerschein der möglichen inventiösen Abweichungen oder sogar den Signaturen gewollter Originalität, auch in Lehrepen wie dem des Wilhelm Xylander (siehe oben) verfolgen. Vorbildlich wirkende Reden zum Lob der Medizin stammten beispielsweise von Philipp Melanchthon und Erasmus von Rotterdam.

---

26 Iustitia Mater Iuris Elementa Iuris Civilis, seu Institutiones Imperiales in carmen contractae. Köln 1556.
27 Abgedruckt in Smetius' *Miscellanea Medica* (Frankfurt am Main 1611); benutzt wird hier deutsche Übersetzung von Waltz 1889; zweisprachige kommentierte Textproben daraus in Parnassus Palatinus 1989, S. 138–147; zu Person und Werk Kühlmann/Telle 1985, S. 277–281, daraus im Folgenden die Zitate in der Übersetzung von Waltz, V. 500–526, 536 f. bzw. 607–615; ferner Kühlmann (*sub verbo*) in Killy/Kühlmann 11 (2011), S. 38 f.

Gehalten also bei Gelegenheiten, bei denen die Universitäten als Korporationen bzw. staatliche Institutionen an die Öffentlichkeit traten, dienten solche Laudationes nicht dazu, die historisch-konkrete Situation des Faches in allen Facetten zu problematisieren, es sei denn, der Redner oder der akademische Poet benutzte öffentliche Deklamationen auch dazu, im Gegensatz zum Fundus der Lobtopik die deiktischen Möglichkeiten der satirischen ›vituperatio‹ zu nutzen: so beispielsweise der namhafte Rostocker Gelehrte Eilhard Lubinus (1565–1621) in der poetischen Umsetzung seiner drei ›satirischen‹ akademischen Deklamationen *In huius saeculi Male Doctos* (Rostock 1618). Didaxe in den Funktionen des ›docere‹, dazu das Spektrum von Lob und Tadel, Enkomiastik und literarischer Aggression, gehörten zum dialektisch kohärenten Darstellungs- und Stilpotential der Oratorie wie auch der Dichtung der Epoche, d. h. diese Funktionen, Register und Schreibarten konnten, nach Anlass, Gegenstand und Zweck differenziert, vom Autor fast nach Belieben vermischt werden. Laudationen wie die des Smetius machten es dem Redner vor allem zur Aufgabe, von der Disziplin ein ästhetisch erhöhtes Idealbild zu entwerfen, Wertvorstellungen ihrer offiziösen Vertreter zu beglaubigen und den Blick auf die wichtigsten Momente eines bewusstseinsbildenden und identitätsstiftenden Standesethos zu richten.

Smetius folgte also rhetorischer Tradition, wenn er nach einer feierlichen Ankündigung des Themas und einer den Musenanruf vertretenden Hinwendung zu Christus zunächst einen Aufriss der Medizingeschichte vorträgt, dabei den Hörer in die Urzeiten des griechischen Mythos zurückführt und Gott als den Schöpfer heilkräftiger Kräuter und ersten Heilkundigen benennt. Aus dem Geist humanistisch-gelehrter Etymologie getroffene Feststellungen, nach denen beispielsweise *Achillea millefolium* (Schafgarbe) ihren Namen dem homerischen Helden verdanke (V. 104), fehlen ebenso wenig wie medaillonartig aufgereihte Porträts von Ärzteheroen der Antike (V. 180 ff.). Wenn dann Smetius, weiter fortschreitend, schließlich sachliche Belange der Medizin als Basis einer umfassenderen Naturkunde zur Sprache bringt, geschieht dies in Form einer Aufzählung des nötigen ärztlichen Wissensgutes. Ein musterhafter Arzt hat zu erkennen (V. 500–526 u. 536–537, in der Übersetzung von Waltz):

> [...] wie Alles und Jedes den Körper beeinflußt,
> Wie aus dem Allem entsprießt der verderbliche Samen der Krankheit,
> Wie sich zu Hunderten bilden des Siechthums Formen, an die noch
> Tausende von Symptomen als böse Begleiter sich anreih'n.
> Weder dem Namen nach alle bekannt, noch der Art und der Zahl nach.
> All dies soll nun der Arzt umspannen, von allem die Kenntnis
> Haben, des Ausgangs schwierigen Punkt, die verborgene Ursach'
> Soll er ergründen, den Mikrokosmos erforschen und seine
> Wunder, die unter der Haut sich verbergen, der zarten. Die Zeugung
> Liefert ihm Rätsel, und Rätsel der Bau der organischen Teile,

> Die ja nach Form und nach Lage, Beschaffenheit, Größe, der Zahl nach,
> Die nach Verhältnis, Entstehung, Gebrauch so verschiedentlich wechseln.
> Ferner muß ihm d'ran liegen, zu lernen, wie jeglicher Körper
> Wird, was er ist, wie verschiedene Säfte den Speisen entstammen,
> Die wir geniessen – den Thieren, den zahmen und wilden, den Vögeln,
> Flüchtiger Schwinge vertrauend, und weiters den vielerlei Arten,
> Die in dem Fluß, in dem Meer hinleben. Ihm müssen bekannt sein
> Jegliche Teile derselben, das inn're Gefüge, der Zeugung
> Art und Weise; von jeglicher Pflanze versteh' er den Vorzug,
> Wisse so Samen als Frucht der Gesträucher, der Bäume; mit Blüte
> Sei er vertraut, mit dem Blatt, mit der Rinde, der Wurzel, den Stämmen,
> Keimen und Säften, den Kräften der Hölzer. Den Edelstein kenn' er,
> Schwere Metalle, den lockeren Grund wie die feste Gesteinsschicht
> Und was noch sonst die unendliche Fläche der Erde hervorbringt,
> Was sie noch all im ergiebigen Schoß und im innersten Kern birgt;
> Was die Erträgnisse sind von jeglicher Gegend, die Luftart,
> Die sie geniesst, der Winde Natur und von wannen sie wehen;
> Wie sich die Sterne verhalten [...] das Alles erforschet die Heilkunst,
> Welche die sämtlichen Zweige des Wissens gerufen ins Dasein.

Leicht fiel dem Redner natürlich der Nachweis des Nutzens der Medizin, und es versteht sich, dass Smetius auf dem Boden der antik-mittelalterlichen Diätetik die Aufgabe des Arztes nicht auf die Heilung körperlicher Gebrechen reduzierte, sondern angesichts der psychophysischen Beschaffenheit des Menschen vom Arzt eine mäßigend-heilsame Einwirkung auch auf die ›Stürme der Seele‹ verlangte. Dabei versäumte er nicht, jenen Theologen und Philosophen, ›die nur in den himmlischen Sphären verkehren, / Immer den ewigen, metaphysischen Fragen nur nachgehn, / Und auf den Schmuck der unsterblichen Seele das Auge nur richten‹, ja sogar Würde und Rang des Arztes verhöhnen, weil dieser sich nur ›gemeinen Kadavern‹, den ›Hüllen des Geistes‹, widme, die Frage zu stellen, ob sie nicht besser täten, ›vorab zu erwägen / Ob denn die störenden Leiden der Sterblichen, derer [der Arzt] Herr wird, / Mehr auf den Leib hinzielen, ob mehr auf den Geist und die Seele?‹ Ein poetischer Lobpreis der Medizin bot selbstverständlich auch glorifizierenden Wunschbildern Platz, fassbar beispielsweise in einer doch eher realitätsfernen Beschreibung, die dem Verhalten und den therapeutischen Fähigkeiten eines Arztes in Pestzeiten gilt und durch Beschwörung des höchsten ärztlichen Ethos mit einer von krasser Ohnmacht gekennzeichneten Wirklichkeit zu versöhnen sucht (V. 607–615):

> Traun! in der Not und in der Bedrängnis erstrahlet des Helfers
> Liebende Treu. Laß dich nur die Pest, die unheimliche, anwehn,
> Laß nur die ängstliche Glut eindringen in deine Gebeine:
> Wie sie da fliehet, die Gattin, wie da dich die Kinder verlassen,
> Wie da die Eltern vermeiden dein Dach, das verdächt'ge! Er nur

Bleibt, wo die Andern sich alle zerstreun, hält aus bei dem Kranken
Voller Erbarmen, und scheut nicht Müh'n, scheut keinerlei Arbeit,
Bis du genesen, und wiedergegeben der früheren Kraft bist.
Er bringt die Hilfe, die jeder versagt, und die heilenden Mittel.

Die seit Jahrzehnten in Heidelberg vorangetriebene Erschließung der medizinischen, alchemo-hermetischen bzw. paracelsistischen Literatur diesseits und jenseits der akademischen Schranken kam auch in anderer Richtung Forschungen zur einschlägigen Lehrdichtung in lateinischer Sprache zugute. Dies gilt für die satirisch eingefärbte Lehrepik der *Spagirologia* (Görlitz 1574) des literarisch höchst produktiven böhmischen Arztes Laurentius Span von Spanau (1529–1575, zeitweise in Prag bzw. Olmütz lebend, geboren und gestorben in Saaz). Sein Verhältnis zur Alchemie und zum expandierenden Paracelsismus darf als ambivalent gelten. Poetische Fähigkeiten, auch in lyrischen Sammlungen dokumentiert, sind ihm nicht abzusprechen, wie jeder Leser in seiner farbigen Schilderung (›Ekphrasis‹) eines alchemischen Laboratoriums abschätzen kann, zu der offenbar auch zeitgenössische Stiche oder Gemälde Anregungen geliefert haben (zit. S. A3ʳ, V. 29–68)[28]

> Hunc peperit Medicinae vnus Paracelsus honorem,
>   His tu Coe senex atque Galene tace.
> Est locus opposito nobis contrarius axe,
>   Quem vertigo rota praepete semper agit:
> Cymmerijs densus tenebris, fumoque nigrante,
>   Qualia Cyclopas antra habitasse putes.
> Illic caeca domus crassa caligine raro
>   Admissi lumen nobile Solis habet.
> Intus longa acies furnorum, et pondera passim
>   Carbonum, et Varijs vitra parata modis.
> Viuaque calx, et arena, fimi putredo latentis
>   Expirant nebulas sydera ad alta leues.
> Pone iacent Stibium, Christallus, Tartarus, aurum,
>   Et durata maris bella Coralla sinu:
> Atque coloratae diuerso lumine gemmae,
>   Plurimaque in patulo Margaris orbe nitet.
> Hicque Chelidonia crocea, tenerisque Melissis,
>   Vsnaea, helleboro sparsa redundat humus.
> Quas sine corporibus tot stant phantasmata circum,
>   Quot tibi Sol atomos dat culicesque canis.
> Haec amor hospitij veteris vitaeque prioris
>   Adpositi exuuias corporis ire facit:

---

[28] Zu Werk und Person mit einem zweisprachigen Textauszug: CP II (2004), Nr. 73–74, S. 562–583; daraus hier das Zitat und die Übersetzung (S. 572 f./577 f.).

Vt tumulos animae lustrant de nocte frequentes,
    In quibus ipsorum corpora clausa latent.
Parte lutum sapiens alia, liquor acris aceti,
    Spiritus ex vini spermate, fortis aqua:
Et, quodcunque aliquem soluendis rebus ad vsum
    Laudatae et arcanum destinat artis opus.
Sunt ibi vasa etiam non vno plena paratu,
    Quae cum Mercurio et cum sale sulphur habent.
Materies rerum, quas circumfunditur aer,
    Summa creatarum principiumque triplex.
Ex quibus existunt lapides, animantia, plantae,
    In quae desinere haec rursus et ire liquet,
Sunt oculi testes, dat fumum Mercurius, Sal
    Dat cineres, flammam sulphuris ardor agit.
Caetera sunt opera peruestiganda sagaci,
    Omnia non prima noscere fronte licet.
Sit satis, indicium sedis fecisse beatae,
    Vnde fluit summi merx preciosa boni.[29]

---

29 *Übersetzung von Robert Seidel*: Diese Ehre hat allein Paracelsus der Heilkunst verschafft, dazu schweig du, koischer Greis, und du, Galen! Es gibt einen Ort, uns gegenüber am entgegengesetzten Himmelszelt, den eine Drehbewegung wie mit einem eiligen Rad ständig herumwirbelt, undurchdringlich von cimmerischer Dunkelheit und schwarzem Rauch, wie man sich die Höhlen, die die Zyklopen bewohnten, vorstellen mag. Dort fällt in ein düsteres Haus wegen des dicken Qualms nur selten das edle Licht der hereindringenden Sonne. Drinnen befinden sich eine lange Reihe von Öfen und überall Mengen von Kohlen und Glas, auf unterschiedliche Weise gefertigt. Ungelöschter Kalk, Sand und faulender Unrat im Verborgenen stoßen leichte Nebelschwaden aus bis hinauf zu den Sternen. Hinten liegen Antimon, Kristall, Weinsteinsalz, Gold und schöne im Innern des Meeres gehärtete Korallen. Von gebrochenem Licht gefärbte Edelsteine und zahlreiche Perlen strahlen in einem weiten Kreis. Hier ist die Erde üppig übersät mit safrangelbem Schwalbenwurz, mit zarter Melisse, mit Usnaea und Nieswurz. Um diese herum stehen so viele Truggebilde ohne Körper, wie dir die Sonne Atome oder ein Hund Flöhe hat. [A4r] Diese läßt die Liebe zur ihrem alten Quartiergeber und zu ihrem früheren Leben zu der Hülle ihres abgelegten Körpers gehen, wie Seelen häufig zur Nachtzeit um die Gräber wandeln, in denen ihre Körper eingeschlossen liegen. Auf der anderen Seite stinkender Kot, eine flüssige Substanz von scharfem Essig, Geist aus dem Samen des Weines und Scheidewasser, und was das geheime Werk der gerühmten Kunst zu irgendeinem Nutzen beim Auflösen von Gegenständen bestimmt. Da sind auch Gefäße, voll von mehr als einem Bestandteil, die Quecksilber, Salz und Schwefel enthalten. Der Stoff der Dinge, um welche sich Luft ausbreitet, ist die Summe des Geschaffenen und sein dreifacher Anfang. Hieraus entstehen Steine, Tiere und Pflanzen, und hierein – das ist klar – lösen sich jene auch wieder auf. Die Augen sind Zeugen dafür: Quecksilber ergibt Rauch, Salz ergibt Asche, und das Brennen des Schwefels bringt eine Flamme hervor. Das Übrige ist mit Mühe und Scharfsinn zu untersuchen, alles läßt sich nicht auf den ersten Blick erkennen. Es mag genügen, einen Hinweis auf diesen glückseligen Ort gegeben zu haben, aus dem die wertvolle Ware des höchsten Gutes fließt.

Dies gilt auch für die exemplarische Illustration des polemisch-didaktischen Genres, mit dem sich der äußerst produktive, zuletzt im Elsass wirkende Paracelsist Michael Toxites (1514–1581) in aktuellen Kontroversen (Antimonstreit) verteidigte, indem er neben Passagen einer sehr persönlicher Paraenese bzw. Apologie in allegorischer Personifikation (so schon in mittelalterlicher Fachprosa und Dichtung nicht unbekannt) den umstrittenen Gegenstand (hier das Heilmittel Antimon) selbst das Wort ergreifen ließ.[30] Einen Meilenstein nicht nur in der Erforschung der sachlich hier anzuschließenden alchemo-mythischen Poesie aus dem Geist der italienischen Spätrenaissance, sondern der frühneuzeitlichen Lehrdichtung überhaupt stellt die Dissertation (als Buch erschienen 2011) von Thomas Reiser dar: Edition, Übersetzung, genaue Kommentierung und Untersuchung der Quellen wie auch der poetischen Binnenformen der hexametrischen Großdichtung *Chryseidos Libri IV* (Straßburg 1631, ca. 1.600 Verse, dazu aufschlussreiche Scholien)[31] des Straßburger Dichterarztes Johannes Nikolaus Furichius (1602–1633), der in Padua (1627) ein Lehrepos ähnlicher Thematik (*Aurea Catena sive Hermes Poeticus de Lapide philosophorum*) hatte vorangehen lassen.

Stilistisch dominieren hier Lukrezanklänge. Der Titel greift, in Anlehnung an eine Stelle bei Homer (Ilias VIII, 18 ff.) ein bis ins 18. Jahrhundert verbreitetes kosmologisches Sinnbild auf. In ihm fasste man den neuplatonisch gedachten Zusammenhang der oberen und unteren Welt, die Einheit der von Gott und zu Gott fließenden Naturkräfte. Mit dem Stichwort »Hermes« erinnert Furichius einerseits an den mythischen Gründer der »hermetischen« Kunst, tritt andererseits in das alchemistischer Literatur geläufige Vexierspiel von Fachterminologie, mythischer Allegorese und astrologischer Zuordnung ein. Hermes verschmilzt mit Apoll-Merkur, beide symbolisieren die Sonne, das Gold und nicht zuletzt das Quecksilber in seinen verschiedenen Formen. Behandelt werden Varianten der Elementen-Lehre, die Bedeutung des Feuers in seiner gewöhnlichen und sublimierten Form und die metallurgisch-astronomischen Korrespondenzen. Antike Mythen dienen der Illustration: die Geschichte vom Goldenen Vlies, die Äpfel der Hesperiden, der goldene Zweig des Aeneas. Bewegender für den heutigen Leser ist die innere Haltung, die aus dem Dichter einen Künder »orphischer« Offenba-

---

30 Dazu Kühlmann 1995/2001; zu Toxites umfassend Telle bzw. Kühlmann mit zahlreichen Editionen, Übersetzungen und Kommentaren in CP II (2004), Nr. 40–70, S. 41–528.
31 Zu ersten Übersicht über das Werk und Reisers Edition benutze man dessen Einleitung samt der genauen Strukturierung des Textes, S. 46–51; hier auch zu den literarischen, oft narrativ entfalteten Darbietungsformen (Visionen, Träume, allegorische Mythografien sowie fiktive Führer- und Lehrfiguren). Reisers großem Werk vorangegangen war eine präliminarische Studie von Kühlmann 1984/2001, aus der ich im Folgenden Passagen entnehme.

rungen macht. Furichius hält das hermetische Wissen für einen unverzichtbaren Bestandteil der ärztlichen Kunst. Er weiß, dass tiefsinnige Erleuchtung, dass subjektives Eindringen in uralte Menschheitserkenntnisse gefährlich ist. Das Proömium entwickelt sehr gut die Ambivalenz solchen Unterfangens (S. 1/2):

> Hanc qui non poscit, misera sub nocte iacebit:
> Haerebit medijs alter Palinurus arenis.
> Qua sine quum medicus, genuit quem Pergamus olim,
> Proposuit morbos aegris arcessere membris,
> Tradidit infirmam sterilemque nepotibus artem.
> Sed quoque virus habet penitis immane medullis,
> Quod qui degustant, rabiem vertuntur in atram,
> Atque Deum truce dente petunt, nec sceptra verentur.
> Dispereant Grai, quorum deliria mentes
> Inficiunt hominum, nulla ut primordia Mundi
> Esse putent, animasque rapi letalibus umbris
> Permisit nobis summi clementia patris
> Liberius sentire animis: sed facta patrandi
> Impia, nulla dedit venerandus semina rector.
> Icarus in mediis quondam submergitur undis,
> Audet dum rapidis Solem contingere pinnis,
> At rediit salvus ceratis Daedalus alis,
> Dum prudens citimo decrevit in aere ferri.
> Nos vero ad caelos audacibus ire carinis
> Non formidamus, summi nec Apollinis auram
> Adspirare pudet depressae lumine mentis.
> Heu quotus in tanta cupiens errare Charybdi
> Naufragium patitur? Quotiens mens, luce superba
> Dum voluit lustrare Deum, de vertice summi
> Deturbata poli, tenebras remeavit ad imas.
> Quare Mercurius sibi credita munera promens,
> Nos vocat ad melius, serisque nepotibus offert
> Sanctius exemplum: cibat is melioribus escis
> Esurientem animam, genialem nempe medelam
> Terrigenis proait, quam per tot secula nostri
> Quaesivere patres. [...]³²

---

32 *Übersetzung*: Wem nach dieser [hermetischen Weisheit] nicht verlangt, der wird liegen in elender Nacht: Er wird, ein zweiter Palinurus, mitten im Sand steckenbleiben. Wenn der Arzt, den einst Pergamon zeugte, vorschlug, ohne diese die Krankheit der elenden Glieder zu untersuchen, so überlieferte er den Enkeln eine schwache und sterile Kunst. Aber sie hat auch tief im Mark ein ungeheures Gift. Wer davon kostet, wendet sich zur schwarzen Raserei, greift Gott an mit bleckendem Zahn und scheut kein Szepter. Vergehen sollen die Griechen, deren Fantastereien die Geister der Menschen so verwirren, dass sie glauben, es gebe keinen Anfang der Welt und dass die Seelen geraubt würden von tödlichen Schatten. Die Gnade des höchsten

Furichius hat einen Teil dieser Verse in den Eingang auch seiner *Chryseis* übernommen. Hier wie dort wollte er sich von der »Freigeisterei«, den Atheisten der Antike und ihren Nachfolgern absetzen. Die Icarus-Mythe – man denke an Breughels Gemälde! – warnte vor menschlicher Überhebung. Betont wird der heilkundliche Nutzen des ›philosophischen Steins‹. Er entsteht am Ende eines komplizierten Verfahrens, vom Adepten mit einer Inbrunst ersehnt, die sich auch in den Versen niederschlägt, welche das große Ereignis zu beschreiben versuchen (Aurea Catena, S. 54 f.):

> Tunc roseus prodit sanguis, seu sanguine siquid
> Purpureum magis est, laniati pectoris humor.
> Ille tuus lapis est, quem per tot millia rerum
> Quaesisti: quem per septem signacula monstrant.
> Est igitur lapis haut aliud, quam purius aurum,
> Nullis pollutum maculis, speculique nitentis
> Fusum instar: cui non poterunt elementa nocere.
> Non venti infestent, non proteret aetheris via:
> Fermentum cunctis: cunctis tutela creatis:
> Temperie in media positum, similique colorans,
> Omnia quae tangit, radio: coma denique Solis:
> Non in marcenti consistens corpore noctis;
> Tota sed aetherium spirans, divinaque tela.[33]

Vaters erlaubte uns freier zu denken: aber ruchlose Taten zu tun gab uns keine Samen der verehrungswürdige Lenker. Icarus versinkt vor Zeiten inmitten der Wellen, während er wagt, die Sonne mit rasenden Schwingen zu berühren. Aber wohlbehalten kehrte Daedalus zurück mit gewachsten Flügeln, weil er sich klug entschloss, im nächsten Luftraum zu gleiten. Wir aber scheuen uns nicht, mit kühnem Kiel zu Himmel zu fahren und schämen uns nicht, mit dem Licht unseres gedrückten Geistes die Sphäre des höchsten Apoll anzustreben. O wie viele, die wünschten, in solcher Charybdis zu irren, erleiden Schiffbruch? Wie oft kehrte der Geist, weil er mit stolzem Licht Gott schauen wollte, vertrieben von der Spitze des höchsten Himmels, zurück in die tiefste Dunkelheit? Deshalb ruft uns Merkur, wenn er die ihm anvertrauten Gaben hervorholt, zu Besserem und bietet den späteren Enkeln ein heiligeres Beispiel: mit besseren Happen speist er die dürstende Seele, verkündet er doch den Erdgeborenen erfreuliche Heilung, welche durch soviel Jahrhunderte unsere Väter suchten.

33 *Übersetzung*: Dann tritt rosenfarbenes Blut hervor oder, wenn es etwas purpurfarbener als Blut ist, die Feuchtigkeit einer zerfleischten Brust. Jener ist Dein Stein, den Du in soviel tausend Dingen gesucht hast: den man an sieben Zeichen beweist. Der Stein ist nichts anderes als reines Gold, von keinem Makel befleckt, hingegossen wie ein glänzender Spiegel. Ihm konnten die Elemente nicht schaden, die Winde können ihn nicht angreifen, nicht abnützen der Weg des Aethers. Für alles ein Gärungsmittel, ein Schutz für alles Geschaffene, der Mischung nach in der Mitte liegend, mit seinem Strahl alles, was er berührt, ähnlich färbend; schließlich ein Sonnenstrahl, nicht verharrend im trägen Körper der Nacht, sondern im ganzen etwas Lebend-Aetherisches und ein göttliches Gewebe.

An virtuosen Stellen wie diesen, an denen sich die Begeisterung des Adepten in eine hymnische Aretalogie entlädt, wird klar, dass die Fantasie der alchemistischen Einbildungskraft zugleich poetische Imagination freisetzte, kreative Potenzen entfesselte. Mit ordinärer Goldmacherei hat das nichts mehr zu tun. Der Lapis ist das Produkt praktischer Erkenntnis des Welt-»Gewebes«; in ihr gewinnt der Adept den ursprünglichen Stand des adamischen Wissens zurück, Zugang zum verlorenen Paradies, zur Goldenen Zeit. Der Stein, das Elixier, ist ein Arkanum der Perfektion, mehr als sein materiales Substrat; er steht am Ende eines esoterischen Weges als utopische Chiffre in dunkler Zeit, die mit dem Hinweis auf die sündenfällige Verderbtheit des Menschen täglich Hoffnungen und Wünsche zunichte machte. Das Leuchten des Steins kündet von einem Licht, das Helle in der Trübe allgemeiner Verderbnis verhieß.

Wie sich zu diesem Sujet episierende Darstellungsstrategien in bedachtsam komponierte lyrische Zyklen oder auch Text-Bild-Kombinationen auffächern konnten, bezeugt der dem Rosenkreuzer-Projekt anhängende Mediziner Michael Maier (1568–1622), einer der epochalen Schlüsselautoren des Alchemohermetismus. Berühmt wurde Maiers mytho-allegorisches Emblembuch *Atalanta Fugiens, hoc est Emblemata Nova de Secretis Naturae* mit Kupferstichen von Matthaeus Merian d. Ä. (zuerst Oppenheim 1618; Nachdruck 1964), eine kryptisch verrätselte ›multimediale‹, Bild-, Text- und musikalisch-kompositorische Sinnfiguren verschmelzende Darstellung der in der Deszendenz der spätmittelalterlichen „Sol und Luna"-Allegorese angesiedelten, zugleich Interpretamente des ›orphischen‹ Neuplatonismus kritisch aufgreifenden Transmutationsphilosophie. Nicht nur der Titel deutet hin auf das Erbe Ovids, sondern auch manche der bislang im literaturgeschichtlichen Detail noch unerschlossenen Kombinationen aus je einem illustrierenden Bildemblem, einem deutsch-lateinischen Epigramm und der beigefügten, nach den Gesetzen der Fuge komponierten Motette. Sie führen den Leser zum Beispiel (S. 172–174) auf die Sage vom Tod des Adonis, erinnern mithin an die bei Ovid (met. X, 710–739) überlieferte Liebestat der Göttin, die hier allerdings mit sinnträchtigen Abweichungen, also in Kontamination verschiedener literarischer Quellen, reproduziert wird. Unter der Überschrift *Adonis ab apro occiditur, cui Venus accurrens tinxit Rosas sanguine* ist das Bildemblem (Nr. XLI) erläutert durch einen lateinischen elegischen Sechszeiler mit paralleler deutscher Übersetzung in Art einer Interlinearversion (S. 172):

> Von jhrem eygnen Vatter hat die *Myrrha Adonim* gebohren/
> Welchen die *Venus* sehr liebt/ ein wild Saw tödt im Zoren/
> *Venus* laufft zu/ vnd in dem verletzt am Rosenstrauch jhr Bein/
> Daher von jhrem Blut die weissen Rosen roht seyn.
> Die Göttin weynt (die Syrer weynen jederman darumb leydt trägt/)
> Vnd hat jhn bald vnter die weiche Lattich gelegt.

Dass Alchemisches gemeint ist, entnimmt der einigermaßen bewanderte Leser bereits der Hervorhebung der Farbbegriffe. Die Prosaerläuterung (*Discursus XLI*) bemüht den Osirismythos und die daraus entsponnenen, synkretistisch angereicherten Deutungsangebote. Adonis stellt den »Sol Philosophicus« dar, also das alchemische, von Maier jedoch nicht nur in seiner kruden Materialität gemeinte Gold, auch wenn die Auslegung vor chymiatrischen Direktheiten (Umgang mit scharfen Säuren) nicht zurückscheut: »Adonis vero ab Apro interimitur, hoc est, ab aceto acerrimo seu aqua solutiva [...].«

Maier besteht auf dem Anspruch einer vom menschlichen »Intellekt« (Scharfsinn) zu leistenden Differenzierung des »sensus exterior« und des »sensus interior« der überkommenen poetischen Fabeln. Dies gilt letzthin auch für Maiers von Erik Leibenguth (2002) herausgegebenen, übersetzten und gründlichst kommentierten *Cantilenae Intellectuales In Triadas 9. distinctae, De Phoenice Redivivo* (Rostock 1622). Dabei handelt es sich, in Auswertung der platonisierenden Fachliteratur, um einen »Verbund von 27 kleineren Dichtungen, die mithilfe einer kunstvoll verschachelten, dreifachen Gliederung – in *ordines*, in Triaden und innerhalb dieser in drei ›Stimmen‹ nach dem Muster des zeitgenössischen Motettensatzes – zu einer vielschichtigen Aussageeinheit verschmolzen werden«[34] – Zeugnisse einer in mancher Hinsicht zu revidierenden Geschichte der frühneuzeitlichen Lyrik in Deutschland. Einen Eindruck gewinnt man in der folgenden Textprobe (hier iambische, in der Schlusssilbe assonantische, teilweise auch gereimte katalektische Dimeter in akzentuierender Lesung nach Art der alten Hymnen, meist nicht unähnlich den damals in Mode gekommenen anakreontischen Versen) von der fluktuierenden, meist auch mythologisch inspirierten Bildlichkeit im Sinne eines integumentalen Sprechens, mit dem gleich zu Beginn zum Beispiel der »draco«, sonst auch Basilisk, als Hüllwort für das philosophische Quecksilber (»Mercurius«) und das hohle Gewölbe als chemische Retorte zu verstehen sind:

TRIAS CANTILENARUM
Intellectualium.
6. ACUTA: 16.

VAstus Draco cavernam
Intrârat excavatam,
In obviòs venenum

---

34 Zit. nach Leibenguth 2002, S. 160 f.; s. dort den detaillierten Kommentar S. 365–370; Leibenguths Buch bildet nicht nur in Edition und Kommentar, sondern auch biografisch, bibliografisch und diskursgeschichtlich die Basis aller künftigen Forschungen. Dazu kommt der dichte Überblick (auch zu weiteren Editionen und Übersetzungen) in dem Artikel von Telle (*sub verbo*). In: Killy/Kühlmann 7 (2010), S. 620–623, sowie von Kühlmann. In: VL 16,4 (2014), Sp. 259–270.

Ut mitteret nefandum;
Saevo tremendus ictu
Soloque mille tactu
Jam funeri dicârat,
Et eminus necârat
Nulli patebat unde
Tantae fuêre noxae.
 Mox Socrates in alta
Scrutatus est columna
Per concavum specillum,
Anguem latere magnum,
Qui Regulus vocatur
Et hostis aestimatur
Viventiumque virus
Serpentibusque pejus.
 Huic ille ponit alta
Adversa turre spectra
Ut bestiae videri
Possint et intueri
Imaginis sub umbra
[162] Sese valeret ipsa:
Ex fulgidis metallis
Splendore perpolitis
Specilla sunt parata
Tornoque concavata,
Magneticoque tractu
Vigent, trahuntque flatu
Vicina quae venena
Et perdomant remota.
 Cum Regulus reflexam
Suam videret umbram
Imaginemque faedas
Incautas hausit auras.
Et sic perit sagittis,
Quae misit ipse, jactis.
 Hunc artis est Draconem
Necare sic nocentem,
Ejusque virus omne
Auferre fraude cautè,
Et rursus in metalla
Plantare laevigata.[35]

---

35 *Übersetzung von Erik Leibenguth*: Sechste Trias der »Sinnreichen Gesänge«. 6. Diskant: 16. / Ein entsetzlicher Drache hatte sich in ein hohles Gewölbe begeben, um gegen die, die ihm in die Quere kamen, sein schändliches Gift zu verspritzen. / Furchtbar im wilden Angriff, hatte er schon tausend allein durch Berührung dem Tod geweiht und aus der Ferne getötet. / Niemand

Kompositorisch im Vergleich zu diesem Opus Maiers wirkt eher schlicht das epigrammatisch kommentierte und in 107 Kupferstichen verrätselte, lateinisch und sofort auch deutsch publizierte »chymico-philosophische« Emblemwerk (Viridarium Chymicum, Frankfurt am Main 1624, gern als Stammbuch benutzt), des böhmischen Mediziners und Poeta Laureatus Daniel Stoltz von Stoltzenberg (1600–nach 1644).[36]

---

hatte eine Ahnung, woher ein so großes Unglück kommen könnte. / Bald hatte Sokrates mithilfe eines Hohlspiegels entdeckt, daß sich ein großer Drache auf einer hohen Säule verbarg, den man Regulus nennt und von dem man glaubt, daß er, ein Feind aller Lebenden, ein schlimmeres Gift als die Schlangen besitzt. / Gegenüber von diesem Drache errichtete Sokrates auf einem hohen Turm Bildnisse, so daß die Ungeheuer [d. i. der Drache und die Bildnisse] einander anblicken konnten und er [Sokrates] direkt unter dem Schatten des Abbildes mit sich zu Rate gehen könnte. / [163] Aus glänzenden Metallen, die blank poliert waren, stellte man Spiegel her und wölbte sie mit dem Meißel. / Sie besaßen magnetische Kräfte und zogen mit dem Wind das Gift von nah und fern an und bezwangen es. / Als der Regulus sein Spiegelbild sah, blähte er sich ohne zu überlegen auf, um seinen abscheulichen Atem zu verströmen, und ging so an den Giftgeschossen zugrunde, die er selbst geworfen hatte. / Es ist Bestandteil der Kunst, so den schändlichen Drachen zu töten, ihm sein ganzes Gift vorsichtig und mit List zu nehmen und dieses wiederum in die zerstoßenen Metalle zu verpflanzen.

36 Die deutsche Fassung, übersetzt von Daniel Meißner, liegt im Nachdruck vor (1964). Zusammenfassend zu Leben und Werk des Verfassers samt der Forschungsliteratur der Artikel von Telle (*sub verbo*) in: Killy/Kühlmann 11 (2011), S. 302–304.

VII Schwerpunkte des 17. Jahrhunderts

Mit einigen der bisher genannten Autoren haben wir schon die Lebens- und Schaffenszeit von Martin Opitz (1597–1637), des vielgerühmten literarischen Reformators und »Vaters« der neueren deutschen Kunstdichtung erreicht. Er favorisierte die epische Lehrdichtung, jedoch in markanter Abkehr von Traditionen: durch die virtuose Benutzung des ›heroischen‹ Alexandriners, also in der Verabschiedung des Knittelverses, auch in einem deutlichen thematischen und mentalen Wechsel, indem er sich nicht auf die Poetisierung fachschriftlich dokumentierter Sachgebiete (etwa der Astronomie oder Landwirtschaft), auch nicht der standesethischen Sozialdidaktik konzentrierte, sondern in Kenntnis der großen antiken Textmodelle und der späthumanistisch-gelehrten Literatur gerade als Lehrepiker zeitgeschichtlich und auch individualpsychologisch herausfordernde Problemfelder in den Mittelpunkt rückte.[1]

Dies gilt vorab für ein Manuskript, das er weitgehend wohl schon 1620 in Jütland vollendet hatte, jedoch aus politischen Rücksichten erst 1633 in Leipzig zu drucken wagte: die zweifellos bedeutendste politisch-moralische Versdichtung des Jahrhunderts, das *Trostgedichte in Widerwertigkeit deß Krieges*.[2] »Trost« meinte hier nicht gemütvolle Beschwichtigung, sondern Bewältigung einer kollektiven Erfahrung, nicht eines Leids, das humaner Hinfälligkeit schlechthin zu verdanken war, sondern einer historisch peinvollen Herausforderung; nicht irgendeines Krieges, nicht des Krieges im Sinne eines je und immer über den Menschen hängenden Übels, sondern dieses Krieges, des Dreißigjährigen Krieges, dessen Ende noch nicht absehbar war und dessen Anfänge Opitz in Heidelberg miterlebt hatte: eines Bürgerkrieges also, wie ihn einst Lukan episch verarbeitet hatte, an den neben vielen anderen literarischen Reminiszenzen manche drastische Greuelschilderungen gemahnen. Troststrategien in Leidenssituationen, in Tod und Unglück, waren in Prosa und Vers seit der Antike literarisch aufbereitet. In diesem Fall signalisierte Opitz den Stilcharakter seines Werks gleich zu Beginn

---

[1] Zum Überblick s. (neben Garber 1984 und 2007) den mit einer üppigen Bibliografie ausgestatteten Artikel von Garber in: Killy/Kühlmann 8 (2010), S. 715–722, sowie Grimm 1983, S. 115–222, auch die Darstellung von Kühlmann 2001, aus der ich im der Folgenden, gekürzt, einige Passagen übernehme; der lateinische Vorspann samt Übersetzung und Kommentar nun auch in Opitz 2009–2015, Bd. 3 (2015), S. 50–53 u. 384–389.

[2] Zur Verarbeitung der Quellen (bes. Lipsius' *De Constantia* und Heinsius' Lehrepos *De contemptu mortis*) s. Cunningham 1974 und Becker-Cantarino 1990, fragwürdig und in totaler Abstinenz von der Forschung geschrieben Solbach 2002. Zu Heinsius' Lehrgedicht, das sich auch von der antilukrezischen Lehrepik der Italiener (darunter Palearius' *De animorum immortalite*) inspiriert zeigt, s. Bloemendal 2008.

durch einen Anruf, der sich als christliche Version des epischen Musenanrufs verstehen ließ und im Hinweis auf die ›Neuheit‹ des Unternehmens direkt, gewiss auch in gattungspoetologischer Absicht, wie schon im *Buch von der Deutschen Poeterey* (1624), an Vorbilder der altrömischen Lehrepik, nämlich Lukrez und Vergil, anknüpft (I, 1–12):[3]

> DEs schweren Krieges Last/ den Deutschland jetzt empfindet/
> Vnd daß GOTT nicht vmbsonst so hefftig angezündet
> Den Eyfer seiner Macht/ auch wo in solcher Pein
> Trost her zu holen ist/ sol mein Getichte seyn.
> Diß hab ich mir anjetzt zu schreiben vorgenommen:
> Ich bitte/ wollest mir geneigt zu hülffe kommen/
> Du höchster Trost der Welt/ du Zuversicht in Noth/
> Du Geist von GOtt gesandt/ ja selber wahrer GOtt.
> Gib meiner Zungen doch mit deiner Glut zu brennen/
> Regiere meine Faust/ laß meine Jugend rennen
> Durch diese wüste Bahn/ durch dieses newe Feld/
> Darauff noch keiner hat für mir den Fuß gestellt.

Das Epos sollte zur Gruppe der »geistlichen« Dichtungen gehören, denn das Verhängnis der Geschichte war ebenso wie die Suche des Individuums nach Sinnkategorien des persönlichen Schicksals vorab nur theologisch zu bedenken. Krieg bedeutet, daran lässt Opitz keinen Zweifel, eine Verkehrung der göttlichen Schöpfungsordnung. *Dieser* Krieg aber als Komplex unmittelbarer Erfahrungen lief auf den Untergang des alten, des blühenden Deutschlands hinaus (I, V. 53–68):

> Ich wil den harten Fall/ den wir seither empfunden/
> Vnd männiglich gefühlt (wiewol man frische Wunden
>   Nicht viel betasten sol) durch keinen blawen Dunst
>   Vnd Nebel vberziehn/ wie der Beredten Kunst
> Zwar sonsten mit sich bringt. Wir haben viel erlidten/
> Mit andern vnd mit vns selbst vnter vns gestritten.
>   Mein Haar das steigt empor/ mein Hertze zittert mir/
>   Nehm' ich mir diese Zeit in meinen Sinnen für.
> Das edle Deutsche Land/ mit vnerschöpfften Gaben
> Von GOtt/ vnd der Natur auff Erden hoch erhaben/
>   Dem niemand vor der Zeit an Krieges-Thaten gleich'/
>   Vnd das viel Jahre her an Friedens-Künsten reich
> In voller Blühte stund/ ward/ vnd ist auch noch heute/
> Sein Widerpart selbselbst/ vnd frembder Völcker Beute.

---

3 Opitz 2002, Kap. V, S. 26–28. Die folgenden Zitate sind mit Angabe der Buch- bzw. Verszahlen entnommen der Edition des Erstdrucks in Opitz 1968–1990, Bd. I (1968), S. 191–266.

> Ist noch ein Ort dahin der Krieg nicht kommen sey/
> So ist er dennoch nicht gewesen Furchte-frey.

Die Frage nach der Schuld war zu stellen, denn öffentliches Handeln war auch moralisch zu bewertendes Handeln. Opitz rekapituliert selbstverständlich das gut lutherische Angebot einer theokratischen Geschichtstheorie und religiösen Anthropologie: in der Erinnerung an Gottes Strafe für die Sünden der Menschheit und des seit Adams Schuld verdorbenen Status des menschlichen Wesens. Das waren Argumente, die jeder Gebildete zur Verfügung hatte. Unerhört und aufwühlend aber war die Wirklichkeit, die mit all ihren Schrecken Opitzens Sprache zu äußerster emotionaler Bewegung und drastischer Vergegenwärtigung des Frevels, zur fast szenischen Schilderung des Unrechts und der Gewalt herausforderte (I, 109–148). Kategorien der tröstenden Erbaulichkeit, die Interpretation des göttlichen Willens im irdischen Verhängnis, die Umdeutung der Leidenserfahrung zur Voraussetzung moralischer Umkehr und heilsnotwendiger Buße (»Das Gute wächst durch Noth«), treten gegenüber solchem Einbruch der Realität fast in den Hintergrund. Dies auch deshalb, weil Opitz die Kriegsparteien genau kennzeichnet und weil er bereits im ersten Buch des Gedichts nicht nur zu theologischen, sondern auch zu moralisch-kulturphilosophischen Überlegungen ausholt, zu Reflexionen über den Niedergang des alten Roms, in dem sich der Kollaps des Reiches spiegeln soll. Nicht der göttliche Strafwille erscheint so am Ende des ersten Buches als unmittelbare Ursache des Schreckens, sondern menschliches Verbrechen, religiöse Intoleranz, die zum Deckmantel von Machtinteressen geworden ist. Opitz' Polemik gegen die Verketzerung des Andersdenkenden enthüllt die tiefsten Antriebe seines Denkens, auch den in der humanistisch gebildeten Intelligenz erreichten Grad der Desillusion (I, 443–472):

> Wer hier der Christen Schar/ durch Schwerdt vnd Fewer jagt/
> Wird künfftig durch den Wurm der nimmer stirbt genagt.
> So sol die Welt auch sehn das keine Noth vnd Leiden/
> Daß keine Tyranney GOtt vnd sein Volck kan scheiden/
> Vnd daß ein solcher Mensch/ der die Gewissen zwingt/
> Vergeblich vnd vmbsonst die Müh vnd Zeit verbringt;
> Daß wir für vnser Maul kein Blat nicht dürffen nehmen/
> Daß wir für keinem vns nicht schewen oder schämen/
> Er sey auch wer er will; daß vnsers Hertzen Grund
> Nicht falsch/ nicht anders sey als etwan Red' vnd Mund.
> Kein Würgen/ keine Schlacht/ kein Martern vnd kein Pressen
> Zwingt vns der Frömmigkeit vnd GOttes zu vergessen.
> Der Zweck der Christenheit muss GOttes Name seyn/
> Nicht Eitelkeit der Welt/ nicht eusserlicher Schein
> Vnd gleissend' Heucheley: Wir müssen kundtbar machen/
> Daß Christen Noth vnd Todt verhönen vnd verlachen;

> Wir müssen lassen sehn gantz richtig/ klar vnd frey
> Daß die Religion kein Räubermantel sey/
> Kein falscher Vmbhang nicht. Was macht doch jhr Tyrannen?
> Was hilfft/ was nutzet euch das Martern/ das Verbannen/
> Schwerdt/ Fewer/ Galgen/ Radt? gezwungen Werck zerbricht:
> Gewalt macht keinen fromm/ macht keinen Christen nicht.
> Es ist ja nichts so frey/ nichts also vngedrungen/
> Als wol der Gottesdienst: so bald er wird erzwungen/
> So ist er nur ein Schein/ ein holer falscher Thon.
> Gut von sich selber thun das heist Religion/
> Das ist GOtt angenehm. Laßt Ketzer Ketzer bleiben/
> Vnd gleubet jhr für euch: Begehrt sie nicht zu treiben.
> Geheissen willig seyn ist plötzlich vmbgewandt/
> Trew die aus Furchte kömpt hat mißlichen Bestand.

Das zweite Buch greift aus auf ein Gedankensystem, das sich zwar mit dem Christentum gut vermitteln ließ, das aber eigentlich eine weltliche, aus der Antike herüberreichende Alternative zur theokratisch-heilsgeschichtlichen Begründung menschlichen Verhaltens darstellte. Dies Gedankensystem war der sog. Neostoizismus, repräsentiert vor allem im Werk des großen niederländischen Gelehrten Justus Lipsius (1547–1660). In einem äußerst wirkungsvollen und vielgelesenen Traktat »Über die Standhaftigkeit« (*De constantia*, 1584)[4] hatte er die Frage gestellt, wie die moralische Integrität des einzelnen in einer Epoche der »öffentlichen Übel« zu bewahren sei, wie der Vernunftentwurf humaner Existenz und einer sittlich geordneten Gesellschaft erhalten werden könne im Ansturm verwirrender Erfahrungen des wechselvollen Glücks (*fortuna*) und eines unerforschlichen, letztlich nur mit der verdunkelten Providenz Gottes zu erklärenden Schicksals (*fatum*). Lipsius wurde für viele, vor allem für die Gebildeten, zum Gewährsmann moralischer Resistenz und eines heroischen Lebensideals. Wenn unumgänglich, konnte die moralische Identität des Ichs – nach Lipsius – nur im Rückzug aus der Sphäre des öffentlichen Handelns bewahrt werden, im Rückzug in die »Burg« der »Tugend«, in der Entwertung der eigenen Affekte und damit in der abstrakten Vergewisserung einer nur in rationaler Selbstbestimmung aufgehobenen Ordnung der natürlichen und historischen Welt. Opitz kannte sehr genau dieses für die Epoche der Konfessionskriege so wichtige Werk. Der christlichen Argumentation (›Heil durch Leiden‹) stellte er nun das Bild des Weisen

---

[4] Leicht greifbar in der Ausgabe: Justus Lipsius: Von der Bestendigkeit (De Constantia). Faksimiledruck der deutschen Übersetzung des Andreas Viritius nach der zweiten Auflage von c. 1601 [...], hg. von Leonard Forster. Stuttgart 1965. Als stoizistisches Lehrepos ließ sich Opitz' *Vielguet* (Breslau 1629 [in: Opitz 1968–1990, Bd. IV/2 (1990)], S. 393–411; der Titel in Anlehnung an den Terminus des »summum bonum«) lesen.

entgegen, der sich auf das wahre, unzerstörbare Gut der eigenen moralischen Autonomie konzentriert (II, 325–356):

> Wil aber jemand Gut das jmmer wäret finden/
> Das weder durch Gewalt noch Waffen sol verschwinden/
> > Der binde nur sein Schiff der Tugend Ancker an/
> > Die nicht zu boden sinckt/ die nicht vergehen kan.
> Sie thut es nur allein/ sie/ sie die schöne Tugend/
> Des Alters Auffenthalt/ die Nährerin der Jugend/
> > Der Reichen bester Schatz/ des Adels Zier vnd Pracht/
> > Ja die das Armut reich/ den Pöfel edel macht.
> Laß kommen wer da wil/ laß schnarchen/ brausen/ toben/
> Laß wüten alle Welt/ sie schwimmet allzeit oben/
> > Sie wird nicht vnterdruckt: Kein Feind ist so versucht
> > Der nicht durch jhre Krafft gebracht wird in die Flucht.
> Führt newe Felsen auff/ macht Meilen-dicke Wälle/
> Vmbringt euch mit der See/ grabt ein biß in die Hölle;
> > Kein Bollwerck ist so gut/ kein Thurm so hoch gebawt/
> > Kein Graben so geführt/ für dem der Tugend grawt.
> Laß einen Edelstein mit Kot vnd Mist vmbschmieren/
> Er wird doch seinen Glantz vnd Kräfften nicht verlieren:
> > Stoß einen edlen Sinn in Kummer vnd Gefahr/
> > Thu mit jhm was du wilt/ er bleibt doch wie er war.
> Treib einen weisen Mann von allen seinen Sachen/
> Heiß jhn ins Elend ziehn/ er wird dich nur verlachen.
> > Schleuß Ketten vmb jhn her/ verbirg jhn in ein Schloß
> > Da niemand zu jhm kan/ sein Geist geht allzeit loß.
> Ein Fels in tieffer See/ ob schon die starcken Wellen
> Mit Stürmen vnd Geräusch' jhm sich entgegen stellen/
> > Helt vnbeweget aus/ wie sehr das Wasser springt/
> > Wie sehr die scharffe Lufft von Norden pfeifft vnd klingt:
> So wird ein hoher Muth auch nimmermehr gezwungen/
> Durch keine Dürfftigkeit/ durch keine Noth verdrungen:
> > Solt' alles/ was hier ist zu grund' vnd boden gehn/
> > So bleibt er jmmerzu auff freyem Fusse stehn.

Freilich korrigiert Opitz – im gegebenen historischen Zusammenhang – das Idealbild des seine Affekte niederringenden Tugendhelden. Tugend heißt nicht passives Erdulden. Vielmehr erfüllt sich moralische Autarkie in der Freiheit, und diese Freiheit ist nicht Reflex eines abstrakten Bewusstseins, sondern auch historisch aktuelle Parole. Für die Freiheit einzustehen, verlangt die Bereitschaft zum Kampf, zur Verteidigung der Freiheit gegen Unterdrückung (II, 365–384):

> Die Freyheit wil gedruckt/ gepreßt/ bestritten werden/
> Wil werden auffgeweckt; (wie auch die Schoß der Erden

> Nicht vngepflüget trägt:) sie fodert Widerstand/
> Ihr Schutz/ jhr Leben ist der Degen in der Hand.
> Sie trinckt nicht Mutter-Milch; Blut/ Blut muß sie ernehren;/
> Nicht Heulen/ nicht Geschrey/ nicht weiche Kinder-Zähren:
>   Die Faust gehört darzu: GOtt steht demselben bey
>   Der erstlich jhn ersucht/ vnd wehrt sich dann auch frey.
> Ist Friede durch das Land/ ist niemand zu bestehen/
> So streicht man müssig hin/ aus vielem Müssiggehen
>   Kömpt sicher Leben her/ vnd endlich mit der Zeit/
>   Auff gar zu sicher seyn/ erfolget Dienstbarkeit.
> Die Tugend liget nicht in einem zarten Bette:
> Das harte Feld-Geschrey/ die Paucken/ die Trompette/
>   Des Feindes Angesicht/ der Grimm/ das rote Blut/
>   Diß ist jhr rechter Sporn/ von dannen nimbt sie Muth.
> Wann diese Wächter vns sind aus den Augen kommen/
> Da wird vns auch der Sinn zur Munterkeit genommen:
>   Wird einmal dann das Hertz vmbringet von der Nacht/
>   Gewiß es ist so bald nicht wieder auffgewacht.

Vor allem im dritten Buch hat Opitz diese aktive Seite praktischer Sittlichkeit, die elitäre Züge nicht verleugnete und Rangunterschiede des Menschen herausstrich, von neuem mit der Herausforderung des eigenen Erlebens, aber auch mit der Analyse der historischen Lage vermittelt. Hier vor allem schlagen die Erfahrungen der Heidelberger Monate, Anstöße der protestantisch-pfälzischen Polemik durch. Freiheit und Friede, letzterer als umfassende politische Forderung, hängen zusammen. Freiheit aber ist durch Tyrannei bedroht. Dies verkörpert sich in der Unterdrückung des religiösen Gewissens (III, 97–100):

> Was kan nun besser seyn dann für die Freyheit streiten
> Und die Religion/ wann die von allen Seiten
> Gepreßt wird vnd verdruckt/ wann die kömpt in Gefahr?
>   Wer sol nicht willig stehn für Herdt und für Altar?

Die Lage in Deutschland ist bedingt durch den Gang der europäischen Auseinandersetzung; sie spiegelt sich im niederländischen Freiheitskampf und in den französischen Bürgerkriegen, in einem Fanatismus, der sich in der Niedermetzelung der französischen Hugenotten (Bartholomäusnacht 1572) sein grausiges Fanal geschaffen hatte (III, 141–148):

> O Schande dieser Zeit! Wer hat vor Zeit vnd Jahren
> Auch in der Heydenschafft dergleichen doch erfahren?
>   Noch ward auch Geld gemüntzt/ vnd gar darauff gepregt:
>   Die wahre Gottesfurcht hat Billigkeit erregt.
> O schöne Gottesfurcht durch Menschen-Blut besprenget!
> O schöne Billigkeit/ da alles wird vermenget/

> Da nichts nicht als Betrug/ als Falschheit wird gehört/
> Da der Natur Gesetz' auch selber wird versehrt!

Im Lichte dieser zeitgenössischen Erinnerung ist aus dem »Trost-Gedicht« längst ein Kampf-Gedicht geworden, und es wird einsichtig, warum Opitz sein Werk vorläufig unter Verschluss hielt (III, 213–220):

> Jetzt steht die Freyheit selbst wie gleichsam auff der Spitzen/
> Die schreyt vns sehnlich zu/ die müssen wir beschützen:
> Es mag das Ende nun verlauffen wie es kan/
> So bleibt die Sache gut vmb die es ist gethan.
> Wann die Religion wird feindlich angetastet/
> Da ist es nicht mehr Zeit daß jemand ruht und rastet.
> Viel lieber mit der Faust wie Christen sich gewehrt/
> Als daß sie selbst durch List vnd Zwang wird vmbgekehrt.

Damit nicht genug: Die Verwandlung des geistlichen Werks in ein Kampfgedicht verknüpft auch das Thema der nationalen Selbstbestimmung mit dem konfessionellen Kräfteringen. Der moralisch gerechtfertigte Einsatz für die protestantische Freiheit ist offensichtlich für Opitz zugleich ein Interpretationsmoment des deutschen Patriotismus. Was Opitz als nationalliterarisches Programm entwarf, findet sein Analogon in der verallgemeinerbaren politischen Maxime (III, 233 f.): »Wer kan sein Vaterland auch wüste sehen stehen / Daß er nicht tausend mal muß einen Tag vergehen?« Kampfbereitschaft und vaterländischer Appell bleiben jedoch nicht das letzte Wort des Dichters, denn der gerechtfertigte Kampf fordert ein Wozu, bedarf des moralischen Zwecks. Dieser Zweck aber ist der Friede, die Heilung der »kranken Welt«, ist die Toleranz und das von Machtgelüsten ungestörte Zusammenleben der Menschen (IV, 413–420):

> Was vmb vnd vmb wird seyn wird alles Frieden heissen;
> Da wird sich keiner nicht vmb Land vnd Leute reissen/
> Da wird kein Ketzer seyn/ kein Kampff/ kein Zanck/ vnd Streitt/
> Kein Mord/ kein Städte-brand/ kein Weh vnd Hertzeleid.
> Dahin/ dahin gedenckt in diesen schweren Kriegen/
> In dieser bösen Zeit/ in diesen letzten Zügen
> Der nunmehr-krancken Welt; Dahin/ dahin gedenckt
> So läßt die Todesfurcht euch frey vnd vngekränckt.

Im fernen Siebenbürgen (1622/23) fühlte sich Opitz recht isoliert. Versprechungen wurden nicht eingehalten. Doch es gab einen Lichtblick, einen Freund, nämlich Henricus Lisboa. Er verwaltete die örtlichen Gold- und Silbergruben in einem Flecken namens *Zlatna*. Mit dem Namen dieses Orts bezeichnete Opitz sein vielleicht persönlichstes Werk (1623), Ausdruck einer »für das Lehrgedicht ganz ungewöhnlichen Subjektivität« (Aurnhammer).⁵ Formal wieder ein Langgedicht in Alexandrinern, seinem Gehalt nach ein Lob des Landlebens und eine mit der Erfahrung für einen Moment zur Deckung gebrachte Vision des Glücks. Es geht um die »Ruhe deß Gemüthes«, zu finden in der Verwirklichung eines humanistischen Lebensentwurfs: »sich und den Studien zu leben«. Opitz huldigt dem Ort und seinen Bewohnern, bedankt sich für Gastfreundschaft, widmet sich dann aber dem gedanklichen Zusammenhang von Freiheit und Selbstbestimmung. Insofern bildet dieses Werk eine komplementäre Ergänzung zu Opitzens großem Kriegsepos und seinem aktivistisch-moralischen Freiheitsbegriff.

Wiederum konnte Opitz an Vorbilder der Antike und der humanistischen Dichtung und Redekunst anknüpfen. Poetisches »Landleben« hatte wenig zu tun mit der Vergegenwärtigung der Arbeitsrealität, sondern war Inbegriff einer Alternative zur sittlichen Korruption des sozialen Verhaltens in der Stadt oder bei Hofe.⁶ Idyllischen Zügen der Landlebendichtung waren kritische, manchmal satirische Aussagedimensionen eingezeichnet. »Ehre, Reichtum, Wollust« sind nicht hedonistischer Selbstverwirklichung entgegengesetzt, sondern moralischer Selbstbestimmung. Genügsamkeit ist dabei nützlich, ja erforderlich, die Rückkehr zu elementaren Lebensformen, zu einer Unabhängigkeit, die bäuerliche Arbeit und ungestörte Natur zu schenken vermögen. Die Erträge des Landguts, die spontane Freigebigkeit der von Gott geschaffenen Natur, dienen nicht nur der Versorgung mit Lebensmitteln, sie demonstrieren vielmehr auch – in farbiger, genrehafter Erzählung dargestellt – einen Zustand des Heils, der im Unheil der erlebten Geschichte seine dunkle Folie besitzt. Der von Macht und Etikette verdorbenen Welt entgegengestellt ist der autarke Lebensrhythmus des Landmanns und seiner Frau. Der Tonfall von Vergils *Georgica* dringt hier immer wieder durch (391–424):⁷

> Dann geht er ferner auch zu seinen Bienen hin/
> Schawt wie zwey grimme heer offt an einander ziehn/
> Vnd vmb des Nachbars klee sich bey den stöcken zancken/
> Die voller honig sein: Führt nachmals seyne rancken
> Vnd junge reben auff. Indessen kömpt sein Weib/
> Die nicht nach bisem reucht/ vnd jhren schnöden Leib/
> Wie falscher wahr geschieht/ vollauff an allen enden
> Hat prächtig außgeputzt; sie trägt in ihren händen/
> Die grob durch arbeit sein/ von grünem Majoran/
> Vnd Rosen einen Krantz/ vnd Krönet jhren Mann.

---

5 Aurnhammer 2004, hier S. 269; zu dem Gedicht auch Schulz-Behrend 1962.
6 Zu Opitz im Kontext der einschlägigen Literatur maßgeblich Lohmeyer 1981, bes. S. 191–260.
7 Zit. nach dem Abdruck in Opitz 1968–1990, Bd. II,1 (1978), S. 60–104, hier S. 84 f.

Bald setzt sie sich mit jhm bey einem Walde nieder/
An dem ein schönes quell mit rauschen hin vnd wieder/
   Fleust heller noch als Glaß. Der leichten Vögel schar
   Springt auff den ästen vmb/ der grüne Specht/ der Star
So offte reden lernt. Die Nachtigal vor allen
Singt dem der sie ernehrt vnd jhnen zugefallen:
   Die Lerche schreyt auch: Dir Dir lieber GOTT allein
   Danckt alle Welt/ Dir Dir Dir sein wir was wir sein.
In dessen schleicht der Schlaff/ der mitler aller sachen/
Durch jhre Glieder ein/ vnd wann sie dann erwachen/
   Das nun die Sonne fast zu Golde gehen soll/
   So führet sie jhn heim/ vnd setzt den Tisch bald voll
Mit Speisen die sein Hoff vnd Landgutt selber träget;
Ein Eyer oder drey die jetzt erst sein geleget/
   Die Henne selbst darzu/ ein frisches Haselhun/
   Nach dem die Bürger sonst die Finger lecken thun:
Ein Lamb das heute noch lieff neben seiner Mutter/
Den feisten Rom [Rahm] der Milch/ vnd quittengelbe Butter/
   Vnd Käse nebenbey wie Holland selbst kaum hat;
   Auch Obst das sonsten ist so thewer in der Stadt.
Diß hat er vnd noch mehr; Ißt was er kan verdewen/
Legt fein jhm selber vor/ darff sich mit nichten schewen
   Ob gleich er auff den Tisch die Ellebogen stützt/
   Vnd nicht mit steiffer Brust wie eine Jun[g]fraw sitzt.

Landleben besitzt so die Würde und den Anspruch des archetypischen, schöpfungsnahen Lebensvollzugs. Es bildet den äußersten Gegenpol zu höfischer Abhängigkeit und dem von Servilität, Konkurrenz und Neid bestimmten Daseinskampf in der sozialen Hierarchie der Stadt. Opitz scheute sich nicht, diesen alten Gedanken mit dem frischen Kolorit einer vielen seiner Leser gewiss nicht unbekannten Wirklichkeit auszumalen (333–349):

O wol demselben wol/ der so kan einsam leben/
Vnd seine gantze zeit den feldern hat gegeben/
   Liebt nicht der Städte lust vnd jhren falschen schein/
   Da offte zwar mehr Geld/ doch auch mehr Sünden seyn.
Er darff sein Hüttlein nicht stets in der Hand behalten
Wann er nach Hofe kömpt/ vnd für der Thür erkalten/
   Eh' als er audientz (verhör das ist zu schlecht)
   Ein mal erlangen kan/ vnd vngerechtes Recht.
Da pralet einer her mit grossen weitten schritten/
Der/ wann ein gutter mann jhn hat vmb was zu bitten/
   Der besser ist als er/ vnd vielmehr weiß vnd kan/
   So sieht er jhn doch kaum halb über Achsel an/
Vnd fertigt jhn kahl ab. Bald trifft sich eine Stunde/
Wann der Fürst mucken hat/ so geht der Held zu grunde

> Der hoch am Brete war/ vnd kriegt ein newer gunst/
> So bloß vom Glücke kömpt/ nicht von verdienst vnd kunst/
> Die hier dahinten steht.

Doch bleibt der Dichter nicht stehen bei exemplarischen Modellen und moralistischer, jedoch in Gemeinplätzen gefasster Kritik. Es ist, als ob Opitz in diesem Gedicht so wie kaum sonst von sich selbst sprechen wollte, gleichsam in einem Augenblick des Aufatmens, der Abstand zu den Schrecknissen der Weltgeschichte gewährte. In diesem Augenblick – fernab des politischen Geschehens – steigen eigene Pläne und Träume auf, wird das Wunschbild der eigenen Existenz greifbar. Es ist eine Existenz, in der das Ich mit sich selbst (seinen »Begierden«) zu Rande kommt; es ist der Traum von einer Vollendung gelehrter Weisheit, die sich im Studium der Antike und im Studium der Natur des erhabenen Zusammenhangs der Dinge vergewissert. Landleben bedeutet nicht Resignation, sondern bezeichnet den archimedischen Punkt, von dem aus Zumutungen der Gesellschaft zurückgewiesen werden und sich der Mensch in seiner Individualität gegen allseits waltende Bedrängnis selbst bestimmt. Literarische Tätigkeit, der geistige Verkehr mit den erlauchten Geistern der alten Welt, die kontemplative Erschließung naturhaft-kosmischer Gesetze jenseits historischer Depravation, dies sind Eckpunkte eines gegen die »Barbarei des Zeitalters« gewendeten Projekts gebildeter und moralisch gefestigter Freiheit, die in der Fiktion der Dichtung ungestört zur Sprache gebracht werden konnte (474–490; 497–508):

> Ich lernte täglich was aus meinem Leben nehmen
> So nicht darin gehört/ vnd die begierde zähmen/
>   Vnd fragte nichts darnach ob der so in die Hand
>   Deß Feindes liefern thut verräterlich sein Land/
> Vnd mit dem Eyde spielt/ mit sechsen prächtig führe/
> Vnd/ wann er lüge schon/ bey seinem Adel schwüre.
>   Kein Herr der solte mich sehn bey dem Wagen gehn/
>   Vnd mit der Hoffepursch vor seiner Taffel stehn.
> Dem allen ab zu sein/ wolt' ich mich gantz verhüllen/
> Mit Tausend Bücher Schar/ vnd meinen Hunger stillen
>   An dem was von Athen bißher noch übrig bleibt.
>   Was Aristonis Sohn/ ein Gott der Weisen/ schreibt/
> Was Stagyrites sagt/ Pythagoras verschweiget/
> Homerus vnser Printz gleich mit den fingern zeiget/
>   Vnd was der trefliche Plutarchus hat gewust/
>   Ja mehr/ gantz GriechenLand das were meine lust.
> Dann wolt' ich auch zu Rom/ der Königinn der Erden/
> Was mein Latein belangt/ mit ehren Bürger werden:
> [...]
> Der Reiche Seneca an witz vnd an vermögen/
> Der schlauhe Tacitus/ vnd was noch ist zugegen

Must' allzeit vmb mich sein. Rom solte zwar vergehn/
Doch sieht man sie noch jetzt in vnsern Hertzen stehn.
Wir lassen nichts hindan: Die vrsach aller dinge/
Worauß/ von wem/ vnd wie ein jeglich thun entspringe/
Warumb die Erde steht/ der Himmel wird gewandt/
Die wolcke Fewer giebt/ ist sämbtlich vns bekandt.
Mehr was das oben sey aus welchem wir genommen/
Vnd wiederumb darein nach diesem leben kommen:
Ja Gott den niemand kennt/ vnd kein gemeiner sinn
Kan fassen/ der kömpt selbst in vns vnd wir in jhn.

Glücksentwürfe im ›Lob des Landlebens‹ bildeten bis ins 18. Jahrhundert, etwa in den Verssatiren eines Friedrich Rudolf von Canitz (1654–1699)[8] oder in Albrecht von Hallers gerühmtem *Alpen*-Epos (erschienen 1732), einen imaginären sozialkritischen Gegenentwurf zu Defekten erfahrener Realität. Demgegenüber scheint sich Opitz' großes, von einem polyhistorischen Kommentar (gespeist vornehmlich von antiken Autoren) durchzogenes Lehrepos *Vesuvius* (1633)[9] ganz auf die Demonstration der eigenen Belesenheit zu konzentrieren und sehr bewusst ein modernes Gegenstücke zum *Aetna*-Epos zu liefern, dem in der *Appendix Vergiliana* überlieferten prominenten Vulkangedicht aus Neronischer Zeit. Unverkennbar aber reagierte Opitz damit auch auf den in der zeitgenössischen Publizistik sehr lebhaft diskutierten Vesuvausbruch des Jahres 1631. Sein deutsches Vesuvepos, in dem das katastrophale Naturgeschehen immer wieder metaphorisch auch die zeithistorische Katastrophe des andauernden Krieges abbildet, ist kontrastiv mit besonderem Gewinn vergleichbar mit einer in ihrer lateinischen Form mit der damals modernen italienischen Epik rivalisierenden Schöpfung (*Campanum, seu Vesuvius flagrans*), einem strophischen Epyllion (46 Strophen zu je zehn lateinischen Hendecasyllaben), das Jakob Bidermann (1578–1639), der berühmte deutsche Jesuitendichter (seit 1626 in Rom lebend), in seine Gedichtkollektion *Silvulae Hendecasyllaborum Libri tres* einreihte, 1634 in Rom erschienen und bald in Luzern (1635 und 1647), in Lyon (1636), später auch in Venedig (1668) und Ingolstadt (1672) nachgedruckt. In der textypologischen Ordnung der frühneuzeitlichen ›Katastrophendichtung‹, poetologisch kaum fassbar wegen

---

8 Zu Canitz, besonders dessen vierter Satire (im kontroversen Dialog gehalten) s. Lohmeyer 1981, bes. S. 333–335; zum literarischen Profil und Kontext Wolfram Mauser: Von der Hofkritik zur Fürstenschelte. Kritischer Diskurs als Akt politischer Selbstbefreiung von Canitz bis Pfeffel. In: Ders. 2006, S. 80–102.
9 Abgedruckt in: Weltliche Poemata, ed. Trunz, Teil/Bd. 1, S. 33–84, der lateinische Vorspann samt Übersetzung und Kommentar nun auch in Opitz, Lateinische Werke, Bd. 3 (2015), S. 40–51, 369–384. Dazu umfassend Becker-Cantarino (1982), Grimm (1983), S. 209–222, und, weiterführend, Häfner 2003, S. 200–224, sowie 2009, ferner Zittel 2008.

ihrer Mischung diverser Textklassen (Ereignisbericht, Deskription, Klage, reflektierende Verarbeitung und narrative Exempel; des öfteren bezogen auf Überschwemmungen, Stadtbrände usw.) nimmt Bidermanns Werk einen hochrangigen Platz ein. Es mündet schließlich in moralische Erzählungen von wunderbarer Rettung und humaner Hilfleistung (vergleichbar der späteren Publizistik zum Erdbeben von Lissabon, 1755),[10] bietet zuvor aber eine wohl autoptisch gegründete Vergegenwärtigung des Geschehens und seiner Folgen, dies im vertrackten Rekurs auf den horazischen Vergleich von Dichtung und Malerei und mehrmals auch auf das antike *Aetna*-Epos. Ich zitiere hier einige Strophen des ersten Teils aus meiner deutschen Übersetzung (mit Angabe der Strophennummer):[11]

> I.
> Suchst du ein Bild, das allein dir den ganzen Anblick des Weltuntergangs vor Augen stellt, ein Bild, auf dem dereinst der höchste Richter aus den Öfen der Tiefe feuriges Pech hervorbrechen läßt und im Brand von Erde und Himmelszelt die Weltkugel sich entflammt und zu Asche wird, wie ihr prophezeit ist, so nimm dir nicht die Farben des Parrhasius zu Hand, auch nicht die Zeichenkunst des Koers Apelles: Die Künstlerhand wird unterliegen; der eine Vesuv allein hat diese Flammen besser gemalt.
>
> II.
> Hier, wo die kampanischen Wälle die wilden Stürme brechen und die Sirene sich von keinem Wüten ihres Vaters im Meere schrecken läßt, hier lagen noch eben die üppigen Hänge eines fruchtbaren Berges; vom Gipfel erstreckten sie sich nach allen Seiten und brachten das reinste Gargara vor Augen. Trotz der unzähligen Keltern konnte Bacchus kaum all der Trauben Herr werden, noch ließ das gepflügte Land nach der Ernte all sein Getreide in noch so großen Scheunen Platz finden.
>
> III.
> Jetzt ist diese Gegend verödet: Die Landschaft ist ihres Liebreizes beraubt, von Schmutz und eklem Moder überzogen: Unheilvolle Asche bedeckt die Felder: Losgerissene Marmorblöcke lasten allerorten auf dem nackten Hügel. Kein Waldesschatten fällt mehr von den vertrauten Eichen und Hagapfelbäumen kühlend über die nahen Täler herab. Der Weinberg trauert und hört auf, nach den Ranken zu suchen, an denen die berühmten Trauben nicht mehr hängen, und Ceres schmerzt es, daß die goldenen Saaten zugleich mit ihren verbrannten Ähren erstarben.
>
> VII.
> Als dieser Schrecken sieben Sonnenläufe und ebensoviele Nächte den gekrümmten Lauf der bebenden Küste entlang gewütet hatte, da kam noch ein Krachen aus dem tiefsten Schlund des Vesuvs hinzu: ein Krachen so gewaltig wie das Donnern im obersten Himmel, wenn Juppiters Blitz die aufständischen Giganten schreckt, oder wie der Knall der mit Pulver und

---

10 Dazu umfassend Kühlmann 1998/2006.
11 Kühlmann 2006 mit kompletter zweisprachiger Edition und genauer kontextueller Analyse.

Blei gestopften Röhren, wenn man sie zündet und auf hoch ragende Städte schießen oder Türme einschlagen läßt.

VIII.

Neapel spürte den Aufruhr und glaubte, über die schuldigen Lande käme nun der Tag ihres vorbestimmten Untergangs. Da verfluchte es die vertrauten Palastfluchten, die ihm gerade noch so wert gewesen waren, verhaßt wurden ihm die vergoldeten Balken und das mit babylonischem Purpur verbrämte Schlafgemach: Auf die Felder flohen alle in freiem Lauf, und dort hielten sie weder die Sonnengluten auf ihrem unbedeckten Haupt für lästig noch die Winde für schädlich, mußten sie auch unter freiem Himmel schlafen.

IX.

Welch große Kunst lehrt nicht die Angst! Sie, die früher erlesene Kassettendecken und mit warmer Feder gefüllte Bettdecken gewohnt waren, wagen jetzt, da ihnen die Furcht im Nacken sitzt, dem Frost und den stürmischen, kalten Dezemberwinden mit nacktem Körper zu trotzen, und im ungeschützten Wald scheuen sie nicht die dichten Regenwolken unter den winterlichen Sternen. Da müssen Stoa und Peripatos zurückstehen: Größere Kunst lehrt die Angst!

X.

Das waren die ersten Scherze des Berges, die die Stadt erlebte, die Ouvertüre der Lemnischen Werkstatt: Jetzt fängt der sizilische Schmied erst an, die wüsten Zyklopen zu ernster Arbeit anzufeuern. Hör auf, sie anzustacheln, Schmied, hör auf: Genug und übergenug haben sie schon angerichtet! Allein ihr Spiel hat mehr als Ernstes hervorgebracht. Vergebliche Wünsche! Unter so vielen Hämmern und Ambossen und Öfen hatte der Vesuv für Klagen taube Ohren.

XI.

Noch hatte die Erde nicht aufgehört zu beben, da zerbarst der Gipfel, und aus dem klaffenden Schlund brodelten wirbelnde Schwaden hervor. Niemals verdunkelte ein abscheulicheres Unwetter aus diesem grausigen Berg die Sterne: Wolken aus dichtem schwarzem Staub verdeckten den ganzen Himmel. Man hätte sagen können, die Berge und alle Bäume in den Wäldern seien zu Asche geworden, und das innerste Mark der Erde sei in den rasenden Flammen zu Funken zerstoben.

XII.

Dreimal zehn Tage verbrachte die Erde blind ohne den Kynthier, dreimal zehn Nächte blieb auch die Kynthierin müßig, während das Chaos in dem wilden Abgrund ungemindert einen endlosen Sturm aus schwarzem Staub aus seinem fruchtbaren Schlunde spie. Und die Sturmwolken stiegen auf kühnen Schwingen in die Höhe, um bald darauf unvermittelt in die Tiefe zu stürzen, und bedrohten so alle Felder und die Mauern aller Städte unversehens mit Verderben.

XIII.

Und die Asche begnügt sich nicht mit Furcht und Drohung: Ein wahrhaftiges Zerstörungswerk gegen die Natur bereitet sie vor. Die gesamten Felder überzieht sie unter dem donnernden Gewölk, die Städte ringt sie nieder, begräbt die Burgen, deckt die Hügel, ebnet mit kochendem Staub die Täler ein, füllt die See, bringt die Türme zum Einsturz. Proteus in der

Meerestiefe spürt die tödliche Asche, und staunend sieht er seine Herde in den aufgewühlten Wogen vor Hitze kochen.

XIX.
Doch während sich die erlahmenden Lavabrocken noch abmühen, in ihrem anmaßenden Flug noch höher zu steigen, stürzen sie unter furchtbarem Krachen zurück aus den hohen Wolken, hinab bis in die tiefen Täler, wo sie nicht nur Tamarisken und zähe (aber wenig standfeste) Ginsterbüsche zermalmen, sondern zugleich mit ihrem gewaltigen Gewicht Steineichen und hohe Sommereichen brechen und niederreißen. Nichts lassen sie ungeschoren: Ganze Mauern reißen die stürzenden Brocken ein und machen sie dem Erdboden gleich.

XX.
Das blaue Meer schluckt in seinem entsetzten Schlund wahre Mühlsteine, die aus der Höhe herabfallen, und es fürchtet schon, daß seine Untiefen mit Steinblöcken und sogar sein gewaltiger Abgrund mit ortsfremden Felsen aufgeschüttet werden könnten. Selbst auf entfernte Städte dehnt das dreiste Gestein seinen tödlichen Ansturm aus: Bis nach Nola fliegt es und bis nach Cumae und zu den Kaimauern von Baiae, und weiter über die Flanken des Garganus in Apulien hinweg, allen Wiesen eine einzige Verwüstung, allen Wäldern ein einziger Kahlschlag.

XXI.
Man hätte glauben können, daß so gewaltige Massen von Asche und Lavastein, wie sie sich aus dem Vesuv ergossen hatten, über dreihundert Bergwerke selbst großer Berge hätten ausleeren können: Und es war noch nicht einmal die ganze Masse dieses einen Berges! Noch immer rumort es im Vesuv, und er weitet seinen prallen Schoß, um noch größeres Unheil zu entladen, und mit Genuß gießt er aus seinem fruchtbaren Krater neues Verderben aus. Selbst in Lerna wächst es kaum üppiger, mögen auch aus der einen Hydra noch so viele Ungeheuer neu entsprießen.

XXII.
Denn wo sich der Gipfel des Berges zu einem unermeßlichen, unheilsschwangeren Höllenschlund öffnet, dort schleuderte Mulciber beständig flüssiges Feuer aus seinen fast schon geschmolzenen Öfen. Wie ich bei der Erinnerung schaudere! Wir sahen die Schlünde in schwefligen Flammen auflodern, über das hohe Bergesjoch überkochen und alle Wege im Flammenstrom erfassen. Man hätte glauben wollen, das Meer habe sich verwandelt, und das klare Naß sei zu brennendem Pech entflammt.

XXIII.
Doch gleich teilt sich der See aus schwimmendem Feuer in sieben Ausflüsse, in rascherem Fluß stürzt er nun über den Abhang und verwandelt sich in den gekrümmten Rinnen in Ströme aus Feuer. Nicht anders durchschweift auch der phrygische Maeander die gebogenen Fluren, und er müht er seine irrenden Wasser an den bald hierhin, bald dorthin sich krümmenden Böschungen ab. Doch er ist ungefährlich, und nur mit Wasser benetzt und umspült er seine Ufer: Unserer wütet und braust mit Feuergluten.

Wie unter anderem aus einem Gedicht an den Heidelberger Gefährten Julius Wilhelm Zincgref hervorgeht,[12] war Opitz vertraut mit den Dichtungen der französischen Pléiade (darunter Ronsard und Baif), in deren Werkradius Genera der lehrhaft-reflektierenden Poesie eine bedeutende Rolle spielten (dazu Pantin 1995; Keller 1974;Wilson 1974; Schmidt 1970; Weber 1956). Auffällige Resonanz im protestantischen Deutschland fanden aus diesem Lesehorizont die geistlichen Lehrepen des Hugenotten Guillaume Salluste Du Bartas (1544–1590), eines Kampfgefährten Heinrichs IV. Caspar von Barth verehrte ihn (dazu s. o.), und Opitz stellte seine Werke auf eine Ebene mit denen eines Vergil und Lukrez.[13] An Du Bartas' *Trionfe de la Foi* (›Triumph des Glaubens‹) arbeitete sich als Übersetzer der junge Johann Valentin Andreae (1586–1654) ab und ließ zu, dass seine holprigen Verse in Straßburg von einem Opitzianer (Christopherus Colerus/Köhler) bearbeitet wurden, bevor sie dort 1627 mit einem fünfstimmigen Choralsatz des Komponisten Thomas Walliser erschienen. Später legte in Zusammenarbeit mit dem renommierten Nürnberger ›Pegnitzschäfer‹ Sigmund von Birken (1626–1681) die bedeutendste deutsche Barockdichterin, Catharina Regina von Greiffenberg (1633–1694), zu diesem mehrteiligen erbaulichen Poem eine stilistisch ausgefeilte Übertragung vor, gedruckt 1675 in Nürnberg zusammen mit ihrem gegen die türkische Bedrohung gerichteten gläubig-aktivistischen Großepos (*Sieges-Seule der Buße und des Glaubens / wider den Erbfeind Christliches Namens*).[14]

Das intensive Bemühen um die deutsche Einbürgerung Du Bartas' führt mitten hinein in die Frühphase der wichtigsten literarischen Barocksozietät, der »Fruchtbringenden Gesellschaft« (gegründet 1617) unter ihrem ersten Leiter Ludwig von Anhalt-Köthen. Hauptgegenstand dieses Bemühens war Du Bartas' europaweit rezipierte große Genesisdichtung, die in Deutschland manche weit zurück ins Mittelalter reichende Vorläufer besaß. Du Bartas gliederte sein zweiteiliges Werk in ›Wochen‹: *La Sepmaine ou Création du Monde* (Paris 1583) und *La Seconde Sepmaine ou Enfance du Monde* (unvollendet, Paris 1583).

> Die erste Woche umfaßt die sieben Tage des Schöpfungsberichtes, die zweite Woche umfaßt die verbliebenen 6000 Jahre von Adams Fall bis zum Jüngsten Gericht. Von dieser zweiten Woche hat Du Bartas nur die ersten vier, Adam, Noah, Abraham und David gewidmeten Bücher vollendet. [...] Die einzelnen Gesänge der beiden Wochen sind von unterschiedlicher Länge, von rund 600 bis zu fast 1400 Versen.[15]

---

12 Opitz 1975, Zweiter Teil, S. 32–34; dazu Kühlmann 2001, S. 64.
13 Opitz 1624/2002, Kap. V: Zitat mit Übersetzung, S. 27 f.
14 Im Nachdruck vorliegend; s. u. das Literaturverzeichnis (Quellen).
15 Zit. nach Kemp 2004, S. 453; in diesem Aufsatz auch Weiteres zur europäischen Rezeption; zum Werk und Forschungsstand ergiebig Neuschäfer 2004, hier besonders zu französischen

Forschungen haben nachgewiesen, dass sich Du Bartas in seinem Schöpfungsepos unter anderem auf das *Hexaemeron* (neun Predigten) des Kirchenvaters Basilios von Caesarea (330–370 n. Chr.) stützte. Es war der anhaltinische Kammer- und Justizrat Tobias Hübner (1578–1636), nach Aufenthalten in Frankreich schon 1619 unter dem Beinamen »Der Nutzbare« Mitglied der »Fruchtbringenden Gesellschaft«, der sich etwa 20 Jahre lang, wenn auch nicht in der formalen Souveränität eines Martin Opitz, mit der Übersetzung von Du Bartas' Großepos beschäftigte, greifbar zunächst in Teilübersetzungen (1619), dann in der postum publizierten Vollfassung (1640), um deren Endreaktion sich Fürst Ludwig und Diederich von dem Werder gekümmert hatten.[16]

Ganz abseits dieser frommen literarischen Exerzitien im Geist des europäischen Calvinismus erlebten Vergils *Georgica* eine spektakuläre Wiederauferstehung in der Anleitungsliteratur der agrikulturellen Moderne, nämlich in einem vielbenutzten Grundwerk der (im weiteren Wortsinn) ›ökonomischen‹ Hausväterliteratur, das ihr Verfasser Wolf Helmhard von Hohberg (1612–1688)[17] sinnigerweise *Georgica Curiosa* betitelte und erläuterte: *Das ist: Umständlicher Bericht und klarer Unterricht Von dem Adelichen Land- und Feld-Leben/ Auf alle in Teutschland übliche Land- und Haus-Wirthschafften gerichte*t [...] (Nürnberg 1682; Neudrucke bis mindestens 1716. In der Nachfolge der antiken Epiker, als Verfasser einer an Claudian angelehnten *Unvergnügten Proserpina* (14.000 Verse, Regensburg 1661) und Autor eines historischen Epos (*Der Habspurgische Ottobert*, 40.000 Verse; Erfurt 1664),[18] legte Hohberg als Vergilius Redivivus in die zweite vermehrte Auflage seines Riesenkompendiums (1687, zwölf Bücher in Prosa), das er (so in der Vorrede) »vor mehr als 20 Jahren zuerst in Versen begonnen« habe, seine ältere deutsche *Georgica*-Version ein, die zum Beispiel auch Vergils Aristaeus-Epyllion (Buch IV) assimilierte, grundsätzlich aber die kruden Zweckmäßigkeiten des bäuerlichen oder adeligen Erwerbsbetriebs ohne idealisierende Umschreibungen in Verse transponierte (aus Buch VIII):[19]

Untersuchungen, und die Bücher von Reichenberger 1962 und 1963, außerdem Keller 1974, S. 107–140.

16 Zu den Werken und Titeln s. Literaturverzeichnis sowie Dünnhaupt 1991, Bd./Tl. III, S. 2175–2183; zu Hübner weiterführend Merzbacher 1997 und die Reflexe in der von Klaus Conermann und Mitarbeitern hg. monumentalen Edition der *Briefe der Fruchtbringenden Gesellschaft und Beilagen. Die Zeit Fürst Ludwigs von Anhalt-Köthen 1617–1650* (Bd. 1 ff. Tübingen 1992 ff.

17 Zu Werk, Leben und Forschung s. Dünnhaupt 1991, Tl./Bd. III, S. 2151–2159; Michael Schilling (*sub verbo*) in Killy/Kühlmann 5 (2009), S. 544 f.; immer noch grundlegend zu Hohberg Brunner 1969.

18 Dazu Rohmer 1998, S. 259–339, leider die Lehrepik ganz außer Acht lassend.

19 Brunner 1969, S. 196–198, das Zitat hier S. 197; eine Synopse mit Vergils Lehrgedicht fehlt, soweit ich sehe, und muss auch hier ganz außer Betracht bleiben.

> Der Mist sey wol gefault, soll nicht zu sehr eralten,
> Mehr trocken seyn als naß, so wird er gut gehalten.
> Es ist dem magern Land und ungeschlachten Grund
> Des Baumanns stäter Fleiß und Emsigkeit gestund.

Die *Vorrede an den günstigen Leser* (1687) gibt Auskunft über den Entstehungsprozesss und damit über die Erkenntnis, dass ein ausdrücklich für den Praktiker, den wohlhabenden Landmann, Hausvater und Gutsbesitzer, gedachtes Werk in den nun konzipierten Dimensionen und in seinem ausufernden Informationsgehalt kaum mehr mit den letzthin ästhetisch gewichteten und fachsprachlich limitierten Konventionen der lehrhaften Versdichtung zu vereinbaren war:

> JCH muß frey bekennen/ daß ein solch weitläufftiges Werck von der *Oeconomia* zu schreiben/ ich niemalen/ aber wol vor etlich und zwantzig Jahren die *Georgica* auf das kürtzeste Vers=weise aufzusetzen willens gewesen/ wie ich aber das letztere bald geendet/ und etlichen guten Freunden und Gönnern/ als sonderlich denen nunmehr beeden seeligen Kunst=liebenden und Unglückseeligen/ wie auch andern unterschiedlichen gewiesen/ und ihre Meynung verlangt/ haben sie ihnen zwar meine Arbeit nicht mißfallen lassen/ doch aber dieses beygefügt/ daß der gleichen *Scripta Didactica* besser und anmuthiger in freyer/ als gebundener Rede mögen gehalten werden; also daß ich nothwendig in *Prosa* Beymerckungen anhencken solte. Und ob ich wol ihrem Urtheil und Willen nicht widersprochen/ habe ichs doch zu vollführen viel Jahr aufgeschoben/ bis ich letzlich mich samt den Meinigen in die vornehme Kayserliche freye Reichs-Stadt Regenspurg begeben/ und allda
>
> - - - - *hospita Musis*
> *Otia, & exemptum curis gravioribus aevum*
>
> haben und geniessen können/ also indem ich die vorige gantze Zeit über/ allerley vornehme zur Wirthschafft gehörige Sachen/ theils aus guten bewährten allerhand Sprachen *Authoren*/ theils mit Beyhülff anderer guten Freunde/ nicht wenig auch aus eigner Beobachtung/ Fürmerckung und Erfahrung gesammlet/ habe ich mich endlich darüber gemacht/ und dieses Werck in *Prosa*, nach und nach in ein paar Jahren/ neben denen *prodromis ligato Sermone*, verfertigen/ und dem günstigen Leser hiemit *communici*ren und mittheilen wollen.

Zu beachten gilt es aber, dass Hohberg, die Tradition der Landlebendichtung, die er bis weit zurück zur frühen Antike bestens kennt, nicht endgültig verabschiedend, jedem seiner Bücher in Prosa einen ›Vorspann‹ (*Prodromus*) in gewandten lateinischen Versen vorausssschickt, jeweils kein schmales Proömium, sondern eine dem deutschen Prosatext parallel laufende Versabhandlung (jeweils ca. vier Seiten) in thematischer Konzentration: so vor dem ersten Buch eine Exposition zum Thema »Praedium«, vor Buch II ein Porträt des idealen Hausvaters (»Paterfamilias«) und analog dazu vor Buch III das der idealen »Materfamilias« samt Empfehlungen zur Ehelehre (S. 265–268; daraus im folgenden ein Auszug, zitiert nach der Edition Nürnberg 1695, S. 265 f.):

Ergo in campestres postquam introduximus aedes
Nuper Herum; sociam dabimus, Comitemque Laborum
Artibus instructam maternis, atque juventa
Et virtute probam, tenero quam pectore junget
Praecipuè DEUS, Hoc Duce namque benè omnia cedunt.
Fortunae hìc pietas ponat Fundamina prima,
Quâ sit, nil prosunt periturae Encomia formae,
Nil vel Divitiae, vel Avorum Gloria confert,
Aut Favor aut magni Spes non incongrua quaestus:
Ergo Virago ades, uxoris monumenta futurae
Excipe, te semper ducat Divina voluntas,
Arbitriumque Parentum unà, clàm nubere noli,
Nevè oculos sequere incautos, addantur & aures.
Labile Forma Decus, Pietas, Prudentia, Virtus,
Conciliare Virum debent, Electio tuta haec.
Si te igitur tale [so!] DEUS est dignatus Honore,
Ex propria Donum hoc temerè non abjice culpâ,
Artis opus, retinere sibi, stabilique locare
Sede Bonum acceptum, Vanum & Variabile Mundus.
Gnata DEI unius Constantia creditur esse,
Quae non mutatur, velut immutabilis Ipse est.
Ergò precare DEUM, vobis immittat Alumnam hanc.
Inde Operam nova, nunquam immemor, esse jubenti
Parendum usque Viro, quod si Is sapiensque bonusque,
Haud absurda petet, fas ergò ut jussa capessas.
Si malus, insipiens, stolidus, qui Incendia litis
Ex facili rapit, Haud tu primâ fronte negabis
Contendesque diu verbis, magis asper in iras
Ut praeceps eat, at postquam deferbuit ardor,
Mollibus instituas verbis, clementer inhaerens,
Et placidè referens; quae hinc emergentia vobis
Damna timenda olim, & meliori tramite duces.[20]

---

20 *Übersetzung*: Nachdem wir also eben in die ländlichen Gebäude den Herrn eingeführt haben, werden wir ihm eine Gefährtin und Helferin der Arbeiten dazu geben, gebildet in mütterlichen Fertigkeiten, durch Jugend und Leistung ausgezeichnet, die vor allem Gott ihm mit einem zarten Herzen verbinden wird, denn unter seiner Leitung gedeiht alles gut. Die ersten Fundamente des Glücks soll die Frömmigkeit legen; wo sie herrscht, nützen nichts Lobsprüche auf die hinfällige Schönheit, tragen nichts bei Reichtum oder der Ruhm der Ahnen oder Gunstbezeigungen oder die nicht unangemessene Hoffnung auf großen Gewinn. Also steh' zur Seite als tapfere Jungfrau, nimm an die Zeichen einer künftigen Mutter, dabei soll der göttliche Wille dich immer führen, auch das Urteil der Eltern, heirate nicht heimlich, folge nicht unvorsichtigen Augen und höre auf das, was gesagt wird. Schönheit ist eine wankende Zier, Frömmigkeit, Klugheit und Tüchtigkeit sollen dir deinen Mann verschaffen; dies ist eine sichere Wahl. Wenn dich Gott also solcher Ehre würdigt, weise dieses Geschenk nicht aus eigener Schuld zurück. Es ist eine Kunst, das empfangene Gute für sich zurückzuhalten und an einem festen Wohnsitz

Im weiteren Umblick zeigt sich, dass solcherart streng klassizistische Adaptionen der der normstiftenden antiken Lehrepik im deutschsprachigen Schrifttum des späteren 17. Jahrhunderts eine Ausnahme bildeten. Anders in der internationalen lateinischen Jesuitenliteratur. Hier erfreuten sich variable Möglichkeiten der deskriptiven und didaktischen Poesie, geschrieben in Hexametern oder elegischen Distichen, einer bleibenden Attraktivität, wie sich etwa ablesen lässt an einer ordensbezogenen Anthologie (*Poemata Didascalica*. 2 Bde. Paris 1749). Die Reihe der religiös-meditativen Großepen führte im katholischen Deutschland inmitten eines weitläufigen Werkzusammenhangs fort der in Köln lehrende Jesuit Jacob Masen (1606–1681). In seiner zu Unterrichtszwecken abgefassten Poetologie (*Palaestra Eloquentiae ligatae*, 3 Tle./Bde., zuerst Köln 1654–1657) druckte er im zweiten Teil seine *Sarcotis* ab (spätere Separatausgaben unter anderem London 1753; Paris 1757, im 18. Jahrhundert auch Übersetzungen: Treviso 1769), drei Bücher (2486 Verse) über Sündenfall und Erlösung des Menschen, ein literarisches Mittelglied zwischen Du Bartas und John Milton.[21]

Bei den führenden Jesuiten dominierten thematisch aktualisierte und, wie etwa anhand von Bisselius' spektakulärer Jahreszeitendichtung (dazu s. o.) zu studieren, in der textuellen ›Inventio‹ um Abwechslung bemühte Konzepte. Dies gilt auch für den wohl genialsten deutsch-lateinischen Dichter, für den meist in Bayern wirkenden Jacob Balde SJ (1604–1661).[22] Sein Zyklus von 22 Medizinersatiren (*Medicinae gloria*, 1649)[23] oder auch die mancherlei Astronomica einbezie-

---

einzurichten, eitel und wankelmütig ist die Welt. Beständigkeit gilt als Tochter des einzigen Gottes, die sich nicht ändert, so wie auch er selbst unveränderlich ist. Also bitte Gott darum, euch diese Tochter zu senden. Daraufhin geh wieder an die Arbeit, niemals vergessend, immer dem Befehl des Mannes zu gehorchen. Wenn er nun weise und gut ist, wird er nichts Absurdes verlangen, sodass es recht und billig ist, wenn du seine Befehle aufgreifst. Wenn er nun böse, dumm, töricht ist und leichtfertig den Brand des Streites auflodern lässt, wirst du ihm nicht sofort stracks widersprechen und lange mit Worten zanken, mag er sich auch noch hartnäckiger zu Zornesanfällen hinreissen lassen. Aber wenn dann die Hitze abgekühlt ist, sollst du ihn mit weichen Worten belehren, dich sanft an ihn hängen und friedlich darauf hinweisen, welcher Schaden euch künftig daraus zu befürchten sei, und wirst ihn auf einen besseren Weg führen.

21 Die Masenforschung hat sich nicht mit dem Epos (elektronisch erreichbar), sondern fast ausschließlich mit seinen Dramen und seinen wichtigen Beiträgen zur Emblem- und Argutiatheorie beschäftigt; dazu der Überblick in dem Artikel (*sub verbo*) von Franz Günter Sieveke in Killy/Kühlmann 8 (2010), S. 28–31.

22 Die der Neuausgabe (1998, S. *17–67*) der großen Biografie von Westermayer 1868 beigedruckte so gut wie komplette Bibliografie der Editionen, Übersetzungen und Forschungen bildet derzeit den besten Zugang zum Gesamtœuvre.

23 OPO 1729, Bd. IV, S. 367–437; Übersetzung in Prosa mit wertvollem Kommentar von Johann Baptist Neubig. 2 Bde. München 1833; dazu Classen 1976, Behrens 1986 und Wiegand 1992 bzw. 2005.

hende Polemik gegen die von der Sonnenfinsternis des Jahres 1654 ausgelösten Ängste (*De eclipsi solari [...] Nunc vero Tubo Satyrico perlustrata Libri Duo*, 1662)[24] warfen wie vorher schon viele Oden Schlaglichter auch auf Baldes kultur-, wissenschafts- und ideengeschichtliche Interessen, die fast durchweg von einer zeitkritischen, alle Facetten der Ironie auskostenden Grundhaltung geprägt sind. Baldes stellenweise geradezu verächtliche Abrechnung mit der vulgären Astronomie und dem grassierenden apokalyptischen Aberglauben stellt sich dar in einer opulenten Kombination von wissensspezifisch und historisch informierendem Prosateil (als Dialog konstruiert), der folgenden ausladenden Versdichtung in Hexametern (Partes I–V, gegliedert in durchnumerierte Versgruppen) und einer abschließenden Inhaltsangabe dieser Dichtung in ebenfalls durchnumerierten Prosa-Periochae«, die dem Leser offenbar auch das Auffinden bestimmer Stellen, darunter mancher unerwarteter Exkurse erleichtern sollten. Der poetische Teil verfährt nicht nur reflektierend und argumentativ, sondern ergeht sich auch, bisweilen scheinbar regellos und assoziativ, in Genreszenen mit wiederholten sarkastischen Anspielungen auf apokalypptisch verängstigte Größen vor allem des 16. Jahrhunderts (wie Luther und Michael Stiefel), die bis ins Groteske getrieben werden können. Feste gattungstypologische Begriffe wie der auch hier von Balde noch hilfsweise benutzte Terminus der ›Satire‹ haben bei diesem und ähnlichen Werken kaum mehr schlüssige Anhaltspunkte. Den weiteren literarischen, diskursiven bzw. epistemologischen Horizont zu diesem in seiner Konzeption einzigartigen Opus maximum Baldes bildet nicht nur die ältere astronomische Lehrepik, sondern auch die gerade im frühen 17. Jahrhundert anschwellende Kometenpublizistik (darunter auch Dichtungen),[25] demnach ein durchaus vielgestaltiges Textfeld, das in verschiedenen Graden der ›Popularisierung‹ das Wissen von Astronomie (bzw. Meteorologie) und Theologie in Anspruch nahm und informativen, prognostischen und moralischen Appellwert vereinigte. Auch Balde hat sich in Pars V, Nr. 50, seiner Großdichtung exkurshaft besonders mit dem Kometen von 1618 beschäftigt und sprach generell den Kometen einen weit größeren prognostischen Wert als den einer Sonnenfinsternis zu; auch hier nutzte der Jesuit den beliebten Kunstgriff, das Naturgeschehen allegorisch dergestalt zu überblenden, dass die Sonnenfinsternis zum Zeichen für den eigenen Tod oder auch für jene »mystica Caligo« wird (S. 294 f. der Periochen, Nr. 53–55), die das Leidensdrama auf dem Kalvarienberg verdunkelt.

---

24 OPO 1729, Bd. IV, S. 124–298; zu diesem Werk (bisher ungenügend gewürdigt) s. den Aufsatz von Faller 2005; zu Baldes auch hier dokumentiertem, höchst weitem und viele Textfunktionen kombinierendem Verständnis von ›Satire‹ instruiert die Studie von Behrens 1986.
25 Dazu umfassend von Zimmermann 1999, Zeller 2000, Martin 2004 und Gindhart (2006).

Aktuelles medizinisches Wissen kam bei Balde unter anderem zur Geltung, indem er sich in der zwölften seiner Medizinersatiren (»Vesalii anathomici praestantissimi laus. Contra atheos«) zum Beispiel Vesalius' anatomischen Erkenntnissen (*De humani corporis fabrica libri septem*, 1543) in einer Meditation über das menschliche Skelett zuwandte, dabei zugleich ausholte zu einem weiten anthropologisch-dogmatischen Exkurs über die psycho-physische Komplexität des Menschen im Kontrast zwischen seiner irdischen Verfassung und gleichzeitig himmlischen Bestimmung wie geistigen Würde. Auch hier verbinden sich Vorstellungen der satirischen Abrechnung (hier gegen die ›Atheisten«) mit der rühmenden Würdigung aktueller Wissensfortschritte (in der Imagination eines Anatomiesaals), die allerdings in den abrupten Lichtwechsel von göttlich-schöpferischer Würde und Allmacht bzw. menschlicher-lasterhafter Hinfälligkeit gerückt erscheinen:[26]

> [...] Fernelius interea me
> Vesaliusque aliquis privam duxisset in aulam,
> In qua spectandum per singula membra cadaver
> Distinctosque tomos avolsa carne dedisset.
> Ut caput et collum costaeque et venter et ossa
> Articulique pedum et varia internodia crurum
> Nexibus inter se miris aptata cohaerent!
> Emicat in parvo divina potentia mundo.
> Ardua cernenti metricus miracula truncus
> Exhibet et summi figuli commendat honorem.
> Religione tremo. Sacer horror concutit artus.
> Formidata eadem placet irritatque voluptas.
> Quid mihi Circensem jactas Romana libido,
> Curve cruentatas populi crudelis arenas?
> Stent licet Augusti Trajanorumque columnae,
> Et Sixti medias obeliscus dividat auras;
> Omnia Vesalii statuae spectacula vincunt.
> In quibus utilitas an delectatio major?
> Heic contemplari generis primordia nostri
> Ac finem liceat. Quod eris, quod es atque fuisti,
> Hinc discas. Nam non homo monstrat, homuncio quid sit.
> Istae sunt latebrae, quas spes, dolor, ira, timores,
> Et cum tristitiis habitarunt gaudia. Vultus
> Hic potuit lenae placuisse? Foramina bina
> Sunt oculi, per quae nondum nudata Cupido
> Intendens arcus plumbum trajecit et aurum.
> Haec fodit stimulis, haec vertebra torsit amantes.
> Quis credit veteri subducta pelle decori?

---

26 Zitiert Balde, OPO, Bd. IV, S. 408 f. mit der Übersetzung von Wiegand 1992, S. 261.

> Heu! breve ver longaeque hiemes! Mutatio quanta!
> Quae nunc forma viri! Speculo juveniliter usus
> Nunc ipse est speculum speciemque ostendit inanem.
> Nimirum domus est animae pulcherrima, Corpus,
> Donec eam spirans impleverit incola vita,
> Fabra manet laetumque nitens et commoda sedes.
> Post mortem, simul emigrat dulcissimus hospes,
> Mandra fit et gelidis umbrarum pervia flabris ...[27]

Eingefügt in diesen Zyklus ist auch (Satire 8) ein wissenschaftsgeschichtlich hochinteressanter *Illustrium Medicorum Catalogus I. cum encomiis praesertim Magni Fernelii*.

Bereits in den späten 1950er-Jahren begann Balde mit seiner Arbeit an seinem letzten großen Werk, einem monumentalen, auf drei Teile angelegten Elegienzyklus, von dem – nach Schwierigkeiten mit der Ordenszensur – nur der erste Teil erscheinen konnte (*Urania Victrix*. München 1663).[28] Wie Baldes *Isagoge* dort

---

27 *Übersetzung von Hermann Wiegand*: Unterdessen hätte mich Fernel oder ein Vesalius in seinen privaten Saal führen können, um mir dort ein Skelett, seine einzelnen Glieder und Teile zu zeigen, da das Fleisch entfernt ist. Wie genau passen Haupt, Hals, Rippen, Bauch, Knochen, Fuß- und Schenkelgelenke in wundersamer Fügung zusammen! In der kleinen Welt strahlt die göttliche Allmacht! Dem Betrachter bietet der wohlproportionierte Rumpf einen staunenswerten Anblick und leitet ihn an, den höchsten Schöpfer zu preisen. Ich bebe vor Ehrfurcht und ein heiliger Schauer erschüttert meine Glieder! Dieselbe Wonne entzückt mich und läßt mich schaudern. Was rühmst du mir, römische Gier, das Vergnügen des Zirkus, und warum die blutdurchtränkten Arenen des grausamen Volkes? Mögen auch die Säulen des Augustus und der Trajane ragen, oder der Obelisk des Sixtus die höchsten Wolken teilen, all diese Schauspiele übertreffen die Statuen des Vesalius. Ist in ihnen Nutzen oder Vergnügen größer? Hier kannst du Anfang und Ende unserer Art erblicken. Was du sein wirst, bist und warst, vermagst du hier zu erfahren. Denn der Nicht-Mensch zeigt, was das Menschlein ist. Dies also sind die Höhlen, die Hoffnung, Schmerz, Zorn, Ängste, Freude und Trauer bewohnten. Konnte dieses Antlitz der Buhlerin gefallen? Die zwei Öffnungen sind die Augen: Durch sie schoß einst, als sie noch nicht entblößt waren, der Bogenspanner Cupido Blei und Gold. Dieses Glied wühlte mit seinen Reizen die Liebenden auf und quälte sie. Wer könnte der alten Schönheit nun, da die Haut abgezogen ist, noch trauen? Wehe! Ein kurzer Frühling und lange Winter! Welch große Wandlung! Wie ist jetzt die Gestalt des Mannes beschaffen! Er, der sich in seiner Jugend des Spiegels bediente, ist nun selbst Spiegel und zeigt die Vergänglichkeit der Gestalt. Freilich ist der Körper die überaus schöne Wohnstätte der Seele. Solange ihn der Lebenshauch als Einwohner erfüllt, bleibt er ein meisterlicher, schön glänzender und bequemer Sitz, nach dem Tod aber, sobald der süßeste Gast auswandert, wird er ein Stall, der vom kalten Hauch der Schatten durchweht wird ...

28 Vgl. die zweisprachige kommentierte Teilausgabe (Buch I und II) von Claren u. a. 2003. Aus meiner Einleitung dieses Bandes entnehme ich hier einige Passagen, ohne die dort im Detail abgehandelten Einzelheiten zur Entstehung, zu den Quellen, zur spezifischen Geistigkeit und zur Rezeption dieser Dichtung.

erläutert, fungiert Urania als allegorische Sprecherinstanz und weibliche Verkörperung der auf ihre himmlische Bestimmung verwiesenen Seele des Menschen. Sie hat sich letzthin »siegreich« gegen Zudringlichkeiten der um ihre Gunst werbenden fünf Sinne zu wehren. Jeder dieser Sinne (*visus, auditus, odoratus, gustus, tactus*) wird in drei Liebesbriefen vorgestellt, die jeweils von Urania argumentativ aufgegriffen und ablehnend beantwortet werden. Was die Sinne jeweils in der Alltagswelt, im Zusammenhang sozialen Handelns oder auch in der explorativen Neugier von Wissenschaften und Erkenntnisvorgängen bedeuten und was sie an möglichen Reizen und Erfahrungen allererst ermöglichen, lässt Balde immer wieder nicht nur von einer abstrakten, einer blassen Sprecherstimme artikulieren, sondern auch in der appellativen Selbstdarstellung typologisch charakterisierter Figuren zu Wort kommen. So wenn etwa im Dienste des Visus der Maler Cinna (I, 3) und ein Mathematiker und Astronom (I, 5), im Dienste des Auditus ein Musiker (II, 3) oder für das Anliegen des Gustus sogar Rumpoldus Caracalla, »Coquus Palatinus« (IV, 3), zur Feder greifen. Zu denen, die um ihre Hochzeit mit der christlichen Seele werben, gehört in der Reihe der Berufs- und Ständevertreter auch ein Apotheker (III, 3). Sein Werbebrief, der Vorzüge der Person und Profession des Schreibers, aber auch dessen üppiges Angebot an Spezereien, Zubereitungen und Exotica aller Art, dazu das reichhaltige Laborgerät herausstreicht, gehört zu dem Buch III, das dem Geruchsinn (»odoratus«) gewidmet ist.[29]

Mit Darstellungselementen einer prosopopoetischen Ständerevue verleiht Balde den verlockenden Stimmen der sinnlichen Versuchung soziale Glaubwürdigkeit und unterstreicht damit ein immer neu ansetzendes Plädoyer für die von christlicher Weltflucht unbeeindruckte Rehabilitation, ja Attraktion der natürlichen, der spontanen und von selbstverständlicher Subjektivität gesteuerten Sinnesvermögen und Sinnesleistungen. Oft nur mit einiger Mühe und im Wechsel der thematischen Schwerpunkte gelingt es Urania, Leitfigur programmatischer Erlösungsbedürftigkeit und Weltflucht, den Primat christlicher Heilssorge zu behaupten und den Blick auf Phänomene der historisch wie anthropologisch bedingten Sündhaftigkeit zu lenken, als deren Reizmittel, als deren Instrument und gleichsam Einfallstor die Sinnesausstattung des Menschen betrachtet werden soll. Dabei geht es Balde offenbar auch um die ›novitas‹ des Themas und die Originalität der poetischen ›inventio‹, hatte er sich doch selbst in seinem Traktat *De studio poetico* (1658) ausdrücklich gegen die auch im jesuitischen Schulhumanismus um sich greifende Geistlosigkeit einer auf sprachtechnische Handgriffe verengten Nachahmungsdoktrin gewandt.

---

29 Dazu Kühlmann 2009; ergänzend zur weiteren Erschließung des großen Zyklus nun die Studie von Christes 2005 zu V. 6.

Baldes *Urania*-Zyklus wirkt in seinen Briefpaaren jeweils wie ein Rededuell ›in utramque partem‹, und der angestrebte Triumph frommer Selbstbewahrung vollzieht sich nicht im Flug über die Wirklichkeit hinweg, sondern mitten in einer dichterischen Welt, die in der Lust der Wahrnehmung und Empfindung, in der Macht des Begehrens und im Fortschritt des Erkennens und der Wissenschaften unweigerlich die psychophysische Ganzheit des Menschen, damit die im Individuum angelegte Konflikthaftigkeit der Willenslenkung und Handlungsmotivation bestätigt. Baldes poetische Verschmelzung von klassizistischer Verskunst und frommer Allegorese entpuppt sich so, wie sich in vielen Einzelzügen bestätigt, auch als ein Kunstgriff des versierten Satirikers, als Medium schonungsloser Zeitkritik, als ästhetische Möglichkeit, jene Welt in ihrer eigenen Logik und im Licht ihres eigenen neuzeitlichen Selbstruhms zur Sprache zu bringen, von der sich der Dichter offensichtlich aber nicht abkehren will, ohne sie dem Leser in farbigsten Schilderungen und in gefährlicher Suggestion vorgestellt zu haben. In der Rede des »Visus« an Urania wird zum Beispiel das Wunder des Auges so vorgestellt (Auszug aus I, 1): [30]

> Wer immer die Wunder meines Baues prüft, wird wohl beschämt eingestehen müssen, daß er sie nicht angemessen zu rühmen vermag. Aristoteles weiß es nicht und Galen ist unschlüssig und scheut davor zurück zu entscheiden, ob mein Nutzen größeren Dank oder meine Schönheit größere Anerkennung verdient. Ich schütze das Haupt als wachsamer Beobachter hoch oben auf der Burg, und immer stehe ich in deinem Auftrag Wache. Sanft krümmen sich die Brauen zu schlanken Bögen: Der dich behütet, steht nicht ohne Waffen bei dir. Ein schützender Stern ist vorne außen angeheftet. So kann jeder, der vorbeigeht, wissen, daß an diesem Ort *Urania* wohnt. Hier wache ich – du verwehrst es mir ja auch nicht – und lasse als getreuer Gefolgsmann zu dir herein, was immer du zu haben begehrst. Doch um mich nicht täuschen zu lassen, schleudere ich mein Geschoß bald gerade, bald drohe ich mit ihm seitlich aus der Nähe, doch nicht weniger scharf. Ajax prahlte mit den Häuten seines siebenfachen Schildes; auch ich bin durch *sieben Hüllen* geschützt. Drei sind dir vor den anderen lieb, denen *Netz*, vom dichten Licht das *Horn* und die *Traube* ihren Namen gegeben. Dergleichen kämmen nicht die Chinesen von der weichen Baumwolle; dergleichen brachte nicht die vom Daumen der Phryger geführte Nadel zustande. Doch auch das feine Innerste des Spinnengewebes könnte sich damit nicht messen noch auch die in dichte Kreise geschlungenen Fäden an der Spindel. An unsere Pupille zu stoßen, ist eine schwere Kränkung. Mit dem Finger an die Stirn zu schnippen, wird als Scherz gelten.
> Außerdem ist nichts schneller als der Strahl des Auges. Ihm kommt nicht der parthische Schleuderer gleich und nicht der arabische. Er eilt dem leuchtenden Blitz voraus, den die Wolke entsendet, und trifft in einem Augenblick auf die Sterne in der höchsten Höhe. Das Weib vor allem rüstet sich mit unseren Waffen, weil ihr unkriegerisches und hilflo-

---

30 Zit. nach der Neuausgabe von 2003, S. 57–63, Abs. 2–7 (V. 13–110), ohne den dort edierten lateinischen Text; zum Vergleich der baldeschen Sinnesphysiologie mit dem Frühaufklärer Brockes s. Kühlmann/Seidel 1999.

ses Geschlecht ihr andere Waffen versagt. Sie kämpft mit ihrem Blick, wenn sie sich tapfer zeigen will. Mit ihm schleudert sie wie aus einem Köcher blitzende Geschosse. Einmal geschleudert, dringen sie ins Innerste einer leidenschaftlichen Brust und durchzucken schnell wie der Blitz das Herz.

Stell dir ein Gesicht vor, das an jeder Stelle reizend ist. Wenn es keinen Blick hat, ist es häßlich; trifft es kein Blick, ist es nicht vorhanden. Ungestalt ist der neugeborene Welpe, der am allen gemeinsamen Himmelslicht nicht teilhat; hört er jedoch auf, blind zu sein, findet er Gefallen. Ein gering geachtetes Tier ist der Maulwurf, die scharfsichtigen Luchse hingegen werden gerühmt und ziehen den Wagen des Bacchus – ein gar nicht gemeines Los. In trauriger Nacht erquicken von fern die Himmelsfeuer. Die Sterne sind deine Augen, du schönes Firmament. Sieh dir den Pfau an: Was denn ist schöner als er? Kein Wunder: Er zeigt, wenn er sich spreizt, meine Augen. In mir haben sich die Geister der Lebensfreude niedergelassen. Hier wohnen die Charitinnen, hier auch der heitere Amor.

Von hier fließen die Tränen: wenn du sie kläglich vergießt, verliert der Schmerz seine Macht und wird fortgetragen. Glaub mir, es gibt kein kostbareres Naß als dieses. Ein einziger Tropfen vermag oft Gott umzustimmen. Sooft die Reue diesen Nektar der Himmlischen ausschenkt, fängt ein Engel ihn in der Schale auf und trinkt ihn selbst. Es tränen auch die Weinreben und tun es uns mit Ergötzen nach. Durch diese Tränen lacht süßer die Traube.

Warum wird alles, was teuer ist, an meinem Wert gemessen? Und weshalb wird eine vorzügliche Gabe dadurch doppelt wertvoll? Wenn eine Stadt *erhaben* ist, wird sie *des Reiches Augapfel* genannt, entsprechend auch ein schönes *Rathaus* auf weitem Marktplatz Augapfel der Stadt. Euryalus, der von Nisus, oder Pylades, der von Orest geliebt wird, sagt: »Meine Augen gehören meinem Freund.« Mit diesem Teil des Körpers wird niemand auch nur im geringsten Scherz treiben wollen, mag er andererseits den Rücken ständig grausam mit Schlägen traktieren. Wenn der Gladiator unerschrocken die sandgelbe Arena betritt und sich in den bewaffneten Nahkampf mit dem Gegner einläßt, dann schont er seine Hände nicht, er stellt sich ihm mit seinem Leib entgegen, alle Glieder benutzt er zum Kampf: doch seine Augen nimmt er wohl in Acht. Gesetzt er siegt – sind sie verletzt, dann klagt er doch über sein Siegeslos und würde lieber mit gebrochenem Bein unterlegen sein. Bei mir finden sich Freuden und tausend Reize; tausend Genüsse erhascht meine kleine Pupille.

Durch meine Fenster schaust du doch gewöhnlich voll Freude hinaus und genießt die angenehme Beschaffenheit der Welt. Um sie genießen zu können, ist dir mein *Nerv* von nutzen, alle Wonnen verschafft dir der *Sehnerv*. Welch Schmerz! Eingefügt in die Glieder des menschlichen Körpers bist du geradezu in einem gräßlichen Gefängnis eingeschlossen und verborgen. Du erträgst den bitteren Überdruß am gegenwärtigen Leben und mußt Finsternis dulden an einem unwürdigen Ort. Doch der Gesichtssinn ist zur Stelle, er öffnet die Pforten, vertreibt die traurige Angst und erleichtert zu einem großen Teil deinen Verdruß. Ach, wie oft wünschtest du, in der langwährenden Finsternis der Nacht versunken, daß ich dir die Wiederkehr des Tages erschließen solle! Ach, wie oft, wenn schon der Hahn mit seinem Kamm als Bote der Leukothea krähte, hießest du mich wachen! »Erwache!«, so rufst du; »wie lange Zeit schläfst du schon? Genug Schlaf wurde dem Dunst und der Finsternis gewährt.« Kaum öffne ich dir daraufhin die elfenbeinhellen Tore deines Gesichts, kaum bewegt sich zuckend das Lid, das den Schlaf abgestreift hat, sogleich, während ich noch blinzle, begrüßt du Aurora und freust dich über den weiteren Himmelsraum. Du erkennst das Hin und Her, Strebungen und Gegenstrebungen des Volkes, was hier unsere alte und was die Neue Welt treibt. Es bedeutet schon etwas für dich als Gefangene, dich im Spiegel, dem Abbild der verschiedenen Dinge, über deine Trauer hinwegtäuschen zu können. Wer führt dich hinaus auf die von Ähren gelben Felder und auf die Wiesen, die von Gewässern überflutet und genetzt werden? Wie erkennst du, daß sich blumengeschmückte Gärten zeigen und weiße Lilien sich mit roten Rosen mischen?

Auch im protestantischen Bereich brach die Linie der lateinischen Lehrepik vorläufig noch nicht ganz ab. Dies lässt sich ablesen etwa an der neuerdings von Karl Wilhelm Beichert vorgelegten meisterhaften Edition und Werkbiografie (2010) über den vorwiegend an der Bremer Domschule wirkenden Kantor Nicolaus Bähr (1639–1714), der inmitten eines weiten Schaffensradius (deutsch und lateinisch) eine *Ornitophonia. Sive harmonia melicarum avium, Iuxta Naturas, Virtutes et Proprietates suas* (Bremen 1695) vorlegte: eine in Distichen verfasste Lehrdichtung (Verse der Bücher jeweils neu durchgezählt) über die einheimische Vogelwelt, in der nicht nur die älteren ornithologischen Kompendien sorgfältig ausgewertet, sondern sogar mit besonderer Vorliebe die Eigenart und Melodie der verschiedenen Vogelgesänge und anderer Naturlaute literarisch charakterisiert, manchmal sogar onomatopoetisch abgebildet werden. Das Ganze ist virtuos zugeführt auf eine abschließende Ode von 20 Strophen, die sich beispielsweise so anhören (Str. 7, ed. Beichert, S. 399, von ihm auch ebd. die folgende Übersetzung):

> Sic Fistula ducis est *Merula*,
> Coeli petens Concava coerula;
> Cum *Gryllis*, *Fringillis*,
> Canoris, sonoris,
> *Cicada* fit stridula, querula.[31]

Indem vorher nacheinander der Lebensraum und die Lebensweise vieler Vögel fast akribisch aufgerufen und beschrieben werden, stellt sich dieses denkwürdige Opus nicht nur in ein genuin fachspezifisches Textfeld, hier mit ornithologischen Anspruch, verfolgt nicht nur immer wieder klar umrissene Diskurse (darunter die Opposition von Freiheit und Gefangenschaft), sondern assimiliert auch ehrwürdige Traditionen unter anderem der christlich akzentuierten Landleben- und Jahreszeitendichtung, was sich etwa in dem Epyllion zum Lob der Lerche (S. 142–183!) verfolgen lässt (zit. V. 101–118, S. 148 f.):

> Est tua vox etiam laeti praenuncia Veris,
> Venturum veluti nunciat illa diem.
> Te cantante suo surgit gens rustica lecto,
> Te veniente salit laetitia omnis ager.

---

31 *Übersetzung*: So ist eine Hirtenpfeife die Amsel, die zum blauen Gewölbe des Himmels hinaufklingt; mit den Grillen und Finken, den sangeskundigen, wohlklingenden, singt die Zikade schwirrend, klagend.

Te monitore suas brumaeque rigore vacantes
   Rustica plebs operas continuare studet.
Incipiunt steriles terrae revirescere campi,
   Demonstrantque suum gramina semen agri:
Veris adest, inquit, tempus, jam cantat Alauda,
   Jam cantando suum laudat Alauda DEUM!
Nunc veteres operas, nunc fas iterare labores,
   Nunc rus utilibus bobus arare decet.
Surgere fas lecto, dudum jam cantat Alauda,
   Jam cantu pigros excitat illa viros.
Alis tu tremulis supremum Numen adoras,
   Cumque tremore DEUM nos coluisse doces.
Inter cantandum pedetentim surgis in altum,
   Plena timore DEI, plenaque laetitia.[32]

---

[32] *Übersetzung von Karl Wilhelm Beichert*: Deine Stimme ist auch der Vorbote des Frühlings, so wie sie auch den kommenden Tag meldet. Wenn du singst, erhebt sich das Bauernvolk von seinem Bett, wenn du kommst, hüpft vor Freude jedes Feld. Auf deine Ermahnungen hin bemüht sich das Landvolk, seine Arbeiten, die durch die Erstarrung des Winters ausgesetzt waren, fortzusetzen. Die leeren Felder der Erde beginnen erneut zu grünen und die Pflanzen des Feldes zeigen ihre Triebe. »Die Zeit des Frühlings ist da, sagt [das Volk], »schon singt die Lerche, schon lobt durch ihr Singen die Lerche ihren GOTT. Jetzt ist es Recht, die alten Mühen, jetzt die Arbeiten wieder aufzunehmen, jetzt gehört es sich, das Land mit nützlichen Ochsen zu pflügen. Es ist recht, aus dem Bett aufzustehen, schon längst singt die Lerche, jetzt weckt sie mit ihrem Gesang die trägen Männer auf.« Mit zitternden Flügeln betest du die höchste Gottheit an, und lehrst uns, unter Zittern GOTT zu verehren. Während des Singens erhebst du dich nach und nach in die Höhe, voll von GOTTESfurcht, voll von Freude.)

VIII Ausblick

Damit ist zeitlich und in der Sache das hier angestrebte Darstellungsziel wenigstens in provisorischen Umrissen und Andeutungen erreicht. Die Geschichte der lehrhaften, im Prinzip handlungslosen, oft deskriptiven Dichtung, auch des ehrwürdigen Lehrepos, geht weiter und führt den Leser nach der Wende zum 18. Jahrhundert zu einer massenhaften Produktion und Ausbreitung der einschlägigen Literatur. Die Faszination der ›new science‹ (Galilei, Newton u. a.), die vom Bewusstsein des Wissensfortschritts geförderte Abrechnung mit ›abergläubischen‹ Residuen (etwa der Kometenfurcht in Abraham Gotthelf Kästners *Philosophischem Gedicht von den Kometen* (1744; s. Grimm 1983, S. 703–770; Baasner 1991), die Imagination eines offenen Weltraums mit fernen Sternenbewohnern (Christlob Mylius), die von Christian Wolffs Philosophie postulierte Einheit von Vernunft und Tugendhabitus mit innerweltlichen Glücksversprechen, all dies waren zusammen mit der Formation eines neuen Laienpublikums wichtige Faktoren, welche die Ausbreitung der Lehrdichtung während der Frühaufklärung (ca. 300 Titel zwischen 1730 und 1760) als komplexes Phänomen poetischen Wissenstransfers erkennen lassen (s. Albertsen, Jäger, Siegrist, Grimm). Brockes' Sammlung *Irdisches Vergnügen in Gott* (9 Bde., 1721–1740) zeichnete in der Interferenz von Alltagserfahrungen und pathetischer Vergegenwärtigung einer deistischen Kosmologie das vom Nutzgedanken gestärkte Vertrauen in die gottgewollte Erschließung der sinnlichen Objektwelt. Gegenüber dem metaphysischen Optimismus, wie er etwa in Popes' *Essay on Man* (deutsch von Brockes, 1740) zum Ausdruck kam, erinnerte Albrecht von Haller sowohl an die Theodizeeproblematik (*Über den Ursprung des Übels*, 1734) als auch an die Gefahren der Freigeisterei und entwarf in Idealbildern des Schweizer Landlebens (*Die Alpen*, erschienen 1732)[1] Gegenpositionen zur moralischen Depravation der Stadt. Die von Lukrez' Epos ausgelöste religionskritische Diskussion verstärkte sich und führte zu einem ehrgeizigen, durchaus verbreiteten lateinischen Gegenepos aus der Feder des französischen Kardinals Melchior de Polignac (*Anti-Lucretius Sive de Deo Et Natura Libri Novem*. Paris 1747 u. ö.).[2] Dem wären analoge lateinische Werke aus jesuitischer Feder an die Seite zu stellen wie die *Monita Philosophica* (gedruckt in *Miscellanea Postuma*. Mannheim 1792) oder das *Carmen de Pace Christiana Sive de Hominis*

---

[1] Zu diesem Werk und seiner Nachfolge s. Mahlmann-Bauer 2009, Zegowitz 2012 sowie demnächst Ullrich.
[2] Dazu Fleischmann 1965, Jones 1991 und Glei 2006.

Felicitate (Mannheim 1789) des am Mannheimer Hof wirkenden, auch als Fabeldichter hervortretenden Francois-Joseph Terrasse Desbillons (1711–1789).[3]

Auch Wieland beteiligte sich in den Lehrgedichten seines Frühwerks (darunter *Anti-Ovid*, 1752)[4] an den Versuchen, den galanten Epikureismus mit den Restbeständen eines Offenbarungsglaubens bzw. einer Schöpfungstheologie zu vermitteln. Seine spätere Verserzählung *Musarion oder die Philosophie der Grazien* (1768) verstand Wieland, kennzeichnend fur die Gattungsauflösung, als »eine neue Art von Gedichten zwischen dem Lehrgedicht, der Komödie und der Erzählung« (Brief an Gessner vom 29.8.1766). Schiller nahm in Teilen seiner philosophischen Lyrik, Goethe vor allem aber in seinen morphologischen Lehrelegien (darunter *Die Metamorphose der Pflanzen*, 1799) Anteil an poetischer Didaktik, die eine neue Kategorie ›Gedankenlyrik‹ (dazu Todorov 1980) sinnvoll erscheinen ließ. Moralistische Weisheitslehre, manchmal zum Brevier geordnet oder exotisch drapiert, fand im 19. Jahrhundert Anklang (etwa Rückerts *Weisheit des Brahmanen*, 6 Bde., 1836–1839). Im literarischen Hintergrund, heute den Kennern und Liebhabern überlassen, entstanden weiterhin kulturgeschichtlich faszinierende, bewusst lehrhafte und traditionsgesättigte größere Versdichtungen, darunter von Valerius Wilhelm Neubeck (1765–1850) das Hexameterepos *Die Gesundbrunnen. Vier Gesänge* (Leipzig 1809; Wien/Prag 1813), das alte Genre der Bäderliteratur virtuos fortführend, oder auch aus der Feder des unvergessenen Münchener Autors Franz von Kobell (1803–1882) die in verschiedenen Strophenformen verfasste Lehrdichtung, Alexander von Humboldt gewidmet, über *Die Urzeit der Erde* (München 1856).

Im weiteren Umkreis Schellings, zuletzt im Badischen wirkte zeitweise der geniale Botaniker und Geologe Friedrich Schimper (1803–1867; Auswahlausgabe, ed. Kühlmann/Wiegand 2005). Von ihm stammen unter anderem ein poetischer Lehrbrief über die Eiszeit (Erstdruck 1837), ein weitläufiges Verskompendium als *Blick auf die Naturwissenschaften* (gedruckt 1847), vor allem aber *Goldlack. Ein poetischer Brief über Zahlen und Dinge* (Erstdruck unter dem Pseudonym Karl Heiter 1842, 45 Seiten in der Neuausgabe). Hier geht es nicht darum, eine bestimmte Disziplin, eine Doktrin oder einen außerpoetisch umzirkten Wissensbestand zu verifizieren und so traditionalistisch in ehrwürdige Fußstapfen zu treten, sondern um ein freies, ein fast immer witziges, manchmal sogar groteskes, formal jedenfalls virtuoses Spiel der Fantasie, in dem die Form des poetischen Lehrbriefs (in lockeren ungereimten, zu Versgruppen formierten Fünfhebern) ein fast unbegrenzte Feld selbst der skurrilsten Assoziationen bildet und alles streng

---

[3] Dazu Schibel/Wiegand 1986 sowie im Kontext Wiegand 2013.
[4] Dazu Czapla 2013.

Didaktische bald spielerisch hinter sich lässt. Der Abschnitt über die Zahl zwei mag Ingeniösität und Verfahrensweise, aber auch Möglichkeiten satirisch-ironischer Selbstreflexion illustrieren:[5]

> *Zwei*, das ist einmal die Zahl des Zweifels,
> Ewig ungeschloßner Parallelen,
> Ist die Zahl des Zwistes und der Zwietracht –
> Zahl der Gürtel-Enden, die die Anmuth
> Unverknüpft auch nie umspannen werden;
> Zwei ist Zahl der Scheidung und Entfernung,
> Und des weiten bindungslosen Chaos;
> Aller tiefen gähnenden Schlünd' und Klüfte
> Und der wohlbenannten gähnenden Gänse,
> Und, nach jeden Augenblickes Zweiheit,
> Da er vor- und rückwärts ist gewendet,
> Zahl des Janus mit den zwei Gesichtern.
> Jugendlich und alt ist er gebildet,
> Dessen Tempelthor im Frieden zu war,
> Der das Jahr mit Januar eröffnet,
> Welchem sind geweiht alle Pforten,
> Auf und zu dann schlagenden Thor- und Thüren
> Januä, von denen er der Herr ist.
> Herr soll immer Einer sein, die Eins ist
> Zahl der Herrschaft, aber, denk', auf baskisch
> Heißt der Herr absonderlich doch Jauna.
> Zwei ist Mitregent und Nebensonne,
> -Regenbogen, -Buhler, -Zweck und -Sache,
> Nebenspinnen gibt es aber keine:
> Jede will mit ihrem Haß allein seyn.
>
> Zwei ist Zahl des Ungenügens und der
> Täuschung und des schlimmen Doppelbechers,
> Der sich ausleert durch erneute Füllung;
> Zahl von Tag und Nacht und allem Wechsel,
> Der nicht selber mit dem Wechsel wechselt,
> Sich besitzend selbst aus seiner Mitte!
> Ist die Zahl der Aenderung aus Armuth,
> Ist die Uahl der Janusfrucht des Kümmels,
> Und pedantisch grübelnder Kümmelspalter.
>
> Zwei ist Zahl der Spaltungen und Risse,
> Aber auch der Faltungen und Plane!

---

5 Zit. nach der Neuausgabe (Werkauswahl) von Kühlmann/Wiegand 2005, S.151–155; zum Autor und seinem Œuvre s. dort die Einleitung sowie den Schimper-Artikel von Kühlmann in: Killy/Kühlmann 10 (2011), S. 363 f.

Ja, die Zwei, die sich auf eine Mitte
Zart beziehen, sind sogleich symmetrisch
Und verkünden Ebenmaß und Haltung,
Sey's im Pflanzenblatt, im Schweif des Fisches,
In Gebäuden, Bögen oder sonst wo –
Sey's in Versen, die Virgil gedichtet
Oder in Versuchen auch von *Heiter*,
Wo die wahren Hälften wahrer Rhythmen
(Wie bei Wellen der Gebrüder *Weber*
Und bei *Schimperischer* Blatt-Erzeugung)
Aus zur Höhe steigen bis sie fallen,
Die Cäsur umwallend als ein Ganzes.
Das ist dir ein Rhythmenkunst-Geheimniß,
Das die deutschen Dudler oder Sudler,
Das die deutschen Schmierer nie erlernen,
Zeig' es der Pentameter auch ewig.

   Aber nun zurück, ich wollte sagen:
Zwei, das ist das Zeichen aller Wogen,
Aller Pendel, Pulse, springenden Bronnen,
Ist die Zahl des Anfangs für ein Ende,
Wie der Fokuspunkte der Ellipsen.
Zwei, das ist die Zahl der Doppelsterne,
Die am Himmel hehren Umschwung halten,
Aber auch die Zahl, die bildend herrscht im
Wundervollen Bau des Menschenleibes.
Zwei zumal ist auch die Zahl der Augen,
(Wie abscheulich sind doch die Cyclopen.
Die der Dichter kennt wohl, nicht der Maler!)
Ist die Zahl der tiefen Seelenspiegel,
Da gedoppelt Seele blickt zu Seele,
Zwei, das wissen wir am allerbesten,
Zwei gehören immer auch zur Liebe –
Zwei die recht sich ihrer Zweiheit freuen
Mehr als selbst Vielliebchen einer Mandel,
Mehr als gar zwei Mandelhälften selber!

   Zwei, das ist die Zahl geschaffner Paare:
Je nach Zwei und siebenmal Zweien ging es
Ein zur Rettung in den Kasten Noah's.
Aber ich nun, der ich jene Sündfluth
Nur als Sintfluth schreibe, denk' und spreche,
(Als Diluvium Antiquitatis)
Sintemal und alldieweil das *sint* so
Nur auf Weile deutet oder Dauer,
Wie das Sintgrün selbst, das immergrüne,
Ob es sinnlos auch nur Sinngrün heiße –:

Ich benenne, davon profitirend,
Sinnvoll meinen Brief wohl eine Sinnfluth,
Zweiweis, paarig, ein- und siebenmal paarweis
Mir die Arche Noä, meine, füllend.
Landen wir, so mag ein Regenbogen
Sicherheit verkünden und der Weinstock
Wieder wärmen was das Wasser kühlte –
Doch die Rebe lob' ich bei der Fünfzahl.
Nur der Oelbaum, dessen Blatt die Taube,
Die entlassen war, herbeigebracht hat,
Ja der Oelbaum gleich sey hier gepriesen:
Frucht und Filamente hat er paarig,
Blätter auch, er sey ein gutes Zeichen!

Blumenblätter zwei und Filamente
Hat Circäa zart, das Hexenkräutchen,
Aber auch Veronica, die blaue,
Sammt der neulich erst besungnen Weide,
Haben immerhin ein Melberpärchen,
Und gezweite Frucht, die Weide wollig.
Zwillinge hienieden, wie am Himmel,
Castor, Pollux – Schwerter zwiefach außen,
Scheeren innen schneidig, Irisblätter,
Die in zwillingszeiligen Schneidereihen
In die Schneiden selbst, mit Schneiden erstlich,
Dann, o schau' nur! mit den Rücken schneiden –
Und die braunen allerliebsten Herzchen,
Die am Zittergräschen rispenweise
Niedlich mit zwei Schuppenzeilchen wachsen,
Alle wissen von der alten Dyas,
Alle haben, je und je, die Zweizahl.
Zwiefach zieh'n und flieh'n sich zwei Magnete
Und durch klaren Doppelspath aus Island,
Wie durch deutschen, den ich selbst gefunden,
Kannst du, was du liesest, doppelt lesen.

Doch was sag' ich weiter noch von Zweien?
Zweigezeilt sind Disticha – und Gräser,
Zuckerrohr so gut als Lolch und Trespe,
Und das ungeheure Gras des Wälschkorns
Sammt dem Cornucopiä, dem kleinen.
Zwei ist Zahl der wechselwendigen Rollung
(Hin und her, es macht sich so ein Ganzes)
Aller knotigen Blätterwindeln jener,
Und der beinernen Schnecken unsrer Ohren.
(O die wunderbaren tiefen Ohren,
Welch verschwiegner Abgrund alles Lautes!

> Als Ameisenlöwe sitzt im Trichter
> Unten, hinten, drin und lauscht – die Seele,
> Nicht im Sande, nein im Felsenbeine!)
> Zwei ist Zahl des Häschens und des Esels,
> Zwei ist Zahl des Steinbocks und des Krebses
> (Seiner Scheeren – doppelt – und des Ganges –
> Und noch obendrein der Wendekreise!)
> Der gehörnten Wiederkauer mit ge-
> Spaltnen Klauen, welche sämmtlich rein sind,
> Gleich den Heu-Heuschrecken, die es auch sind;
> Welche besser springen dort und flattern,
> Und behaglicher schrillen, als im Verse;
> Zwei ist Zahl der Gemsen und Gazellen,
> Ja der kühnsten Springer auf dem Erdkreis;
> Liebenswürdig aber ganz der Schuhe
> Und des schwebenden Tanzes schöner Mädchen.
>
>   Auf zwei Füßen geht der Mensch, doch gleichfalls
> Der gerupfte Hahn des Philosophen;
> Zweigeflügelt, wie die Frucht des Ahorns,
> Zweigeflügelt ist das Heer der Vögel,
> Tausendfach geartet und beweglich,
> Tausendstimmig draußen in der Wildniß,
> Wild auch noch am nächsten Dach mit Zwitschern,
> Schwalbenschwätzerei und Storchgeklapper.
> Sind das Virtuosen! Und nun gar der
> Lärmenüberlärmen aus Canarien,
> Und das zahme Federvieh des Hofes –!
> Besser singen die sich ferner halten,
> Traulich halb verborgen wohl aus Bäumen
> Oder, gleich in umgekehrter Weise,
> Ungesehen Nachtigall und Lerche!
> Diese zwei, die sind es die ich liebe,
> Innigkeit und heiteres Gewirbel.

Die epische Traditionslinie verlief sich bald in pantheistischen Weltanschauungsliteratur wie Friedrich von Sallets in Jamben verfasstem *Laienevangelium* (1842), kulturkritischen Monumentalwerken wie Robert Hamerlings *Homunculus, ein modernes Epos in zehn Gesängen* (1888), schließlich in Carl Spittelers »symphonischer Phantasie« *Olympischer Frühling* (1900 ff.), deren mythologischer Bilderreichtum samt der gedanklichen Konkursmasse romantisch-idealistischer Philosopheme inkommensurablen Entwürfen wie Theodor Däublers *Nordlicht*-Zyklus (1910 ff.) vorausgeht. Dass Bertolt Brecht das *Kommunistische Manifest* in ein

Lehrepos nach antiker Manier umschreiben wollte (der Versuch blieb Fragment),[6] bestätigte die Wirkungstiefe der klassischen Archegeten. Noch im 20. Jahrhundert erschienen didaktische Cimelien wie Rudolf G. Bindings *Reitvorschrift für eine Geliebte* (1924) und konnten sich Liebhaber des Lateinischen an den meisterhaften Poemen, darunter auch mehreren Lehrgedichten eines Josephus Apellus erfreuen; unter diesem Namen verbarg sich Josef Eberle, der namhafte Autor und Herausgeber der *Stuttgarter Zeitung*. Die Raucher wusste er beispielsweise anzusprechen mit den lateinischen Distichen seiner denkwürdigen, noch einmal Ovids Geist aufrufenden *Ars Fumatoria* (1970).[7]

---

6 Dazu Rösler 1975.
7 In Apellus (d. i. Eberle) 1970, S. 82–102.

IX Literaturverzeichnis

1. Quellen

Alberus, Erasmus: Die Fabeln. Die erweiterte Ausgabe von 1550 mit Kommentar sowie die Erstfassung von 1534. Hg. von Wolfgang Harms und Herfried Vögel in Verbindung mit Ludger Lieb. Tübingen 1997 (Frühe Neuzeit 33).

Alsted, Johann Heinrich: Encylopaedia. ND der Ausgabe Herborn 1630 mit einem Vorwort von Wilhelm Schmidt-Biggemann und einer Bibliographie von Jörg Jungmayr. 4 Bde. Stuttgart-Bad Cannstatt 1989.

An Anthology of Neo-Latin Poetry. Edited and translated bei Fred J. Nicols. New Haven/London 1979 [zit. als Nichols].

Andreae, Johann Valentin: Herrn Wilhelms Salüsten von Bartas Triumph des Glaubens in hoch Teutsch gebracht. Straßburg 1627.

Apellus P. L., Iosephus: Echo Perennis. Elegiae/ Satirae/ Didactica cum versione Germanica [...]. Stuttgart 1970.

Aratus: Phaenomena. Ed. with Introduction, translation and commentary by Douglas Kidd. Cambridge 1997 (Cambridge Classical Texts and Commentaries 34).

Balde SJ, Jakob: Opera Poetica Omnia. Bd. 1–8. München 1729. ND hg. und eingel. von Wilhelm Kühlmann und Hermann Wiegand. Frankfurt am Main 1990 (Texte der Frühen Neuzeit 1) [zit. als OPO].

Balde SJ, Jakob Urania Victrix – Die Siegreiche Urania. In Zusammenarbeit mit Joachim Huber und Werner Straube eingeleitet, hg. übersetzt und kommentiert von Lutz Claren, Wilhelm Kühlmann, Wolfgang Scheibel und Hermann Wiegand. Tübingen 2003 (Frühe Neuzeit 85).

Balde SJ, Jakob: Satyra Contra Abusum Tabaci. Satire wider den Tabak-Missbrauch. Lateinisch-deutsch. Hg., übersetzt und mit einem Kommentar und einem Nachwort versehen von Alexander Winckler. Mainz 2015 (excerpta classica XXVIII).

Barth, Caspar von: Zodiacus Vitae Christianae. Satyricon, Pleraque Omni Verae Sapientiae Mysteria Singulari Suavitate enarrans. Frankfurt am Main 1623.

Bebel, Heinrich: Triumphus Veneris seu Voluptatis contra Virtutes. Pforzheim 1509, in: Opera Bebeliana; Straßburg 1515 mit dem Kommentar von Johannes Altenstaig; hg. von Marcel Angres. Hamburg 2003 (Hamburger Beiträge zur neulateinischen Philologie 4).

Birken, Sigmund von: Die Truckene Trunkenheit. Mit Jacob Baldes *Satyra contra abusum Tabaci*. Hg. von Karl Pörnbacher. München 1967, S. 161–198.

Bisselius SJ, Johannes: Delicae Veris – Frühlingsfreuden (1638, 1640). In Zusammenarbeit mit Karl Wilhelm Beichert, Wolfgang Schibel und Tino Licht hg., übersetzt, eingeleitet und mit Einführungen versehen von Lutz Claren, Jost Eickmeyer, Wilhelm Kühlmann und Hermann Wiegand. Berlin/Boston 2013 (Frühe Neuzeit 180).

Bonincontrius Miniatensis, Laurentius: De rebus naturalibus et divinis. Zwei Lehrgedichte an Lorenzo de' Medici und Ferdinand von Aragonien. Einleitung und kritische Edition von Stephan Heilen. Stuttgart/Leipzig 1999 (Beiträge zur Altertumswissenschaft 129).

Brant, Sebastian: Das Narrenschiff. Nach der Erstausgabe (Basel 1494) mit den Zusätzen der Ausgaben von 1495 und 1499 sowie den Holzschnitten der Originalausgabe. Hg. von Manfred Lemmer. Tübingen ⁴2004 (Neudrucke deutscher Literaturwerke N. F. 5).

Brant, Sebastian: Der Freidanck. Hg. von Barbara Leupold. Stuttgart 2010 (Zeitschrift für deutsches Altertum und deutsche Literatur. Beih. 8).

Buchner, Augustus: POET. Aus dessen nachgelassener Bibliothek herausgegeben von Othone Prätorio P. P. Wittenberg 1665. In: Ders.: Anleitung zur deutschen Poeterey. Poet. Hg. von Marian Syrocki. Tübingen 1966.

Bucholtz, Andreas Henrich: Verteutschte und mit kurtzen Noten erklärte Poetereykunst Des vortrefflichen Römischen Poeten Q. Horatius Flaccus. Rinteln: Peter Lucius 1630.

Cicero, Marcus Tullius: De Oratore/Über den Redner. Lateinisch/Deutsch. Übersetzt und hg. von Harald Merklin. Stuttgart ²1991.

Corpus Paracelsisticum Bd I–III,1–2. Der Frühparacelsismus Erster-Dritter Teil. Hg. und erläutert von Wilhelm Kühlmann und Joachim Telle. Tübingen bzw. Berlin/Boston 2001–2013 [zit. als CP I-III].

Dedekind, Friedrich: Grobianus De De Morum Simplicitate. Grobianus Von Groben Sitten Und Unhöflichen Gebärden. Deutsche Fassung von Caspar Scheidt. Mit einem Vorwort zum Neudruck der Texte von Barbara Könneker. Darmstadt 1979.

Dornavius (Dornau), Caspar: Amphitheatrum Sapientiae Socraticae Joco-Seriae. Schauplatz scherz- und ernsthafter Weisheiten. Neudruck der Ausgabe Hanau 1619. Hg. und eingel. von Robert Seidel. Goldbach 1995 (Texte der Frühen Neuzeit 9) [zit. als Dornau].

Draco, Honoratus: Elementa Iuris Civilis, seu Institutiones Imperiales in carmen contractae. Köln 1556.

Du Bartas, Guillaume de Salluste Sieur: The Works of Guillaume de Salluste Sieur Du Bartas. A Critical Edition with Introduction, Commentary and Variants. Hg. von Urban Tigner Holmes, u. a. 3 Bde. Chapel Hill 1935, 1938, 1940. ND Genf 1977.

Du Bartas, Guillaume de Salluste Sieur: La Sepmaine ou Création du monde. Kritischer Text der Ausgabe von 1581. Hg. von Kurt Reichenberger. Tübingen 1963 (Beihefte zur Zeitschrift für romanische Philologie 107).

Enk, Petrus Johannes: Gratti Cynegeticon quae supersunt. Cum prolegomenis, notis criticis, commentario exegetico. Teil I/II. Zutphaniae 1918. ND Hildesheim 1976.

Fabricius Hildanus, Guilhelmus [Fabry, Wilhelm]: Spiegel deß menschlichen Lebens/ In welchem der betrübte stand/ ellend/ vnd gefahr die der Mensch von seiner empfängnuß an in Mutter Leib/ bis zum Sterbstündlein außstehen muß/ klärlich zusehen. Darinnen auch viel schöner Lehren zur Tugend vnndt Christlichem leben von nöthen fürgebildet werden. […]. Jetzo der Jugend zur Lehr/ vnd vnderrichung an Tag geben Durch *Guilhelmum Fabricium Hildanum*. Bern 1621.

[Fabricius Hildanus, Guilhelmus:] Christlicher Schlafftrunk Bey welchem der Abriß einer im Jahr 1512. auff dem Reichstag zu Cölln/ durch ein Himlisches Gesicht vnd Botschafft außgetheyltes Bildnus (in welcher die verderbliche Laster so auß der Trunkenheit entspringen fürgemahlet werden (zu sehen / und die Erklärung derselben zu lesen. Mit vorgehender Vorbereitung zum Schlafftrunk/ in welchem (1.) auß grundt der Artzney angezeyget wird/ daß alle Kranckheiten/ von vberflüssigem schlemmen vnd sauffen jhren Vrsprung haben […] Ferner etliche Regelen/ die Gesundheit zu erhalten/ Weylandt durch den Hochgelährten Herrn Johann *Posthium* Churf. bestellten Leib Arzt beschrieben […]. Frankfurt am Main 1624.

Fabricius Hildanus, Guilhelmus: Spiegel des Menschlichen Lebens. Hg. vom Museums- und Heimatverein Hilden, bearbeitet von Ernst Huckenbeck. Neuss 2010 [kleine sprachlich modernisierte Auswahl].

Fracastoro, Girolamo: Lehrgedicht über die Syphilis. Hg. und übersetzt von Georg Wöhrle. Mit einem Beitrag von Dieter Wuttke. Wiesbaden ²1993 (Gratia 18).

Frischlin, Nicodemus: Carmen de Astronomico Horologio Argentoratensi [...] Item de eodem Schediasma Guilielmi Xylandri Augustani. Straßburg 1575.

Frischlin, Nicodemus: De Astronomico Horologio Argentoratensi. In Ders.: Operum Poeticorum Pars Epica. Straßburg 1598, S. 39–82.

Gerhard, Johann: Meditationes Sacrae (1606/07). Lateinisch-deutsch. Kritisch hg., kommentiert und mit einem Nachwort versehen von Johann Anselm Steiger. 2 Teilbde. Stuttgart-Bad Cannstatt 2000 (Doctrina Et Pietas. Abt. I. Johann Gerhard-Archiv 3–4).

Gerhard, Johann: Ein Vnd Fünfftzig Gottselige Christliche Evangelische Andachten/ oder Geistreiche Betrachtungen. Poetisch bearbeitet von Burcard Großmann (1608). Hg. von Johann Anselm Steiger. Stuttgart-Bad Cannstatt 2001 (Doctrina Et Pietas. Abt. I. Johann Gerhard-Archiv 4).

Goethe, Johann Wolfgang: Ästhetische Schriften 1821–1824. Über Kunst und Altertum III–IV. Hg. von Stefan Greif und Andrea Ruhling. Frankfurt am Main 1998 (Bibliothek deutscher Klassiker 158).

Goethe, Johann Wolfgang: Ästhetische Schriften 1824–1832. Über Kunst und Altertum V-VI. Hg. von Anne Bohnenkamp. Frankfurt am Main 1999 (Bibliothek deutscher Klassiker 160).

Gottsched, Johann Christoph: Versuch einer Critischen Dichtkunst. ND der 4., verm. Auflage Leipzig 1751. Darmstadt 1982 [hier im Vorspann S. 10–64 der Abdruck mit Übersetzung von Horazens *Ars Poetica*].

Grattius cf. Petrus Johannes Enk

Greiffenberg, Catharina Regina von: Sieges-Seule der Buße und des Glaubens [...] mit des Herrn von Bartas geteutschtem Glaubens-Triumf. [Erstdruck Nürnberg 1675]. ND Millwood (NY) 1983 [hier Du Bartas S. 252–348].

Grumach, Ernst: Goethe und die Antike. Eine Sammlung. 2 Bde. Potsdam 1949.

Harsdörffer, Georg Philipp: Poetischer Trichter. Die Teutsche Dicht- und Reimkunst/ ohne Behuf der Lateinische Sprache/ in VI. Stunden einzugiessen. ND der Ausgabe Nürnberg 1650–1653. Darmstadt 1969.

Hegel, Georg Wilhelm Friedrich: Vorlesungen über die Ästhetik. Mit einer Einführung hg. von Rüdiger Bubner. 2 Tle./Bde. Stuttgart 1971.

Herder, Johann Gottfried: Frühe Schriften 1764–1772. Hg. von Ulrich Gaier. Frankfurt am Main 1985 (Bibliothek deutscher Klassiker 1).

Herder, Johann Gottfried: Adrastea (Auswahl). Hg. von Günter Arnold. Frankfurt am Main 2000 (Bibliothek deutscher Klassiker 170).

[Hesiod 1559] *Hesiodou Erga kai hemerai.* Hesiodi opera & Dies, Cum Interpretatione Latina & Scholiis, utrisque ad planiorem explicationem accomodatis. Auctore Mathia Garbitio Illyrico, Graecae linguae & Moralis philosophiae in Academia Tubingensi professore. Basel [1559].

[Hesiod 1580] Hesiodus Graeco-Latinus Cum Schematismis, Artificium inuentionis, dispositionis & elocutionis continentibus. Ex Quibus Ratio Cum fructu legendi explicandiue authorem quemvis demonstratur, ut inde quicquid dignum & scitu & imitatione sit, excerpi possit. Authore Georgio Henischio, Bartfeldensi, Medico & Mathematico Augustano. Basel 1580.

Hesiod: Erga. Von Arbeit, Wettstreit und Recht. Übers. und erläut. von Walter Marg. Zürich 1969.

Hesiod: Sämtliche Gedichte. Theogonie. Erga. Frauenkatalog. Übers. und erläut. von Walter Marg. Zürich/Stuttgart 1976.

Hessus, Helius Eobanus: Bonae valetudinis conservandae praecepta. Erfurt 1524; revidiert unter dem Titel: Bonae valetudinis conservandae rationes aliquot. Nürnberg 1531.
Humanistische Lyrik des 16. Jahrhunderts. Lateinisch und Deutsch. [...] ausgewählt, übers., erläut. und hg. von Wilhelm Kühlmann, Robert Seidel und Hermann Wiegand. Frankfurt am Main (Bibliothek der Frühen Neuzeit 5) [zit. als HL].
Hohberg, Wolfgang Helmhard Freiherr von: Georgica Curiosa, Das ist: Umständlicher Bericht und klarer Unterricht Von dem Adelichen Land- und Feld-Leben/ Auf alle in Teutschland übliche Land- und Haus-Wirthschafften gerichtet [...]. Nürnberg 1682.
Homburg, Ernst Christoph: Schimpff- und Ernsthaffte Clio. Historisch-kritische Edition nach den Drucken von 1638 und 1642. Hg. und kommentiert von Achim Aurnhammer, Nicolaus Detering und Dieter Martin. Textband und Kommentarbd. Stuttgart 2013 (Bibliothek des Literarischen Vereins in Stuttgart 345/346).
[Horaz] Quintus Horatius Flaccus: Ars Poetica. Die Dichtkunst. Lateinisch und deutsch. Übersetzt und mit einem Nachwort hg. von Eckart Schäfer. Stuttgart 1972.
[Hübner, Tobias:] Wilhelms von Saluste Herrn Von Bartas Reimen-Gedichte genand Die Alt-Väter [...]. Köthen 1619.
[Hübner, Tobias:] La Vocation Oder Der Beruff Wilhelms von Saluste Herrn von Bartas Frantzösisch Reymen Gedicht [...] in Deutsche Reymen versetzet. Köthen 1619, 1622.
[Hübner, Tobias:] La Seconde Sepmaine De Guillaume de Salluste Seigneur du Bartas. Die Andre Woche ...] Aus dem Frantzösischen [...] in Teutsche Reime [...]. gebracht. Köthen 1622.
[Hübner, Tobias:] Wilhelms von Salluste/ Herrn zu Bartas [...]. Erste Woche/ Von Erschaffung der Welt und aller Geschöpffe. Jn sieben Tage ausgetheilet [...] in teutsche gemessene Reim [gebracht. [...] Köthen 1631.
[Hübner, Tobias:] Die Erste und Andere Woche Wilhelms von Saluste Herren zu Bartas. Darinnen enthalten/ sampt der Welt erschaffung/ die vornehmsten Geschichte [!] in der heiligen Schrifft zu finden [...]. Köthen 1640.
Hutten, Ulrich von: De Arte Versificatoria Carmen Heroicum. Erstdruck Leipzig [1511], in: Ders.: Schriften. Hg. von Eduard Böcking. Neudruck der Ausgabe 1859–1961. Aalen 1963, Dritter Band, S. 89–106.
Knebel, Karl Ludwig von: Literarischer Nachlaß und Briefwechsel. Hg. von Karl August Varnhagen von Ense und Th. Mundt. 2 Bde. Leipzig 1835.
Kobell, Franz von: Die Urzeit der Erde. München 1856.
Kunze, Dietrich (Hg.): Büchelin wie der Mensch bewar das Leben sein. Eine mittelalterliche Gesundheitslehre in lateinisch-deutschen Versen. Mit einer Einführung und Transkription hg. von D. K. Hürtgenwald [1980].
Lauban(us), Melchior: Ad tres Libb. Poeticorum M. Hieron. Vidae Episcopi Albani Archetypi Analytici Pro Ducali Bregano delineati. Bregae [Brieg/Schlesien] 1624.
Lessing, Gotthold Ephraim: Laokoon oder über die Grenzen der Malerei und Poesie. Studienausgabe. Hg. von Friedrich Vollhardt. Stuttgart 2012.
Lubinus, Eilhardus: In huius saeculi Male Doctos Academiarum Pestem, Et malitiam Impune Grassantem, Declamationes Satyricae Tres, Publice diversis temporibus in Academia Rostochiensi recitatate. Rostock 1618.
Lukrez: Von der Natur der Dinge [Übersetzung von Karl Ludwig von Knebel]. Frankfurt am Main/ Hamburg 1960.
Lukrez: Von der Natur. Lateinisch-deutsch. Hg. und übersetzt von Hermann Diehle. Mit einer Einführung und Erläuterungen von Ernst Günther Schmidt. Darmstadt 1993.

Lukrez: Über die Natur der Dinge. In deutsche Prosa übertragen und kommentiert von Klaus
    Binder. Mit einer Einführung von Stephen Greenblatt. Berlin ²2015.
Der deutsche ›Macer‹. Vulgatfassung des lateinische Macer Floridus ›De Viribus Herbarum‹.
    Kritisch hg. von Bernhard Schnell in Zusammenarbeit mit William Crossgrove. Tübigen
    2003 (Text und Textgeschichte 50) [zit. als Macer 2003].
Maickler, Georg Konrad: Epulum Illustre in Stipendio Ducali Wirtenbergico Apud Florentissimam
    Tubingensem Academiam Illustrissimis Principibus Quinque [...] 30. Dec. Anno Christi
    1599. Apparatum & Herocio Carmine Latino decantatum. Tübingen: Cellius 1600.
Maier, Michael: Atalanta Fugiens, hoc est Emblemata Nova de Secretis Naturae Chymica.
    Oppenheim 1618. ND hg. von Lucas Heinrich Wüthrich. Kassel/Basel 1964.
Manilius, Marcus: Astronomicon Libri V. Die Astrologie des M. Manilius in 5 Büchern.
    Lateinisch/Deutsch. Übersetzt und hg. von Wolfgang Fels. Stuttgart 1990 (Reclams UB
    8634).
Melanchtons Briefwechsel. Kritische und kommentierte Gesamtausgabe. Hg. von Heinuz
    Scheible. Bd. 1 ff. Stuttgart-Bad Cannstatt 1977 ff. [zit. als MBW].
Melanchthon, Philipp: Enarratio Et Interpretatio Latina Operis Hesiodi. In: Corpus
    Reformatorum [...]. Ed. Henricus Ernestus Bindseil. Vol. XVIII. Halle an der Saale 1852,
    Nr. LII, LIII, Sp. 157–274 [zit. als CR].
Mörike, Eduard: Griechische Lyrik. Hg. von Uvo Hölscher. Frankfurt am Main 1998 (Exempla
    classica 8).
Morsheim, Johann von: Spiegel des Regiments an der Fürsten Höfe da Frau Untreu regiert.
    [Oppenheim 1516.] ND mit Versnachdichtung und Kommentar von Heinz Zirnbauer. 2 Bde.
    Speyer 1966.
Moscherosch, Hans Michael: Gesichte Philanders von Sittewalt. Hg. von Felix Bobertag. ND der
    Ausgabe Stuttgart 1883. Darmstadt 1964
Mühlpfort, Heinrich: Poemata. ND der Ausgabe Breslau/Frankfurt am Main 1686. Hg. und
    eingel. von Lutz Claren und Joachim Huber. Frankfurt am Main 1991 (Texte der frühen
    Neuzeit 7).
Musae Reduces. Anthologie de la poésie latine dans l'Europe de la Renaisnnace. Textes choisis,
    présentés et traduits par Pierre Laurens [...]. 2 Bde. Leiden 1975 [zit. als Laurens].
Naogeorgus, Thomas: Satyrarum Libri Quinque Priores. Basel: Joahnes Oporinus 1555.
Neubeck, Valerius Wilhelm: Die Gesundbrunnen. Vier Gesänge. Leipzig 1809 bzw. Wien/Prag
    1813.
Opitz, Martin: Geistliche Poemata. Frankfurt am Main 1638. ND hg. von Erich Trunz. Tübingen
    1975 (Deutsche Neudrucke: Reihe Barock 1).
Opitz, Martin: Weltliche Poemata. Frankfurt am Main 1644. ND hg. von Erich Trunz. 2 Bde.
    Tübingen 1975 (Deutsche Neudrucke: Reihe Barock 2).
Opitz, Martin: Gesammelte Werke. Kritische Ausgabe. Hg. von George Schulz-Behrend. Bd. I–
    IV/2. Stuttgart 1968–1990.
Opitz, Martin: Buch von der Deutschen Poetery (1624). Studienausgabe. Hg. von Herbert
    Jaumann. Stuttgart 2002.
Opitz, Martin: Lateinische Werke. 3 Bde. In Zusammenarbeit mit Wilhelm Kühlmann und
    Hans-Gert Roloff und zahlreichen Fachgelehrten hg., übers. und komm. von Veronika
    Marschall und Robert Seidel. Berlin/New York 2009–2015.
Opsopoeus, Vincentius: De Arte Bibendi Libri Tres. Quibus adiunximus De Arte Iocandi Libros
    Quatuor, Matthiae Delij Hamburgensis, cum luculenta in eosdem Praefatione. Frankfurt am
    Main 1578.

Ovid/Publius Ovidius Naso: Liebeskunst. Lateinisch-Deutsch. Hg. und übers. von Niklas Holzberg. Darmstadt 1985.
Ovid: Fasti. Festkalender. Lateinisch-deutsch. Auf der Grundlage der Ausgabe von Wolfgang Gerlach neu übers. und hg. von Niklas Holzberg. Düsseldorf/Zürich ²2001.
Palearius Verulanus, Aonius: De animorum immortalitate libri III. Introduction and Text by D[irk] Sacré. Brüssel 1992 (Verhandelingen van de Koninglijke Academie voor de Wetenschappen, Letteren en Schone Kunste van Belgie. Classe der Letteren 54 [1992], Nr. 144).
[Palingenius] Palingène (Pier Angelo Manzolli dit Marzello Palingenio Stellato): Le Zodiaque de la Vie (Zodiacus Vitae) XII Livres. Texte Latin établi, traduit et annotée par Jacques Chomarat Suivi d'Appendices et d'Index. Genf 1996 (Travaux d'Humanisme et Renaissance CCCVII).
Parnassus Palatinus: Humanistische Dichtung in Heidelberg und der alten Kurpfalz. Lateinisch-Deutsch. Hg. von Wilhelm Kühlmann und Hermann Wiegand. Heidelberg 1989.
Poëmata Didascalica. Nunc primum Vel Edita, Vel Collecta. Tom. I.-II. Paris 1759.
Poeti Latini Del Quattrocento A Cura Di Franceso Arnaldi, Lucia Araldo Rosa, Liliano Monti Sabia. Mailand, Neapel 1964 (La Letteratura Italiana. Storia e Testi, Vol. 15).
Poetica Latina, Praeceptis legitimis, Commentariis perspicuis, Observationibus singularibus, Poetarum Veterum Et Recentium exemplis, tradita ac studiosè conscripta per Academiae Giessenae Nonnullos Professores Editio Nova. Giessen 1614.
Polignac, Melchior de: Anti-Lucretius Sive de Deo et Natura. 2 Bde. Paris 1749.
Poliziano, Angelo: Rusticus. Der Landmann. Einleitung, Text, erste deutsche Übersetzung und Anmerkungen von Otto Schönberger. Würzburg 1992.
Pontano, Giovanni: Dialoge. Übersetzt von Hermann Kiefer unter Mitarbeit von Hanna-Barbara Gerl und Klaus Thieme ...]. Lateinisch-Deutsche Ausgabe. München 1984 (Humanistische Bibliothek. Reihe II. Texte 15).
Pontanus, Ioannes Iovianus: Carmina. Ed. Benedetto Soldati. Florenz 1902.
Rapin, René: Hortorum Libri IV. Die Gärten – Gedicht in vier Büchern. Textkritische Ausgabe und Übersetzung. Hg. von der Pückler-Gesellschaft [...]. Weimar 2012 (Mitteilungen der Pückler-Gesellschaft 26 N. F.).
Reiffenbergius SJ, Fridericus (Ed.): Patrum Societatis Jesu ad Rhenum Inferiorem Poemata Selectiora [...] Tom. I–II. Köln 1758.
Renaissance Latin verse. An Anthology compiled and edited by Alessandro Perosa and John Sparrow. London 1979 [zit. als Perosa/Sparrow].
Ringwaldt, Bartholomäus: Ausgewählte Werke. Hg. von Federica Masiero. Erster Bd. Die Lauter Warheit. Christliche Warnung des Trewen Eckarts. Zweiter Bd.: Speculum Mundi. Editorische Beigaben. Berlin/New York 2007.
Rollenhagen, Georg: Froschmeuseler. Hg. von Dietmar Peil. Frankfurt am Main 1989 (Bibliothek deutscher Klassiker 48/Bibliothek der Frühen Neuzeit 12).
Scaliger, Julius Caesar: Poemata in duas partes diuisa. [Lyon?] M.D.LXXIIII.
Scaliger, Julius Caesar: Poetices libri septem. Sieben Bücher über die Dichtkunst. Unter Mitwirkung von Manfred Fuhrmann hg. von Luc Deitz und Gregor Vogt-Spira. Bd. I-IV. Stuttgart-Bad Cannstatt 1994–1998.
Schimper, Karl Friedrich: Lyrik und Lehrgedichte. Ausgewählt, eingeleitet und hg. von Wilhelm Kühlmann und Hermann Wiegand unter Mitwirkung von Willi Schäfer. Heidelberg u. a. 2005 (Rhein-Neckar-Kreis, Historische Schriften 3).

Schottelius, Justus Georg: Lamentatio Germaniae exspirantis. Der nunmehr hinsterbenden Nymphe Germaniae elendeste Totenklage. Braunschweig 1640; hg. von Ernst Voss in: Journal of English and Germanic Philology 7 (1908), S. 1–31.
Schottelius, Justus Georg: Der Teutschen Sprach Einleitung/ zu richtiger gewisheit und grundmeßigem vermügen der Teutschen Haubtsprache samt beygefügten Erklärungen. Lübeck/Lüneburg 1643.
Smetius, Henricus: Ueber Alter und Vortrefflichkeit der Medizin, übersetzt von Gustav Waltz [mit beigegebenem lateinischen Text]. Heidelberg [1889].
Span von Spanau, Laurentius: Spagirologia. Scripta carmine elegiaco. Görlitz 1573.
Spreng, Johann: Marcelli Palingenij Stellati/ deß weit berhümten vnd Hocherleuchten Poeten zwölff Bücher/ zu Latein Zodiacus vitae/ das ist/ Gürtel deß lebens genannt/ gründtlich verteutscht/vnd in Reimen gefaßt. [...] Durch M. Johann Spreng von Augspurg/ etc. Gedruckt zu Franckfurt M.D.LXIIII. [Kolophon: Gedruckt zu Franckfurt am Mayn/ durch Georg Raben/ Sigmund Feyerabendt/ vnd Weygand Hanen Erben].
Stoltz von Stoltzenberg, Daniel: Chymisches Lustgärtlein. Übersetzt von Daniel Meißner. Frankfurt am Main 1624. ND mit einer Einführung von Ferdinand Weinhandl. Darmstadt 1964.
Unter Räubern. Johann Michael Moscheroschs »Soldatenleben«. Hg. und bearb. von Walter E. Schäfer. Karlsruhe 1996.
Vadianus, Joachim: De Poetica Et Carminis ratione. Kritische Ausgabe mit deutscher Übersetzung und Kommentar von Peter Schäffer. Bd. I–III. München 1973 (Humanistische Bibliothek, Reihe II: Texte 21, I–III).
P. Virgilii Maronis Georgicorum Libri IV. Mit critischen und öconomischen Erklärungen Herrn Dr. Johann Martins, Lehrer der Botanic zu Cambridge, und anderer der berühmtesten Ausleger. Nebst einer deutsche Übersetzung [in Prosa] und Anmerkungen. Zum Gebrauch der Schulen, um die Jugend zu einer frühen Erlernung der Haushaltungskunst zu ermuntern. Hamburg und Leipzig bey G. C. Grunds Witwe und A. H. Holle 1759 [zit. als Vergil 1759].
Vergil: Vom Landbau. Übertragen von Gertrud Herzog-Hauser. Zürich 1961.
Vergil: Georgica. Hg. und erklärt von Will Richter. München 1957 (Das Wort der Antike V).
Vida, Marcus Hieronymus: [Opera]. Lyon 1536 [hierin: *De arte poetica Libri III, De Bombyce Libri II, De Ludo Scaccorum Liber I*].
Vida, Marcus Hieronymus: Poemata Quae extant Omnia. Tom. I. London 1732.
[Vida, Marcus Hieronymus:] Di Cesare, Mario A.: The Game of Chess. Marco Girolamo Vida's Scaccia Ludus. With English Vers Translation and the Texts of the Three Earlier Versions. Edited with Introdution and Notes. Nieuwkoop 1975.
Vida, Marcus Hieronymus: Schachspiel der Götter. Scacchia Ludus. Eingeleitet und mit der Übersetzung von Johann Joseph Ignatius Hoffmann hg. von Walther Ludwig. Zürich/ München 1979.
[Vida, Marcus Hieronymus:] Williams, Ralph G.: The »De arte poetica« of Marco Girolamo Vida«. Translated with commentary, and with the text of c. 1517 edited. New York 1976.
[Vida, Marcus Hieronymus:] Girardi, Raffaele: Marco Girolamo Vida. L'Arte Poetica. Introduzione, testi, traduzione et note. Bari 1982 (Bibliotheca di Critica et Letteratura XX).
[Vida, Marcus Hieronymus:] Lew, Agnieszka Paulina: Marcus Hieronymus Vida: Poeticorum libri tres. Frankfurt am Main 2011.
Die Vorsokratiker. Griechisch-deutsch. Ausgewählt und erläutert von Jaap Mansfeld und Oliver Primavesi. Stuttgart 2012 [zit. als Vorsokratiker].

Waldis, Burkard: Esopus. 400 Fabeln nach der Erstausgabe von 1548. Hg. von Ludger Lieb, Jan Mohr und Herfried Vögel. 2 Bde. Berlin/New York 2011 (Frühe Neuzeit 154).
Wickram, Gregorius: Die biecher Vincentij Obsopei: Vonn der kunst zutrincken/ auß dem Latein in vnser teutsch sprach transferiert/ durch Gregorium Wickramm Gerichtschreiber zu Colmar. Freiburg im Breisgau 1537.
Wimpfeling, Jacob: Adolescentia. Unter Mitarbeit von Franz Josef Worstbrock eingel., komm. und hg. von Otto Herding. München 1965 (Opera selecta I.).
Wilson, Dudley (Hg.): French Renaissance Scientifique Poetry. London 1974.
Xylander, Guilielmus: De Philosophia, & eius partibus, Carmen longe doctissimum.In: Ders. (Hg. u. Übers.): Pselli [...] Liber de quatuor Mathematicis scientiis [...]. Basel: Johannes Oporinus 1556, S. 104–152.

2. Forschungen und Darstellungen

Adam, Wolfgang: Die »wandelunge«. Studien zum Jahreszeitentopos in der mittelhochdeutschen Literatur. Heidelberg 1979 (Beihefte zum Euphorion 15).
Albertsen, Leif Ludwig: Das Lehrgedicht. Eine Geschichte der antikisierenden Sachepik in der neueren deutschen Literatur mit einem unbekannten Gedicht Albrecht von Hallers. Aarhus 1967.
Albertsen, Leif Ludwig: Lehrdichtung. In: Fischer Lexikon Literatur. Bd. 2. Hg. von Ulfert Ricklefs. Frankfurt 1996, S. 937–960.
Albrecht, Michael von: Geschichte der römischen Literatur. 2 Bde. München 1994.
Ammann-Bubenik, Johannes: Kaiserserien und Habsburgergenealogie. Eine poetische Gattung. In: Baumbach 2000, S. 73–90.
Aurnhammer, Achim: Tristia ex Transilvania. Martin Opitz' Ovid-Imitatio im siebenbürgischen Exil (1622/23). In: Deutschland und Ungarn in ihren Bildungs- und Wissenschaftsbeziehungen während der Renaissance. Hg. von Wilhelm Kühlmann und Anton Schindling unter Mitarbeit von Wolfram Hauer. Stuttgart 2004 (Contubernium 62), S. 253–274.
Auteri, Laura: Wissensvermittlung und Erkenntnisleistung in Georg Rollenhagens Froschmeuseler (1595). In: Erzählung und Episteme 2011, S. 329–343.
Baasner, Rainer: Abraham Gotthelf Kästner, Aufklärer (1719–1800). Tübingen 1991 (Frühe Neuzeit 5).
Baldzuhn, Michael: Schulbücher im Trivium des Mittelalters und der frühen Neuzeit. Die Verschriftlichung von Unterricht in der Text- und Überlieferungsgeschichte der *Fabulae Avians* und der deutschen *Disticha Catonis*. 2 Bde. Berlin/New York 2009 (Quellen- und Forschungen zur Literatur- und Kulturgeschichte 44/278).
Bauer, Barbara: Nicodemus Frischlin und die Astronomie an der Universität Tübingen. In: Holtz/Mertens 1999, S. 323–364.
Bauer, Werner M.: Jahreszeit – Weltzeit: Die vier Jahreszeiten in der Literatur von Renaissance und Humanismus, in: Zeman 1989, S. 91–101.
Baumbach, Manuel (Hg.): Tradita et Inventa. Beiträge zur Rezeption der Antike. Heidelberg 2000 (Bibliothek der klassischen Altertumswissenschaften N. F., 2. Reihe 106).
Becker-Cantarino, Barbara (Hg.): Martin Opitz. Studien zu Werk und Person. Amsterdam 1982 (Daphnis 11, H. 3).

Becker-Cantarino, Barbara: *Vesuvius. Poema Germanicum*. Opitz und der Dreißigjährige Krieg, in: Dies. 1982, S. 501–518.

Becker-Cantarino, Barbara/Fechner, Jörg Ulrich (Hg.): Opitz und seine Welt. Festschrift für George Schulz-Behrend zum 12. Februar 1988. Amsterdam/Atlanta (GA) 1990 (Chloe 10).

Becker-Cantarino, Barbara: Daniel Heinsius' *De contemptu mortis* und Opitz *Trostgedichte*, in: Dies. 1990, S. 37–56.

Behrens, Doris: Jacob Baldes Auffassung von der Satire. In: Jakob Balde und seine Zeit. Hg. von Jean-Marie Valentin. Bern u. a. 1986 (Jahrbuch für Internationale Germanistik, Reihe A 16), S. 109–126.

Behrens, Irene: Die Lehre von der Einteilung der Dichtkunst vom 16. bis 19. Jahrhundert. Studien zur Geschichte der poetischen Gattungen. Halle/S. 1940 (Beihefte zur Zeitschrift für romanische Philologie 92).

Beichert, Karl Wilhelm: Nicolaus Bähr (1639–1714) und seine *Ornithophonia*. Heidelberg 2010 (Editiones Heidelbergenses XXXV).

Bernays, Ludwig: Ein lateinisches Gedicht bei Goethe. In: Neulateinisches Jahrbuch 4 (2002), S. 5–15.

Berns, Jörg Jochen: Justus Georg Schottelius. In: Deutsche Dichter des 17. Jahrhunderts. Ihr Leben und Werk [...]. Hg. von Harald Steinhagen und Benno von Wiese. Berlin 1984. S. 415–434.

Berns, Jörg Jochen: Prinz aller hohen Türm'. Notizen zur literarischen Wahrnehmung des Straßburger Münsters in der Frühen Neuzeit. In: Marburger Jahrbuch für Kunstwissenschaft 22 (1989), S. 83–102.

Bismark, Heike: Rätselbücher. Entstehung und Entwicklung eines frühneuzeitlichen Buchtyps im deutschsprachigen Raum. Mit einer Bibliographie der Rätselbücher bis 1800. Tübingen 2007 (Frühe Neuzeit 122)

Bitzel, Diane: Bernardo Zamagna. Navis Aëria. Eine Metamorphose des Lehrgedichts im Zeichen des technischen Fortschritts. Frankfurt am Main 1997 (Studien zur klassischen Philologie 109).

Blänsdorf, Jürgen/Janik, Dieter/ Schäfer, Eckart: Bandusia. Quelle und Brunnen in der lateinischen, italienischen, französischen und deutschen Dichtung der Renaissance. Stuttgart 1995 (Beiträge zur Altertumswissenschaft 12).

Blänsdorf, Jürgen: Antike Form und moderner Realismus in Nicolas Bourbons Lehr-Epyllion »Ferraria« (1517). In: Melanges offerts à Raymond Chevalier. Ed. par Charles Marie Ternes. Luxemburg 1994, S. 82–103.

Bloemendal, Jan: Der Philologe und Dichter Daniel Heinsius und sein episches Lehrgedicht *De contemptu mortis*, in: Daniel Heinsius. Klassischer Philologe und Poet. Hg. von Eckard Lefèvre und Eckart Schäfer. Tübingen 2008 (NeoLatina 13), S. 399–414.

Boesch, Bruno: Lehrhafte Literatur. Berlin 1977.

Borgards, Roland u. a. (Hg.): Literatur und Wissen. Ein interdisziplinäres Handbuch. Stuttgart/Weimar 2013.

Braun, Ludwig: Ancilla Calliopeae. Ein Repertorium der neulateinischen Literatur Frankreichs (1500–1700). Leiden 2007.

Braybrook, Jean: Science and myth in the poetry of Remy Belleau. In: Renaissance Studies 5 (1991), S. 277–278.

Broek, Roelof van den: The Myth of the Phoenix, According to Classical and early Christian traditions. Leiden 1972.

Broich, Ulrich: Das Lehrgedicht als Teil der epischen Tradition des englischen Klassizismus. In: Germanisch-romanische Monatsschrift N. F. XIII (1963), S. 147–163.
Brunner, Otto: Adeliges Landleben und und europäischer Geist. Leben und Werk Wolf Helmhards von Hohberg 1612–1688. Salzburg 1969.
Büchner, Karl: Die Prooemien des Lukrez. In: Ders.: Studien zur römischen Literatur. Bd. 1. Wiesbaden 1964, S. 57–120.
Bulang, Tobias: Enzyklopädische Dichtungen. Fallstudien zu Wissen und Literatur in Spätmittelalter und früher Neuzeit. Berlin 2011 (Deutsche Literatur. Studien und Quellen 2).
Christes, Johannes: *Nam quid coniugio queat esse molestius unquam?* (Jacob Balde, *Urania Victrix* 5, 6, 8–9). In: Freyburger/Lefèvre 2005, S. 285–300.
Classen, Carl Joachim: Barocke Zeitkritik im antiken Gewande. Bemerkungen zu den medizinischen Satiren des ›deutschen Horatius‹ Jacob Balde. In: Daphnis 5 (1976), S. 67–125.
Classen, Carl Joachim (Hg.): Probleme der Lukrezforschung. Hildesheim 1986.
Corpus Paracelsisticum: Dokumente frühneuzeitlicher Naturphilosophie in Deutschland. Hg. und erläut. von Wilhelm Kühlmann und Joachim Telle. Bd. 1–3. Tübingen bzw. Berlin/Boston 2001–2013 [zit. als CP].
Cunningham, William L.: Martin Opitz. Poems of Consolation in Adversities of War. Bonn 1974 (Abhandlungen zur Kunst-, Musik- und Literaturwissenschaft 134).
Czapla, Beate: Neulateinische Lehrdichtung zwischen der literarischen Tradition von Hesiod bis Manilius und der neuzeitlichen *Ars apodemica* am Beispiel von Bernardus Mollerus' *Rhenus* und Cyriacus Lentulus' *Europa*. In: Neulateinisches Jahrbuch 1 (1999), S. 21–48.
Czapla, Ralf Georg: Jesuitische Bildapologie und Bildmeditation. Johannes Armbrusters Gedicht auf den Speyerer Ölberg. In: Affekt und Leidenschaft in der Frühen Neuzeit. 2 Tle./Bde. Hg. von Johann Anselm Steiger. Wiesbaden 2005 (Wolfenbütteler Arbeiten zur Barockforschung 43), Tl./Bd. l, S. 315–352.
Czapla, Ralf Georg: Das Bibelepos in der Frühen Neuzeit. Zur deutschen Geschichte einer europäischen Gattung. Berlin/Boston 2013 (Frühe Neuzeit 165).
Czapla, Ralf Georg: »Carmen et error«? Christoph Martin Wielands eigenwillige Rezeption der erotischen Lehrdichtung Ovids. In: Ästhetische Signaturen. Autoren und Werke im historischen Kontext. Hg. von Miriam Seidler. Bd. 3. Frankfurt am Main u. a. 2013, S. 79–97.
Dalzell, Alexander: The Criticism of Didactic Poetry. Essays on Lucretius, Virgil, and Ovid. Toronto u. a. 1996.
Di Cesare, Mario: Bibliothea Vidiana: A Bibliography of Marco Girolamo Vida. Florenz 1974 (Bibliotheca Bibliographica Italiana 39).
Di Cesare, Mario: The *Scaccia ludus* of Marco Girolamo Vida. The Didactic Poem as Fictional Text. In: Acta Conventus Neo-Latini Guelpherbytani. Ed. by Stella P. Revard u. a. Binghamton, New York 1988 (Medieval & Renaissance Texts & Studies 53), S. 426–432.
Die Deutschen Humanisten. Dokumente zur Überlieferung der antiken und mittelalterlichen Literatur in der Frühen Neuzeit. Abt. I: Die Kurpfalz. Bd. I/2: Janus Gruter. Hg. und bearb. von Wilhelm Kühlmann, Volker Hartmann und Susann El Kholi. Turnhout 2005 (Europa Humanistica. Collection publiée par l'Institut de Recherches et d'Histoire des Textes 4) [zit. als DH 1/2].
Die Deutschen Humanisten. Dokumente zur Überlieferung der antiken und mittelalterlichen Literatur in der Frühen Neuzeit. Abt. I: Die Kurpfalz. Bd. II: David Pareus, Johann Philipp Pareus und Daniel Pareus. Hg. und bearb. von Wilhelm Kühlmann u. a. Turnhout 2010

(Europa Humanistica. Collection publiée par l'Institut de Recherches et d'Histoire des Textes 7) [zit. als DH 2].

Die deutschen Humanisten. Dokumente zur Überlieferung der antiken und mittelalterlichen Literatur in der Frühen Neuzeit. Abt. I: Die Kurpfalz. Bd. III: Jacobus Micyllus, Johannes Posthius, Johannes Opsopoeus und Abraham Scultetus. Hg. und bearb. von Wilhelm Kühlmann u. a. Turnhout 2010 (Europa Humanistica. Collection publiée par l'Institut de Recherches et d'Histoire des Textes 9) [zit. als DH 3].

Die Deutschen Humanisten. Dokumente zur Überlieferung der antiken und mittelalterlichen Literatur in der Frühen Neuzeit. Abteilung I: Die Kurpfalz. Bd. IV: Hieronymus Commelinus, Balthasar Copius, Lambertus Ludolfus Pithopoeus, Henricus Smetius, Simon Stenius und Friedrich Sylburg. Im Auftrag der Heidelberger Akademie der Wissenschaften in Verbindung mit Susann El Kholi, Michael Hanstein und Björn Spiekermann herausgegeben und bearbeitet von Wilhelm Kühlmann u. a. Turnhout 2013 (Europa Humanistica. Collection publiée par l'Institut de Recherche et d'Histoire des Textes 10) [zit. als DH 4].

Die Deutschen Humanisten. Dokumente zur Überlieferung der antiken und mittelalterlichen Literatur in der Frühen Neuzeit. Abteilung I: Die Kurpfalz. Bd. V: Wilhelm Xylander, Aemilius Portus, Daniel Tossanus der Ältere, Paulus Tossanus, Franciscus Junius der Ältere, Giulio Pace, Dionysius Gothofredus und Johann Kahl. Im Auftrag der Heidelberger Akademie der Wissenschaften herausgegeben und bearbeitet von Wilhelm Kühlmann u. a. Turnhout 2016 (Europa Humanistica. Collection publiée par l'Institut de Recherche et d'Histoire des Textes) [zit. als DH 5] [in Druck].

Doms, Misia: »Wer spricht daß fort vnd für die Welt nur ärger werde?« Andreas Tschernings *Lob der Buchdruckerey* als Beitrag zur zeitgenössischen Diskussion über den Lauf der Geschichte und die Bewertung der Gegenwart, in: Realität als Herausforderung. Literatur in ihren konkreten historischen Kontexten. Festschrift für Wilhelm Kühlmann zum 65. Geburtstag. Hg. von Ralf Bogner u. a. Berlin/ New York 2011, S. 279–288.

Dünnhaupt, Gerhard: Personalbibliographien zu den Drucken des Barock. 6 Tle./Bde. Stuttgart 1990–1993.

Effe, Bernd: Zur Rezeption von Vergils Lehrdichtung in der karolinigischen »Renaissance« und im französischen Klassizismus: Walahfrid Strabo und René Rapin. In: Antike und Abendland XXI (1975), S. 140–163.

Ders.: Dichtung und Lehre. Untersuchungen zur Typologie des antiken Lehrgedichts. München 1977 (Zetemata 69).

Eickmeyer, Jost: Der jesuitische Heroidenbrief. Zur Christianisierung und Kontextualisierung einer antiken Gattung in der Frühen Neuzeit. Berlin/Boston 2012 (Frühe Neuzeit 162).

Eickmeyer, Jost: »Aufs new ins Teutsche gebracht«. Lateinische Dichtung der frühen Neuzeit in älteren und jüngeren Übersetzungen. In: Andreas F. Kelletat/Aleksey Tashinskiy (Hg.): Übersetzer als Entdecker. Ihr Leben und Werk als Gegenstand translationswissenschaftlicher und literaturgeschichtlicher Forschungen. Berlin 2014 (Arbeiten zur Theorie und Praxis des Übersetzens und Dolmetschens 66), S. 185–208.

Elschenbroich; Adalbert: Die deutsche und lateinische Fabel in der Frühen Neuzeit. 2 Bde. Tübingen 1990.

Erren, Manfred: Die Phainomena des Arat von Soloi. Untersuchungen zum Sach- und Sinnverständnis. Wiesbaden 1967.

Erren, Manfred: Arata und Aratea 1966–1992. In: Lustrum 36 (1994), S. 189–301.

Erzählen und Episteme. Literatur im 16. Jahrhundert. Hg. von Beate Kellner, Jan-Dirk Müller und Peter Strohschneider unter Mitarbeit von Tobias Bulang und Michael Waltenberger. Berlin/ New York 2011 (Frühe Neuzeit 136).

Fabian, Bernhard: Das Lehrgedicht als Problem der Poetik. In: Die nicht mehr Schönen Künste. Genzphänomene des Ästhetischen. Hg. von Hans Robert Jauß. München 1968 (Poetik und Hermeneutik III), S. 67–89.

Faller, Stefan: Satirisches in Baldes *De eclipsi solari*. In: Freyburger/Lefèvre 2005, S. 257–284.

Faller, Stefan: Der *Rerum caelestium liber primus* des Ianus Dousa filius. In:Ianus Dousa. Neulateinischer Dichter und klassischer Philologe. Hg. von Eckhard Lefevre und Eckart Schäfer. Tübingen 2009 (NeoLatina 17), S. 303–326.

Fechner, Jörg-Ulrich: Martin Opitz' *Trostgedichte* in der Nachfolge von von Petrarcas *De remediis utriusque fortunae*? Eine methodische Überlegung. In: Becker-Cantarino 1990, S. 157–172.

Fischer, Klaus Dietrich: Alcon Sive de Cura Canum Venaticorum. Kritische Textausgabe und Bemerkungen zur Urheberschaft. In: Humanistica Lovaniensia XXXII (1983), S. 266–288.

Fischer, Ludwig: Gebundene Rede. Dichtung und Rhetorik in der literarischen Theorie des Barock in Deutschland. Tübingen 1968 (Studien zur deutschen Literatur 10).

Fleischmann, Wolfgang Bernard: Zum *Anti-Lucretius* des Kardinals de Polignac. In: Romanische Forschungen 77 (1965), S. 42–63.

Fonsén, Tuomo: »Kunstlöbliche Sprachverfassung unter den Teutschen«. Studien zum ›Horrendum Bellum Grammaticale‹ des J. G. Schottelius. Frankfurt am Main 2006.

Fonsén, Tuomo: Schottelius, Justus Georg. In: Killy/Kühlmann 10 (2011), S. 571 f.

Forster, Leonard: Christoffel van Sichem in Basel und der frühe deutsche Alexandriner. Oxford/ New York 1985.

Freyburger, Gérard/Lefèvre, Eckard (Hg.): Balde und die römische Satire. Tübingen 2005 (NeoLatina 8).

Fuhrmann, Manfred: Fluch und Segen der Arbeit. Vergils Lehrgedicht von der Landwirtschaft in der europäischen Tradition. In: Gymnasium 90 (1983), S. 240–257.

Garber, Klaus: Martin Opitz. In: Deutsche Dichter des 17. Jahrhunderts. Hg. von Harald Steinhagen und Benno von Wiese. Berlin 1984, S. 116–184.

Garber, Klaus: Konfessioneller Fundamentalismus und späthumanistischer Nationalismus. Die europäischen Bürgerkriege in der poetischen Transformation um 1600: Opitzens ›Trost-Getichte in Widerwertigkeit des Krieges‹. In: Konfessioneller Fundamentalismus. Religion als politischer Faktor im europäischen Mächtesystem um 1600. Hg. von Heinz Schilling unter Mitarbeit von Elisabeth Müller-Luckner. München 2007, S. 23–46.

Gardt, Andreas: Sprachreflexion in Barock und Frühaufklärung. Entwürfe von Böhme bis Leibniz. Berlin/New York 1994 (Quellen und Forschungen zur Sprach- und Kulturgeschichte der germanischen Völker NF. 108 [232]).

Gibson, Roy/Green, Steven/ Sharrock, Alison (Hg.): The Art of Love. Bimillenial Essays on Ovid's ›Ars Amatoria‹ and ›Remedia Amoris‹. Oxford 2006.

Gillespie, Stuart/Hardie, Philipp (Hg.): The Cambridge Companion to Lucretius. Cambridge 2007.

Gindhart, Marion: Das Kometenjahr 1618. Antikes und zeitgenössisches Wissen in der frühneuzeitlichen Kometenliteratur des deutschsprachigen Raumes. Wiesbaden 2006 (Wissensliteratur im Mittelalter 44).

Glei, Reinhold F.: Erkenntnis als Aphrodisiacum. Poetische und philosophische *voluptas* bei Lukrez. In: Antike und Abendland 38 (1992), S. 82–94.

Glei, Reinhold F.: Art. »Lehrgedicht«. In: NP 7 (1999), Sp. 26–32.

Glei, Reinhold F./Paulsen, Thomas: »... und sie spielt sich doch!« Zur Rekonstruktion der Schachpartie in Vidas »Scaccia Ludus«. In: Neulateinisches Jahrbuch 1 (1999), S. 65–97.
Glei, Reinhold F.: Novus orbis: Melchior de Polignac über das Mikroskop. In: Acta Conventus Neo-Latini Abulensis. [...] Hg. von Jenaro Costas Rodriguez u. a. Tempe (AZ) 2000, S. 283–290.
Glei, Reinhold F.: Alexander de Villa Dei (ca. 1170–1250), *Doctrinale*. In: Lateinische Lehrer Europas. Fünfzehn Portraits von Varro bis Erasmus von Rotterdam. Hg. von Wolfram Ax. Köln u. a. 2005, S. 291–312.
Glei, Reinhold F.: Krankheit dichten. Kranker Mensch und kranke Natur im lateinischen Lehrgedicht. In: Krankheit schreiben. Aufzeichnungsverfahren in Medizin und Literatur. Hg. von Yvonne Wübben und Carsten Zelle. Göttingen 2013, S. 325–347.
Goddard, Charlotte: Pontano's use of the didactic genre: rhetoric, irony and the manipulation of Lucretius in *Urania*. In: Renaissance Studies 5 (1991), S. 250–262.
Goethe-Handbuch in vier Bänden. Hg. von Bernd Witte u. a. Stuttgart/Weimar 1996–1998.
Golla, Korbinian: Daniel Heinsius' Epigramme auf Hesiod, in: Daniel Heinsius. Klassischer Philologe und Poet. Hg. von Eckard Lefèvre und Eckart Schäfer. Tübingen 2008 (NeoLatina 13), S. 31–55.
Gordon, Cosmo Alexander: A Bibliography of Lucretius. London 1962.
Greenblatt, Stephen: Die Wende. Wie die Renaissance begann. Aus dem Englischen von Klaus Binder. München ²2012.
Grimm, Gunter E.: Literatur und Gelehrtentum in Deutschland. Tübingen 1983 (Studien zur deutschen Literatur 79).
Haecker, Theodor: Über die Fundamente des Abendlandes. In: Ders.: Werke 4. München 1965, S. 16–40.
Häfner, Ralph: Götter im Exil. Frühneuzeitliches Dichtungsverständnis im Spannungsfeld christlicher Apologetik und philologischer Kritik (ca. 1590–1736). Tübingen 2003 (Frühe Neuzeit 80).
Häfner, Ralph: Naturae perdiscere mores. Naturrecht und Naturgesetz in Martin Opitz' wissenschaftlichem Gedicht ›Vesuvius‹. In: Zeitschrift für Germanistik 19 (2009), S. 41–50.
Harms, Wolfgang: Des Winsbeckes Genius. Zur Einschätzung didaktischer Poesie des deutschen Mittelalters im 17. und 18. Jahrhundert. In: Mittelalter-Rezeption. Ein Symposion. Hg. von Peter Wapnewski. Stuttgart 1986 (Germanistische Symposien VI), S. 46–59; auch in: Ders.: Kolloquialität der Literatur. Kleine Schriften. Hg. von Michael Schilling. Stuttgart 2006, S. 267–280.
Hartfelder, Karl: Philipp Melanchthon als Praeceptor Germaniae. Berlin 1889. ND Nieuwkoop 1972 (Monumenta Germaniae Paedagogica VII).
Haskell, Yasmin: Round and round we go: The alchemical ›Opus Circulatorium' of Giovanni Aurelio Augurello. In: Bibliothèque d' Humanisme et Renaissance 59 (1997), S. 583–606.
Haskell, Yasmin: Renaissance Latin didactic poetry upon the stars: wonder, myth, and science. In: Renaissance Studies 12 (1998), S. 495–522.
Haskell, Yasmin: Loyola's Bees. Ideology and Industry in Jesuit Didactic Poetry. Oxford 2003.
Hauffen, Adolf: Die Trinkliteratur in Deutschland bis zum Ausgang des sechzehnten Jahrhunderts. In: Vierteljahrsschrift für Litteraturgeschichte 2 (1889), 480–516.
Hauffen, Adolf: Fischart-Studien II. Die Beschreibung des astronomischen Uhrwerks. In: Euphorion 3 (1896), S. 705–710.
Hauffen, Adolf: Johann Fischart. Ein Literaturbild aus der Zeit der Gegenreformation. 2 Bde. Berlin/Leipzig 1921–1922.

Hauffen, Adolf: Zur Literatur der ironischen Enkomien. In: Vierteljahrsschrift für Litteraturgeschichte 6 (1893), S. 161–185.
Haye, Thomas : Das lateinische Lehrgedicht im Mittelalter. Analyse einer Gattung. Leiden u. a. 1997 (Mittellateinische Studien und Texte XXII).
Heather, Noel: Number, symmetry and order in Du Bartas's *Semaine*: reform of church and sky. In: Renaissance Studies 5 (1991), S. 288–300.
Heinen, Ulrich (Hrsg.): Welche Antike? Konkurrierende Rezeption des Altertums im Barock. 2 Tle./Bde. Wiesbaden 2011 (Wolfenbütteler Arbeiten zur Barockforschung 47).
Hess, Günter: Deutsch-Lateinische Narrenzunft. Studien zum Verhältnis von Volkssprache und Latinität in der satirischen Literatur des 16. Jahrhunderts. München 1971 (Münchener Texte und Untersuchungen zur deutschen Literatur des Mittelalters 41).
Hieronymus, Frank: Griechischer Geist aus Basler Pressen. Basel 1992.
Hintzen, Beate: Beobachtungen zur Stellung der Poetik im System der *artes* in Johann Heinrich Alsteds Encyklopaedia (1630). In: Norm und Poesie 2013, S. 45–80.
Humanistische Lyrik des 16. Jahrhunderts. Lateinisch und deutsch. In Zusammenarbeit mit Christof Bodamer u. a. ausgewählt, übersetzt, erläutert und hg. von Wilhelm Kühlmann, Robert Seidel und Hermann Wiegand. Frankfurt am Main 1997 (Bibliothek der Frühen Neuzeit 5; Bibliothek deutscher Klassiker 146) [zit. als HL].
Hocke, Gustav R.: Lukrez in Frankreich von der Renaissance bis zur Revolution. Köln 1935 (Diss. Bonn).
Hoffmeister, Johannes: Kaspar von Barths Leben, Werke und sein deutscher Phönix. Mit einem Manulneudruck des Deutschen Phönix. Heidelberg 1931 (Beiträge zur neueren Literaturgeschichte XIX).
Hofmann, Heinz: Syphilis di Fracastoro: immaginazione ed erudizione. In: Res Publica Litterarum. Studies in the Classical Tradition IX (1986), S. 175–181.
Holtz, Sabine/Mertens, Dieter (Hg.): Nicodemus Frischlin (1547–1590). Poetische und prosaische Praxis unter den Bedingungen des konfessionellen Zeitalters. Stuttgart-Bad Cannstatt 1999 (Arbeiten und Editionen zur mittleren deutschen Literatur N. F. 1).
Holzberg, Niklas: Ovids erotische Lehrgedichte und die römische Liebeselegie. In: Wiener Studien N. F. 15 (1981), S. 185–204.
Huber-Rebenich, Gerlinde: Der lateinische Psalter des Eobanus Hessus und das Ideal der *docta pietas*. In: Ludwig 2001, S. 289–303.
Hübner, Wolfgang: Perseus, Eridanus und Cola Piscis unter den Sternbildern in Pontanos Urania. In: Humanistica Lovaniensia 28 (1979), S. 139–166.
Hübner, Wolfgang: Die Rezeption des astrologischen Lehrgedichts des Manilius in der italienischen Renaissance, in: Humanismus und Naturwissenschaften. Hg. von Rudolf Schmitz und Fritz Krafft. Boppard 1980 (Beiträge zur Humanismusforschung VI), S. 39–67.
Deutscher Humanismus 1480–1520. Verfasserlexikon. Hg. von Franz Josef Worstbrock. Berlin, New York Bd. 1 ff. 2008 ff. [zit. als VL Deutscher Humanismus].
Huss, Bernhard: Art. »Lehrgedicht«. In: NP 15/I (2001), Sp. 108.
Ijsewijn, Jozef with Dirk Sacré: Companion to Neo Latin Studies. Part II. Leuven 1998 (Supplementa Humanistica Lovaniensia XIV).
Jäger, Hans Wolf: Zur Poetik der Lehrdichtung in Deutschland. In kritischen Zusätzen zu L. L. Albertsens Buch ›Das Lehrgedicht‹. In: DVjS 44 (1970), S. 545–576.
Jäger, Hans Wolf: Lehrdichtung. In: Deutsche Aufklärung bis zur Französischen Revolution. Hg. v. Rolf Grimminger. München 1980, S. 500–544.

Jegel, August: Der Humanist Vinzenz Heidecker, gen. Opsopoeus. Ein Beitrag zur Geschichte des süddeutschen Humanismus. In: Archiv für Kulturgeschichte XXX (1940), S. 27–84.
Jones, Howard: The Epicurean Tradition. London/New York 1989.
Jones, Howard: An Eighteenth-Century Refutation of Epicurean Physics: The *Anti-Lucretius* of Melchior de Polignac (1747). In: Acta Convenus Neo-Latini Torotonensis. Hg. von Alexander Dalzell u. a. Binghamton/New York 1991 (Medieval & Renaissance Texts & Studies 86), S. 94–401.
Karrer, Klaus: Johannes Posthius. Verzeichnis der Briefe und Werke mit Regesten und Posthius-Biographie. Wiesbaden 1993 (Gratia 23).
Kaufmann-Bühler, Dieter: Eine Vorlesung Ph. Melanchthons über das Theogniscorpus. Ein Beitrag zur Geschichte der Philologie des Humanismus. In: Philologus 100 (1956), S. 113–131.
Keil, Gundolf: Prosa und gebundene Rede im medizinischen Kurztraktat des Hoch- und Spätmittelalters. In: Poesie und Gebrauchsliteratur 1979, S. 76–94.
Keller, Luzius: Palingène, Ronsard, Du Bartas. Trois Études sur la Poésie Cosmologique de la Renaissance. Bern 1974.
Kemp, Friedhelm: Das Buch Genesis in Lehrgedichten des 16. Jahrhunderts. In: Scientiae et artes, Bd./Tl. 1, S. 453–461
Kenny, Neil: ›Curiosite‹ and philosophical poetry in the French Renaissance. In: Renaissance Studies 5 (9191), S. 263–276.
Kidwell, Carol: Pontano. Poet & Prime Minister. London 1991.
Killy Literaturlexikon. Autoren und Werke des deutschsprachigen Kulturraumes. 2., vollständig überarbeitete Auflage. Hg. von Wilhelm Kühlmann in Verbindung mit Achim Aurnhammer u. a. Bd. 1–13. Berlin/ New York bzw. Boston 2008–2012 [zit. als Killy/Kühlmann].
Kimmich, Dorothee: Epikurische Aufklärungen. Philosophische und poetische Konzepte der Selbstsorge. Darmstadt 1993.
Klecker, Elisabeth: Dichtung über Dichtung. Homer und Vergil in lateinischen Gedichten italienischer Humanisten des 15. und 16. Jahrhunderts. Wien 1994 (Wiener Studien, Beih. 20).
Klinger, Friedrich: Virgils Georgica. Zürich/Stuttgart 1963.
Knape, Joachim: Dichtung, Recht und Freiheit. Studien zu Leben und Werk Sebastian Brants 1457–1521. Baden-Baden 1992 (Saecula Spiritalia 23).
Knape, Joachim: Philipp Melanchthons ›Rhetorik‹ [mit einem Faksimiledruck der *Elementorum Rhetorices Libri Duo*, zuerst 1531, nach der älteren Edition in C.R., Bd. XIII]. Tübingen 1993 (Rhetorik-Forschungen 6).
Könneker, Barbara: Satire im 16. Jahrhundert. Epoche-Werk-Wirkung. München 1991.
Krummacher, Hans-Henrik: Der junge Gryphius und die Tradition. Studien zu den Perikopensonetten und Passionsliedern. Müchen 1976.
Krummacher, Hans-Henrik: »De Quatuor novissimis«. Über ein traditionelles theologisches Thema bei Andreas Gryphius. In: Respublica Guelpherbytana. Wolfenbütteler Beiträge zur Renaissance- und Barockforschung. Festschrift für Paul Raabe. Hg. von August Buck und Martin Bircher. Amsterdam 1987 (Chloe 6), S. 499–577.
Kurschwitz, Peter/Schumacher, Matthias: Das vorklassische Lehrgedicht der Römer. Heidelberg 2005 (Kalliope 4).
Kühlmann, Wilhelm: Alchemie und späthumanistische Formkultur. Der Straßburger Dichter Johannes Nicolaus Furichius (1602–1623), ein Freund Moscheroschs. In: Daphnis 13 (1984), S. 100–135; auch in: Ders./Schäfer 2001, S. 175–200.

Kühlmann, Wilhelm: Reinike Voss de Olde in der späthumanistischen Adelserziehung. Ein protreptischer Verstraktat (1580) des Heidelberger Rhetorikprofessors Lambertus Pithopoeus (1535–1596). In: Daphnis 15 (1986), S. 443–472; auch in: Ders. 2006, S. 308–322.

Kühlmann, Wilhelm: Technischer Fortschritt und kulturelles Bewusstsein. Zur Diagnose von Modernität in der frühneuzeitlichen Literatur. In: Die Mechanik in den Künsten. Hg. von Hanno Möbius und Jörg Jochen Berns. Marburg 1990, S. 31–43.

Kühlmann, Wilhelm: Zum Profil des postreformatorischen Humanismusmus in Pommern. Zacharias Orth (ca. 1535–1579) und sein Lobgedicht auf Stralsund. Mit Bemerkungen zur Gattungsfunktion der *laus urbis*. In: Pommern in der Frühen Neuzeit. Literatur in Stadt und Region. Hg. von dems. und Horst Langer. Tübingen 1994 (Frühe Neuzeit 19), S. 101–123; auch in: Ders. 2006, S. 287–307.

Kühlmann, Wilhelm: Kombinatorisches Schreiben – Intertextualität als Konzept frühneuzeitlicher Erfolgsautoren (Rollenhagen, Moscherosch). In: Intertextualität in der Frühen Neuzeit. Hg. von dems. und Wolfgang Neuber. Frankfurt am Main u. a 1994 (Frühneuzeit-Studien 2), S. 111–139; auch in: Ders./Schäfer (2001), S. 227–244.

Kühlmann, Wilhelm: Humanistische Verskunst im Dienste des Paracelsismus. Zu einem programmatischen Lehrgedicht des Michael Toxites (1514–1581). In: Études Germaniques 50 (1995), S. 509–526; auch in: Ders./Schäfer 2001, S. 25–40.

Kühlmann, Wilhelm: Das Erdbeben von Lissabon als literarisches Ereignis. Johann Peter Zus Gedicht *Das Erdbeben* im historisch-epochalen Kontext [1998], abgedruckt in Kühlmann 2006, S. 608–653.

Kühlmann, Wilhelm: Akademischer Humanismus und revolutionäres Erbe. Zu Nicodemus Frischlins Rede *De vita rustica* (1578). In: Nicodemus Frischlin (1547–1590). Poetische und prosaische Praxis unter den Bedingungen des konfessionellen Zeitalters. Tübinger Vorträge. Hg. von Sabine Holtz und Dieter Mertens. Stuttgart-Bad Cannstatt 1999 (Arbeiten und Editionen zur Mittleren Deutschen Literatur N. f. 1), S. 423–443.

Kühlmann, Wilhelm: Art. »Lehrdichtung«. In: Reallexikon der deutschen Literaturwissenschaft [...]. Bd. II. [...] Hg. von Harald Fricke. Berlin/New York 2000, S. 393–397.

Kühlmann, Wilhelm: Martin Opitz. Deutsche Literatur und deutsche Nation. Heidelberg 2001.

Kühlmann, Wilhelm: Sinnbilder der Transmutationskunst. Einblicke in die mythoalchemische Ovidrezeption von Petrus Bonus bis Michael Maier. In: Metamorphosen. Wandlungen und Verwandlungen in Literatur, Sprache und Kunst von der Antike bis zur Gegenwart. Festschrift für Bodo Guthmüller zum 65. Geburtstag. Hg. von Heidi Marek, Anne Neuschäfer und Susanne Tichy. Wiesbaden 2002, S. 163–175.

Kühlmann, Wilhelm: Vom Humanismus zur Spätaufklärung. Ästhetische und kulturgeschichtliche Dimensionen der frühneuzeitlichen Lyrik und Verspublizistik in Deutschland. Hg. von Joachim Telle, Friedrich Vollhardt und Hermann Wiegand. Tübingen 2006.

Kühlmann, Wilhelm: Luthers Psaltervorrede von 1528 als poetologische Urkunde frühneuzeitlicher Lyrik und der lateinische Psalter des Eobanus Hessus. In: Ders. 2006, S. 44–56

Kühlmann, Wilhelm: Religiöse Affektmodellierung: Die heroische Versepistel als Typus der jesuitischen Erbauungsliteratur in Deutschland. In: Ders. 2006, S. 596–607

Kühlmann, Wilhelm: Der Jesuitendichter und die Naturkatastrophe – Bemerkungen zur Kombinatorik von Textklassen und Diskursen in Jacob Bidermanns poetischer Verarbeitung des Vesuvausbruchs von 1631 (*Campanum, seu Vesuvius Flagrans*). In: ›Parodia‹ und Parodie. Aspekte intertextuellen Schreibens in der lateinischen Literatur der Frühen

Neuzeit. Hg. von Reinhold F. Glei und Robert Seidel. Tübingen 2006 (Frühe Neuzeit 120), S. 209–240.

Kühlmann, Wilhelm: »Marcellus Caecilianus Sasafras Pharmacopola« – das poetische Selbstporträt eines Apothekers in Jacob Baldes Elegienzyklus ›Urania Victrix‹ (1663). In: Pharmazie in Geschichte und Gegenwart. Festgabe für Wolf-Dieter Müller-Jahncke zum 65. Geburtstag. Hg. von Christoph Friedrich und Joachim Telle. Stuttgart 2009, S. 285–296.

Kühlmann, Wilhelm: *Eruditio* und *Pietas*. Das literarische Lebenswerk des Zweibrücker Superintendenten Pantaleon Candidus (1540–1608). In: Die Wittelsbacher und die Kurpfalz in der Neuzeit. Zwischen Reformation und Revolution. Hg. von Wilhelm Kreutz, dems. und Hermann Wiegand. Regensburg 2013, S. 315–332.

Kühlmann, Wilhelm: Gelehrtenkultur und Spiritualismus. Studien zu Texten, Autoren und Diskursen der Frühen Neuzeit in Deutschland. Hg. von Jost Eickmeyer und Ladislaus Ludescher in Zusammenarbeit mit Björn Spiekermann. 3 Bde. Heidelberg 2016 (im Druck).

Kühlmann, Wilhelm/Claren, Lutz: Heros und Skandalon. Zum poetischen Gedenken an den ›Ketzer‹ Giulio Cesare Vanini (1585–1619) in der deutschen Literatur. Von Johannes Bisselius SJ zu Friedrich Hölderlin. In: Leichabdankung und Trauerarbeit. Zur Bewältigung von Tod und Vergänglichkeit im Zeitalter des Barock. Hg. von Ralf Georg Bogner, Johann Anselm Steiger und Urich Heinen. Amsterdam/New York 2009 (Daphnis 38, Heft 1/2 [2009]), S. 91–118.

Kühlmann, Wilhelm/Schäfer, Walter E.: Frühbarocke Stadtkultur am Oberrhein. Studien zum literarischen Werdegang J. M. Moscheroschs. Berlin 1983 (Philologische Studien Studien und Quellen 109).

Kühlmann, Wilhelm/Schäfer, Walter E.: Literatur im Elsaß von Fischart bis Moscherosch. Tübingen 2001.

Kühlmann, Wilhelm/Seidel, Robert: Askese oder Augenlust? Sinnesvermögen und Sinnlichkeit bei Jakob Balde SJ und Barthold Heinrich Brockes. In: Iliaster. Literatur und Naturkunde in der Frühen Neuzeit. Festgabe für Joachim Telle zum 60. Geburtstag. Hg. von dems. und Wolf-Dieter Müller-Jahncke. Heidelberg 1999, S. 131–166.

Kühlmann, Wilhelm/Telle, Joachim: Humanismus und Medizin an der Universität Heidelberg im 16. Jahrhundert. In: Semper Apertus. Sechshundert Jahre Ruprecht-Karls-Universität Heidelberg 1386–1986. Bd. I: Mittelalter und Frühe Neuzeit 1386–1803. Hg. von Wilhelm Doerr in Zusammenarbeit mit Otto Haxel u. a. Berlin u. a. 1985, S. 255–289.

Kugler, Hartmut: Die Vorstellung der Stadt in der Literatur des deutschen Mittelalters. München 1986.

Lähnemann, Henrike/Linden, Sandra: Dichtung und Didaxe. Lehrhaftes Sprechen in der deutschen Literatur des Mittelalters. Berlin/New York 2009.

Laufhütte, Hartmut: Ökumenischer Knaster. Sigmund von Birkens *Truckene Trunkenheit* und Jacob Baldes *Satyra contra Abusum Tabaci*. In: Jacob Balde im kulturellen Kontext seiner Epoche. Zur 400. Wiederkehr seines Geburtstages. Hg. von Thorsten Burkard, u. a. Regensburg 2006 (Jesuitica 9), S. 114–150.

Leibenguth, Erik: Hermetische Poesie des Frühbarock. Die »Cantilenae intellectuales« Michael Maiers. Edition mit Übersetzung, Kommentar und Bio-Bibliographie. Tübingen 2002 (Frühe Neuzeit 66).

Leonhardt, Jürgen: Dimensio Syllabarum. Studien zur lateinischen Prosodie und Verslehre von der Spätantike bis zur frühen Renaissance. Göttingen 1989 (Hypomnemata 92).

Leonhardt, Jürgen: Drucke antiker Texte in Deutschland vor der Reformation und Luthers frühe Vorlesungen. In: Ludwig 2001, S. 97–129.

Lesky, Albin: Geschichte der griechischen Literatur. München 1993.
Liebermann, W.-L./Huber, Ch./Walz, H.: Art. »Lehrdichtung«. In: Historisches Wörterbuch der Rhetorik. Bd. 5 (2001), Sp. 93–117.
Löhnemann, Henrike/Linden, Sandra (Hg.): Lehrhaftes Sprechen in deutschen Literatur des Mittelalters. Berlin 2009.
Loehr, Johanna: Melanchthons Übersetzungen griechischer Dichtung. In: Ludwig (Hg. 2001), S. 209–246.
Lohmeier, Anke-Marie: Beatus ille. Studien zum ›Lob des Landlebens‹ in der Literatur des absolutistischen Zeitalters. Tübingen 1981 (Hermaea 44).
Ludwig, Walther: Die Phainomena Arats als hellenistische Dichtung. In: Hermes 91 (1963), S. 425–448.
Ludwig, Walther: Neulateinische Lehrgedichte und Vergils Georgica. In: From Wolfram and Petrach to Goethe and Grass. Studies in Literature in Honour of Leonard Forster. Ed. von D. H. Green u. a. Baden-Baden 1982, S. 151–180.
Ludwig, Walther: Frischlins Epos über die Württembergisch-Badische Hochzeit von 1575 und zwei neue Briefe Frischlins. In: Daphnis 29 (2000), S. 413–464; auch in: Ders. 2004, Bd.1, S. 541–582.
Ludwig, Walther (Hg.): Die Musen im Reformationszeitalter. Leipzig 2001 (Schriften der Stiftung Luthergedenkstätten in Sachsen-Anhalt 1).
Ludwig, Walther: Musenkult und Gottesdienst. Evangelischer Humanismus der Reformationszeit. In: Ludwig 2001, S. 9–51.
Ludwig, Walther: *Opuscula aliquot elegantissima* des Joachim Camerarius und die Tradition des Arat. In: Rainer Kößling/Günther Wartenberg (Hg.): Joachim Camerarius. Tübingen 2003, S. 97–132.
Ludwig, Walther: *Pontani amatores*. Joachim Camerarius und Eobanus Hessus in Nürnberg. In: Pontano und Catull. Hg. von Thomas Baier. Tübingen 2003 (NeoLatina 4), S. 11–46.
Ludwig, Walther: Miscella Neolatina. Ausgewählte Aufsätze 1989–2003. Bd. 1–3. Hg. von Astrid Steiner-Weber. Hildesheim u. a. 2004.
Ludwig, Walther: Unbekannte emblematologische Jesuitendichtung. Das horazisierende Lehrgedicht *De arte symbolica ad Erastum* (1701) von Jacobus Boschius aus Sigmaringen. In: Neulateinisches Jahrbuch 10 (2008), S. 195–261; auch in: Ders., Supplementa 2008, S. 479–545.
Ludwig, Walther: Supplementa Neolatina. Ausgewählte Aufsätze 2003–2008. Hg. von Astrid Steiner-Weber. Hildesheim u. a. 2008.
Ludwig, Walther: Janus Gruters Florilegium ethico-politicum. Die Erneuerung einer antiken Dichtungsform und die ethische Funktionalisierung der antiken Literatur. In: Ebd., S. 97–129.
Ludwig, Walther: Tradition und Kreativität in der Nachfolge der Disticha Catonis und der Monosticha des Publilius Syrus (Michael Verinus, Petrus Lindebergius, Janus Gruter). In: Neulateinisches Jahrbuch 11 (2009), S. 75–93.
Mahlmann-Bauer, Barbara (Hg.): Scientiae et artes. Die Vermittlung alten und neuen Wissens in Literatur, Kunst und Musik. 2 Tle./Bde. Wiesbaden 2004 (Wolfenbütteler Arbeiten zur Barockforschung 38) [zit. als Scientiae et artes].
Mahlmann-Bauer, Barbara: Poetische Darstellung des Kosmos in der Nachfolge des Lukrez. Bruno – Kepler – Goethe. In: Der Naturbegriff in der Frühen Neuzeit. Semantische Perspektiven zwischen 1500 und 1700. Hg. von Thomas Leinkauf und Karin Hartbecke. Tübingen 2005, S. 109–186.

Mahlmann-Bauer, Barbara: »Die Alpen« Albrecht von Hallers. Landschaftsgemälde, wissenschaftliche Hypothesenbildung und verborgene Theologie. In: Mitteilungen der naturforschenden Gesellschaft in Bern 66 (2009), S. 9–27.
Maltzahn, Hellmuth Freiherr von: Karl Ludwig von Knebel. Goethes Freund. Jena 1929.
Martin, Dieter: Kometen in der deutschen Barockdichtung. In: Scientiae et artes, Tl./Bd. 1, S. 425–444.
Maurmann-Bronder: Tempora significant. Zur Allegorese der vier Jahreszeiten. In: Verbum et Signum. Beiträge zur mediävistischen Bedeutungsforschung. Hg. von Hans Fromm, Wolfgang Harms und Uwe Ruberg. 2 Bde. München 1975, Bd. 1, S. 69–101.
Mauser; Wolfram: Konzepte aufgeklärter Lebensführung. Literarische Kultur im frühmodernen Deutschland. Würzburg 2006.
McFarlane, Ian D.: Tobacco – A Subjekt for Poetry. In: From Wolfram and Petrarch to Goethe and Grass. Studies in Literature in Honour of Leonard Forster. Ed. von D. H. Green u. a. Baden-Baden 1982, S. 427–441.
Merzbacher, Dieter: *Der grössseste Lohn, den die Poeten zu gewarten haben*. Die Werke des Augsburger Magisters, Meistersingers und Notars Johannes Spreng (1524–1601) in der Herzog August Bibliothek Wolfenbüttel. In: Wolfenbütteler Noitzen zur Buchgeschichte 16 (1991), S. 79–124.
Merzbacher, Dieter: *Lambendo Demum Ursus Conformatur*. Die Edition der Werke Diederich von dem Werders und Tobias Hübners. In: Editionsdesiderate zur Frühen Neuzeit. Hg. von Hans-Gert Roloff unter redaktioneller Mitarbeit von Renate Meincke. 2 Tle./Bde. Amsterdam/Atlanta (GA) 1997 (Chloe 24), hier Tl./Bd.1, S. 491–510.
Monreal, Ruth: Vergils Vermächtnis. Die Gartenpraeteritio in den *Georgica* (4,116–148) und Typen ihrer Rezeption im neulateinischen Lehrgedicht. In: Humanistica Lovaniensia 51 (2005), S. 1–47.
Monreal, Ruth: Flora Neolatina. Die Hortorum libri IV von René Rapin SJ und die Plantorum libri VI von Abraham Cowley. Zwei lateinische Dichtungen des 17. Jahrhunderts. Berlin/New York 2010 (Beiträge zur Altertumskunde 278).
Montgomery, Robert L.: The reader's eye. Studies in didactic literary theory from Dante to Tasso. Berkeley 1979.
Moser, Dietz-Rüdiger: Verkündigung durch Volksgesang. Studien zur Liedpropaganda und -katechese der Gegenreformation. Berlin 1981.
Müller, Gernot Michael: Die «Germania generalis» des Conrad Celtis. Studien mit Edition, Übersetzung und Kommentar. Tübingen 2001 (Frühe Neuzeit 67).
Müller, Gernot Michael: Ein Lehrgedicht nach neoterischer Poetik. Pontanos *De hortis Hesperidum sive de cultu citriorum* und seine Beziehung zu Catull. In: Thomas Baier (Hg.): Pontano und Catull. Freiburg 2003 (Neolatina 4), S. 265–288.
Müller, Gernot Michael: Zwischen Aristotelesrezeption und literarischer Praxis. Carlo Sigonio *De dialogo liber* und die Genese einer Poetik des literarischen Dialogs im 16. Jahrhunderts. In: Norm und Poesie 2013, S. 7–43.
Naiden, James R.: The *Sphera* of George Buchanan (1506–1582). A literary Opponent of Copernicus and Tycho Brahe. Philadelphia (PA) 1952
Neuschäfer, Anne: Von der Première Sepmaine zu La Creation: Anmerkungen zur französischen Hexameralliteratur des 16. Jahrhunderts. In: Scientiae et artes, Tl./Bd. I, S. 463–498.
Nichilo, Mauro de: I Poemi astrologici di Giovanni Pontano. Storia del testo. Bari 1975.
Nisbet, H. B.: Lucretius in Eighteenth-Century Germany. With a Commentary on Goethes ›Metamorphose der Tiere‹. In: Modern Language Notes 81 (1986), S. 97–115.

Nisbet, H. B.: Karl Ludwig von Knebels Hexameter Translation of Lucretius. In: German Life and Letters 41 (1988), S. 413–425.
Nisbet, H. B.: Lukrez. In: Goethe-Handbuch 4.2 (1998), S. 673 f.
Norm und Poesie. Zur expliziten und impliziten Poetik in der lateinischen Literatur der Frühen Neuzeit. Hg. von Beate Hintzen und Roswitha Simons. Berlin/Boston 2013 (Frühe Neuzeit 178).
Der Neue Pauly. Enzyklopädie der Antike. Bd. 1 ff. Stuttgart, Weimar 1996 ff. [zit. als NP].
Frühe Neuzeit in Deutschland 1520–1620. Literaturwissenschaftliches Verfasserlexikon. Hg. von Wilhelm Kühlmann, Jan-Dirk Müller, Michael Schilling, Johann Anselm Steiger und Friedrich Vollhardt. Bd. 1 ff. Berlin/Boston 2011 ff. [zit. als VL 16].
Oestmann, Günther : Die astronomische Uhr des Strassburger Münsters. Funktion und Bedeutung eines Kosmos-Modells im 16. Jahrhundert. Stuttgart 1993.
Otto, Regine: »Lukrez bleibt immer in seiner art der Einzige«. Karl Ludwig von Knebel an Goethe. Ungedruckte Briefe aus den Jahren 1821 und 1822. In: Impulse. Aufsätze, Quellen, Berichte zur deutschen Klassik und Romantik. Berlin/Weimar 1982, S. 229–263.
Pantin, Isabelle: La Poésie Du Ciel En France Dans La Seconde Moitié du Siezième Siècle. Genf 1995 (Travaux d' Humanisme et Renaissance CCXCVII).
Pfeiffer, Rudolph: Die Meistersingerschule in Augsburg und der Homerübersetzer Johannes Spreng. München/Leipzig 1919 (Schwäbische Geschichtsquellen und Forschungen 2).
Poesie und Gebrauchsliteratur im deutschen Mittelalter. Würzburger Colloquium 1978. Hg. von Volker Honemann u. a. Tübingen 1979.
Pöhlmann, Egert: Charakteristika des römischen Lehrgedichts. In: Aufstieg und Niedergang der Römischen Welt. Hg. von Hildegard Temporini. I. Dritter Band: Von den Anfängen Roms bis zum Ausgang der Republik. Berlin/New York 1973, S. 813–901.
Pot, Olivier: Une Enyclopédie Protestante Autour de Simon Goulart. In: Bibliothèque de Humanisme et Renaissance LVI 1994 S. 475–493.
Rahn, Thomas. Festbeschreibung. Funktion und Topik einer Textsorte am Beispiel der Beschreibung höfischer Hochzeiten (1568–1794). Tübingen 2006 (Frühe Neuzeit 108).
Reeve, Michael D.: The Italian Tradition of Lucretius. In: Italia Medioevale e Umanistica XXIII 1980, S. 2–48.
Reichenberger, Kurt: Du Bartas und sein Schöpfungsepos. München 1962 (Münchner Romanistische Arbeiten 17).
Reichenberger, Kurt: Themen und Quellen der Sepmaine. Tübingen 1963 (Beihefte zur Zeitschrift für romanische Philologie 108).
Reineke, Ilse: Julius Cäsar Scaligers Kritik der neulateinischen Dichter. Text, Übersetzung und Kommentar des 4. Kapitels von Buch VI seiner Poetik. München 1988 (Humanistische Bibliothek: Reihe I 48).
Reiser, Thomas: Mythologie und Alchemie in der Lehrepik des frühen 17. Jahrhunderts. Die ›Chryseidos Libri IIII‹ des Straßburger Dichterarztes Johannes Nicolaus Furichius (1602–1633). Tübingen 2011 (Frühe Neuzeit 148).
Richter, Karl: Literatur und Naturwissenschaft. Eine Studie zur Lyrik der Aufklärung. München 1972.
Richter, Sandra: Außer Konkurrenz? Die *Ars Poetica* des Horaz in Kommentar und Poetik des 16. und 17. Jahrhunderts. In: Welche Antike? Konkurrierende Rezeptionen des Altertums im Barock. 2 Tle./Bde. Hg. von Ulrich Heinen. Wiesbaden 2011 (Wolfenbütteler Arbeiten zur Barockforschung 47), Tl./Bd. 2, S. 933–956.

Richter, Werner: Lehrhafte Dichtung. In: Reallexikon der deutschen Literaturgeschichte. Bd. 2. Berlin 1965, S. 31–39.

Robert, Jörg: Martin Opitz: *Vevuvius Poëma Germanicum* (1633). In: Borgards u. a. 2013, S. 301–305.

Roellenbleck, Georg: Das epische Lehrgedicht Italiens im fünfzehnten und sechzehnten Jahrhundert. München 1975 (Münchener Romanistische Arbeiten 43).

Rösler, Vom Scheitern eines literarischen Experiments. Brechts »Manifest« und das Lehrgedicht des Lukrez. In: Gymnasium 82 (1975), S. 1–25.

Rohmer, Ernst: Das epische Projekt. Poetik und Funktion des *carmen herocium* in der deutschen Literatur des 17. Jahrhunderts. Heidelberg 1998 (Beihefte zum Euphorion 30).

Roloff, Hans-Gert: Thomas Naogeorgs Satiren. In: Daphnis 16 (1987), S. 363–385.

Repertorium der Sangsprüche und Meisterlieder des 12. bis 18. Jahrhunderts. Hg von Horst Brunner, Burghart Wachinger. Tübingen 1986–2002 [zit. als RSM].

Schäfer, Walter E[rnst]: Johann Michael Moscherosch. Staatsmann, Satiriker und Pädagoge im Barockzeitalter. München 1982.

Schäfer, Walter E[rnst]: Moral und Satire. Konturen oberrheinischer Literatur des 17. Jahrhunderts. Tübingen 1992 (Frühe Neuzeit 7).

Schatzberg, Walter: Scientific Themes in the Popular Literature and the Poetry of the German Enlightenment, 1720–1760. Bern 1973.

Schibel, Wolfgang/Wiegand, Hermann: Gegenaufklärung im lateinischen Lehrgedicht: Desbillons' *Monita philosophica*. In: Georg Maag (Hg.): Ein antiphilosophisches Experiment im 18. Jahrhundert: F.-J. Terrassse Desbillons. Mannheim 1986 (Mannheimer Analytica 5), S. 86–103 und 194–228.

Schilling, Michael: Skeptizistische Amplifikation des Erzählens. Fischarts Antwort auf die epistemische Expansion der Frühen Neuzeit. In: Erzählen und Episteme 2011, S. 69–89.

Schindler, Claudia: Nicolò Partenio Gianettasios *Nauticorum Libri VIII*. Ein neulateinisches Lehrgedicht des 17. Jahrhunderts. In: Neulateinisches Jahrbuch 3 (2001), S. 145–176.

Schlegelmilch, Ulrich: Descriptio Templi. Architektur und Fest in der lateinischen Dichtung des konfessionellen Zeitalters. Regensburg 2003.

Schmidt, Albert-Marie: La Poésie Scientifique en France au XVIe siècle. Paris 1938. ND Lausanne 1970.

Schmidt, Franz: Lukrez bei Goethe. In: Goethe. N. F. des Jahrbuchs der Goethe-Gesellschaft 24 (1962), S. 158–174.

Schmidt, Paul Gerhard: Transformation und Substitution von Ovids Fasten im 16. und 17. Jahrhundert. In: Acta Conventus Neo-Latini Hafniensis. Ed. von Ann Moss u. a. Binghamton/New York 1994, S. 891–898.

Schneider, Bernd: Vergil. Handschriften und Drucke der Herzog August Bibliothek. Wolfenbüttel 1983 (Ausstellungskataloge der Herzog August Bibliothek 37).

Schulz-Behrend, George: Opitz' *Zlatna*. In: Modern Language Notes 77 (1962), S. 398–410.

Schwabe, Ernst: Zur Geschichte der deutschen Horazübersetzungen. In: Jahrbücher für Philologie und und Paedagogik 42 (1896), S. 304–333; [Teil 2] Die Poetereykunst des Andreas Henrich Bucholtz. In: Ebd. 545–575.

Siegrist, Christoph: Das Lehrgedicht der Aufklärung. Stuttgart 1974.

Siegrist, Christoph: Lehrdichtung, In: Deutsche Literatur. Eine Sozialgeschichte. Bd. 4. Hg. v. Ralph-Rainer Wuthenow. Reinbek bei Hamburg 1980, S. 219–233.

Sier, Kurt: Religion und Philosophie im ersten Proömion des Lukrez. In: Antike und Abendland XLIV (1998), S. 97–106.

Simnacher, Georg: Johannes Spreng 1524–1601. Humanist, Meistersinger, Notar. In: Lebensbilder aus dem Bayerischen Schwaben. Bd. 17. Hg. von Wolfgang Haberl. Weißenhorn 2010, S. 77–98.

Simons, Roswitha: Der poetologische Rekurs auf die römischen Vorbilder und das Selbstverständnis humanistischer Satirendichter. Zur Entwicklung des Gattungsverständnisses im 15. und 16. Jahrhundert. In: Norm und Poesie 2013, S. 125–144.

Solbach, Andreas: Martin Opitz' *Trostgedichte in Widerwertigkeit deß Krieges*. In: Martin Opitz (1597–1639). Nachahmungspoetik und Lebenswelt. Hg. von Thomas Borgstedt und Walter Schmitz. Tübingen 2002 (Frühe Neuzeit 63).

Sowinski, Bernhard: Lehrhafte Dichtung des Mittelalters. Stuttgart 1971.

Specht, Rainer: Über Polignacs »Antilucretius«. In: Epirrhosis. Festgabe für Carl Schmitt. Hg. von Hans Barion u. a. Berlin ²2002, S. 697–707.

Steiner, Uwe: Poetische Theodizee. Philosophie und Poesie in der lehrhaften Dichung im achtzehnten Jahrhundert. München 2000.

Strauß, David Friderich: Leben und Schriften des Dichters und Philologen Nicodemus Frischlin. Ein Beitrag zur deutschen Culturgeschichte in der zweiten Hälfte des sechszehnten Jahrhunderts. Frankfurt am Main 1856.

Strein, Jürgen: Die deutschsprachigen Lehrdichtungen des Johannes Posthius. In: Daphnis 22 (1993), S. 473–485.

Stückelberger, Alfred: Lucretius reviviszenz. Von der antiken zur neuzeitlichen Atomphysik. In: Archiv für Kulturgeschichte 54 (1972), S. 2–25.

Stukenbrock, Anja: Sprachnationalismus. Sprachreflexion als Medium kollektiver Identitätsstiftung in Deutschland (1617–1945). Berlin/New York 2005 (Studia linguistica Germanica 74).

Telle, Joachim: Alchemie und Poesie. Deutsche Alchemikerdichtung des 15. bis 17. Jahrhunderts. Untersuchungen und Texte. Mit Beiträgen von Didier Kahn und Wilhelm Kühlmann. 2 Bde. Berlin/Boston 2013.

Thomke, Hellmuth: Medizin und Poesie. Fabricius Hildanus als Dichter. In: Respublica Litteraria. Die Institutionen der Gelehrsamkeit in der frühen Neuzeit. Hg. von Sebastian Neumeister und Conrad Wiedemann. 2 Tle./Bde. Wiesbaden 1987 (Wolfenbütteler Arbeiten zur Barockforschung 14), Tl./Bd. 2, S. 431–442.

Todorov, Almut: Gedankenlyrik. Die Entstehung eines Gattungsbegriffs im 19. Jahrhundert. Stuttgart 1980 (Germanistische Abhandlungen 50).

Toohey, Peter: Epic lessons. An introduction to ancient didactic poetry. London/New York 1996.

Trappen, Stefan: Gattungspoetik. Studien zur Poetik des 16. bis 19. Jahrhunderts und zur Geschichte der triadischen Gattungslehre. Heidelberg 2001 (Beihefte zum Euphorion 40).

Ullrich, Heiko: Vom Kampf ums Überleben zum edlen Wettstreit. Klimatheorie und Lob des Landlebens in Albrecht von Hallers Lehrgedicht *Die Alpen* (erscheint in Sammelband: *Die Alpen in der deutschen Literatur*).

Ulrich, Wolfgang: Studien zur Geschichte des deutschen Lehrgedichts im 17. und 18. Jahrhundert. Diss. Kiel 1960 [gedruckt 1961].

Urban, Ingrid: Antike Dichtung in den weltlichen Liedern des Meistersängers Johannes Spreng. In: Euphorion 4. Folge 55 (1961), S. 146–162.

Vogt-Spira, Gregor: Die Poetik des M. H. Vida und ihre Rezeption in konfessioneller Perspektive. In: Die Europäische Gelehrtenrepublik im Zeitalter des Konfessionalismus. Hg. von Herbert Jaumann. Wiesbaden 2001 (Wolfenbütteler Forschungen 96), S. 203–217.

Vredeveld, Harry: Helius Eobanus Hessus' *Bonae Valetudinis Conservandae Rationes aliquot.* An Inquiry to its Sources, in: Janus 72 (1985), S. 83–112.
Weber, Henri: La Création poétique au XVIe Siècle en France. 2 Bde. Paris 1956.
Weisz, Jutta: Das Epigramm in der deutschen Literatur des 17. Jahrhunderts. Stuttgart 1979 (Germanistische Abhandlungen 49).
Wellmann-Bretzigheimer, Gerlinde: Ovids »ars amatoria«. In: Europäische Lehrdichtung. Festschrift für Walter Naumann zum 70. Geburtstag. Hg. von Hans Gerd Rötzer und Herbert Walz. Darmstadt 1981, S. 1–33.
Wels, Volkhard: Der Begriff der Dichtung in der Frühen Neuzeit. Berlin/New York 2009 (Historia Hermeneutica, Series Studia 8).
West, David: Lucretius and the poetry of argument. In: Renaissance Studies 5 (1991), S. 242–249.
Westermayer, Georg: Jacobus Balde (1604–1668). Sein Leben und seine Werke. München 1868. Neu hg. von Hans Pörnbacher und Wilfried Stroh. Amsterdam & Maarssen 1998 (Geistliche Literatur der Barockzeit. Texte und Untersuchungen. Sonderbd. 3).
Wiegand, Hermann: Hodoeporica. Studien zur neulateinischen Reisedichtung im deutschen Kulturraum im 16. Jahrhundert. Baden-Baden 1984 (Saecula Spiritalia 12).
Wiegand, Hermann: Ad vestras, medici, supplex prosternitur aras. Zu Jacob Baldes Medizinersatiren. In: Udo Benzenhöfer/Wilhelm Kühlmann (Hg.): Heilkunde und Krankheitserfahrung in der Frühen Neuzeit. Studien am Grenzrain von Literaturgeschichte und Medizingeschichte. Tübingen 1992 (Frühe Neuzeit 10), S. 247–269.
Wiegand, Hermann: Deutsch und Latein in der Dichtung der Frühen Neuzeit. Zu zwei poetischen Bearbeitungen eines Heidelberger Schützenfestes von 1554. In: Literatur und Kultur im deutschen Südwesten zwischen Renaissance und Aufklärung. Festschrift für Walter Ernst Schäfer. Hg. von Wilhelm Kühlmann. Amsterdam 1994 (Chloe 22), S. 119–147.
Wiegand, Hermann: Ethnische und religiöse Minoritäten in den Medizinersatiren Jakob Baldes. In: Freyburger/Lefèvre 2005, S. 151–169.
Wiegand, Hermann: Das Hodoeporicon des Johann Caspar Malsch (1673–1742) – ein Spätling der neulateinischen Reisedichtung. In: Gerlinde Huber-Rebenich/Walther Ludwig (Hg.): Frühneuzeitliche Bildungsreisen im Spiegel lateinischer Texte. Weimar/Jena 2007, S. 213–228.
Wiegand, Hermann: Zur Kultur der Jesuiten in der Kurpfalz im 17. und 18. Jahrhundert. In: Die Wittelsbacher und die Kurpfalz in der Neuzeit. Zwischen Reformation und Revolution. Hg. von Wilhelm Kreutz, Wilhelm Kühlmann und Hermann Wiegand. Regensburg 2013, S. 469–491.
Wiegand, Hermann: Die Straßburger Münsteruhr von 1574 im Spiegel der Literatur, Vortragsmanuskript; erscheint in: Ders.: Literarische Streifzüge am Oberrhein. Ubstadt-Weiher (2016).
Wilhelmi, Thomas/Seck, Friedrich: Nikodemus Frischlin (1547–1590). Bibliographie. Unter Mitwirkung von Matthias Irion. Leinfelden-Echterdingen 2004 (Tübinger Bausteine zur Landesgeschichte 4).
Wilson, Dudley: French Renaissance Scientific Poetry. London 1974.
Zegowitz, Bernd: Pietismus light. Abraham Kyburz' Lehrgedicht *Theologia naturalis et experimentalis* (1754). In: Dichtung, Gelehrsamkeit, Disputationskultur. Festschrift für Hanspeter Marti zum 65. Geburtstag. Hg. von Reimund B. Sdzuj, Robert Seidel und Bernd Zegowitz. Wien u. a. 2012, S.182–195.

Zeller, Rosmarie: Wunderzeichen und Endzeitvorstellungen in der Frühen Neuzeit. Kometenschriften als Instrumente von Warnung und Prophezeiung. In: Morgen-Glantz 10 (2000), S. 95–132.

Zeman, Herbert(Hg.): Die Jahreszeiten in Dichtung, Musik und Bildender Kunst. Graz u. a. 1989.

Zimmermann, Christian von: »Wie man den Cometen ... soll betrachten«. Zwei Predigten des Jahres 1618 aus Riga und Magdeburg im Kontext der frühneuzeitlichen Kometenliteratur. In: Iliaster. Literatur und Naturkunde in der frühen Neuzeit. Festgabe für Joachim Telle zum 60. Geburtstag. Hg. von Wilhelm Kühlmann und Wolf-Dieter Müller-Jahncke. Heidelberg 1999, S. 321–344.

Zintzen, Clemens: Epikur in der Renaissance. In: Jahres- und Tagungsbericht der Görres-Gesellschaft 1999, S. 13–38.

Zittel, Claus: La terra trema. Unordnung als Thema und Form im frühneuzeitlichen Katastrophengedicht (ausgehend von Martin Opitz' ›Vesuvius‹). In: Zeitsprünge 12 (2008), S. 385–427.

X Namenregister

Geläufige antike Personen werden gegebenenfalls mit den im Deutschen eingebürgerten Kurzformen ihrer Namen aufgenommen. Das Literaturverzeichnis ist nicht berücksichtigt.

Äsop 16, 22
Aetna-Epos (Pseudo-Vergil) 135 f.
Alard, Wilhelm 16
Alberus, Erasmus 19, 21
Alcimus 78
Alexander von Villa Dei 54
Alphonsus, König von Aragonien 4
Alsted, Johann Heinrich 2
Altenstaig, Johannes 79
Ambrosius 23
Amerbach, Veit 19
Andreae, Johann Valentin 139
Apellus, Josephus (d. i. Eberle, Josef, s. dort)
Arat 13, 31 f., 61, 99
Arator 78
Aristoteles 8, 10–12, 30, 134
Arndt, Johann 88
Augurellus (Augurelli), Johannes Aurelius 4
Augustus, röm. Princeps 145 f. (s. auch. Oktavian)
Aurea Carmina s. Pythagoras
Ausonius 13, 16, 21
Aventinus, Johannes 58
Avienus 21, 31

Bachmann, Konrad 12
Bähr, Nicolaus 150 f.
Baif, Jean-Antoine de 139
Balde SJ, Jacob 24, 143–151
Bargelius, Scipio 4
Bartas s. Du Bartas
Barth, Caspar von 16, 77–82
Basilius von Cäsarea 23, 140
Batteux, Charles 9
Baumgartner, Hieronymus 32
Bayle, Pierre 62
Bebel, Heinrich 79
Belleau, Remy 31
Bergius, Matthias 16
Bernhard von Clairvaux 88

Bidermann SJ, Jacob 135–138
Binding, Rudolf G. 159
Birken, Sigmund von 24, 139
Bisselius SJ, Johannes 24
Boileau, Nicolas 59
Bonincontri, Lorenzo 34
Bourbon, Nicolas 31
Brant, Sebastian 20, 24, 61, 88, 92
Brecht, Bertolt 158
Brockes, Barthold Hinrich 148, 153
Bruno, Giordano 7, 35, 61, 77
Buchanan, George 4, 33, 78
Bucholtz, Andreas Heinrich 41–43

Camerarius d. Ä., Joachim 19, 22, 32, 34
Campanella, Tommaso 7 f.
Candidus, Pantaleon 16, 21 f.
Canitz, Friedrich Rudolf von 134
Capece, Scipio 61
Cato s. Disticha Catonis
Celtis, Konrad 21, 52
Chytraeus, Nathan 23
Cicero 2 f., 5, 31, 105, 110 f.
Claudian 79 f., 140
Colerus, Christopherus 139
Columella 4
Copernicus s. Kopernikus

Däubler, Theodor 158
Dante Alighieri 63, 71
Dasypodius, Konrad 97, 100, 103
Dedekind, Friedrich 92–94
Delius, Matthias 95
Desbillons, François-Joseph Terrasse 153 f.
Diederich von dem Werder 140
Diomedes 10, 12
Dionysios (Perieget) 13, 21
Disticha Catonis 13, 19
Dousa d. J., Janus 4
Draco, Honoratus 112

Namenregister

Du Bartas, Guillaume Salluste 78, 139 f.
Dusch, Johann Jacob 41

Eberle, Josef 159
Ellinger, Andreas 18
Empedocles 3, 5, 13, 29
Epikur 35, 65–67, 70, 81, 154
Episcopius, Johannes 16
Erasmus von Rotterdam 17, 82, 112
Eratosthenes 3, 31
Erwin von Steinbach 99

Fabricius Hildanus s. Fabry, Wilhelm
Fabry, Wilhelm 16, 84–92
Fernel, Jean 145 f.
Fiedler, Felix 21
Finckius, Casparus 12
Fischart, Johann 22, 97
Flaminius, Marcus Antonius 78 f.
Fleming, Paul 55, 77
Fracastoro, Girolamo 4, 11, 37
Freidank 61
Friedrich II., Pfalzgraf und Kurfürst 112
Friedrich IV., Pfalzgraf und Kurfürst 112
Frischlin, Nicodemus 28, 38, 97–104
Fugger, Christoph 30
Furichius, Johannes Nicolaus 117–120

Galen 3, 115 f.
Galilei, Galileo 153
Gerhard, Johann 88
Germanicus 31
Goethe, Johann Wolfgang von 5–9, 154
Goldast von Haiminsfeld, Melchior 58, 61
Gottsched, Johann Christoph 59
Grabitius, Matthias 30
Grat[t]ius 4
Greiffenberg, Catharina Regina von 139
Grimmelshausen, Johann Jacob Christoph von 71
Gruter, Janus 20

Habrecht, Isaac 97, 103
Habrecht, Josias 97
Haecker, Theodor 37
Haller, Albrecht von 135, 153
Hamerling, Robert 158

Harsdörffer, Georg Philipp 1, 4, 16
Hegel, Georg Wilhelm Friedrich 8
Heidecker s. Opsopoeus
Heinrich IV., König von Frankreich 139
Heinsius, Daniel 1, 125
Heliodor 3
Helvicus, Christophorus 12
Henisius (Henisch), Georg 30
Herder, Johann Gottfried 6 f.
Heresbach, Konrad 19
Hesiod 13, 15, 29 f., 37, 61
Hessus, Eobanus 17, 21, 47
Hippokrates 18, 115 f.
Hohberg, Wolf Helmhard von 140–142
Holzmann s. Xylander
Homburg, Ernst Christoph 35
Homer 5, 21, 34 f., 52, 80, 109 f., 134
Horaz 2, 5, 13, 15, 21, 28, 32, 41 f., 48, 54, 65, 74
Hübner, Tobias 140
Hug, Marcellus Aurelius 63
Hutten, Ulrich von 54

Isidor von Sevilla 10
Iuvencus 78

Johann Casimir, Pfalzgraf und Kuradministrator 112

Kästner, Abraham Gotthelf 153
Karl der Große, Kaiser 58
Kleist, Ewald von 9
Klotz, Christian Adolph 47
Knebel, Karl Ludwig von 6 f., 10
Kobell, Franz von 154
Kopernikus, Nikolaus 100
Kuhlmann, Quirinus 77

Laktanz 79
Lauterbach Lusatius, Johannes 16, 18
Lehmann, Christoph 58
Leo X., Papst 4
Lessing 5, 9 f., 47
Lindebergius, Petrus 21
Lipsius, Justus 125, 128
Lisboa, Henricus 131
Locher, Jacob 24
Lubinus, Eilhard 113

Namenregister —— **187**

Ludwig von Anhalt-Köthen 139 f.
Ludwig VI., Pfalzgraf und Kurfürst 112
Lukan 3, 12
Lukian 63
Lukrez 3 f., 6 f., 10 f., 13, 15, 29, 31, 33, 35 f.,
  49, 61, 70, 81, 105, 126, 153
Lundorp (Londorp, Lundorff), Michael
  Caspar 58
Luther, Martin 58, 74, 144

Macer Floridus 3, 12 f.
Maickler, Georg Konrad 28
Maier, Michael 120–123
Major, Johannes 20
Manilius, Marcus 3, 33, 36, 61
Manzolli, Pier Angelo s. Palingenius
Martini, Matthias 16
Martyn, John 39
Masen SJ, Jacob 24, 143
Meineke, Johann Heinrich Friedrich 6
Meißner, Daniel 123
Melanchthon, Philipp 12, 16, 19 f., 23, 29,
  31 f., 37, 95, 109, 112
Merian d. Ä., Matthaeus 120
Micyllus, Jacob 54
Milton, John 71
Mörike, Eduard 20
Morsheim, Johann von 22 f.
Moscherosch, Johann Michael 20, 82 f.
Mühlpfort, Heinrich 35
Mylius, Christlob 153

Naogeorg, Thomas 24–26, 38
Nazarius, Tiberianus 78 f.
Nemesianus 4
Neubeck, Valerius Wilhelm 154
Newton, Isaac 153
Nikander 3, 13, 31

Oktavian 36
Opitz, Martin 1, 5, 15, 19, 125–135, 140
Oppian 3, 10, 13
Opsopoeus, Vincentius 95 f.
Orth, Zacharias 16
Ovid 11–13, 16, 18, 23, 27, 92, 108, 120, 154

Palearius, Antonius 61, 125
Palingenius Stellatus 11, 13 f., 61–78
Palladius Rutilius 4
Paracelsus 115 f.
Pareus, Daniel 61
Parmenides 3, 13, 29
Penot, Bernard Gilles 89
Phaedrus 21
Phokylides 13, 19
Pibrac, Guy du Faur de 19
Pithopoeus, Lambertus 41
Platon 10, 12
Plutarch 134
Poggio Bracciolini, Gian Francesco 33
Polignac, Melchior de 153
Poliziano, Angelo 37
Pontanus SJ, Jacobus 15
Pontano (Pontanus), Giovanni 4, 11, 33 f.,
  36 f.
Pope, Alexander 153
Posthius, Johannes 16, 84, 112
Pracht, Joseph 63
Prudentius 78 f.
Psellus, Michael 104
Pythagoras 13, 19, 134

Quintilian 52

Ramler, Karl Wilhelm 9
Rapin, René 1, 38
Regimen Sanitatis Salernitanum 17
Regiomontanus (d. i. Johannes Müller) 33
Reland, Adrian 6
Ringwaldt, Bartholomäus 82 f.
Rollenhagen, Georg 22, 77
Ronsard, Pierre de 139
Rudolf I., Kaiser 58
Rückert, Friedrich 154

Sabinus, Georg 16
Sallet, Friedrich von 158
Scafe, John 6
Scaliger, Julius Cäsar 10 f., 51, 62, 78 f.
Scheidt, Caspar 92–94
Schelling, Friedrich Wilhelm Joseph 154
Schiller, Friedrich 154
Schimper, Friedrich 154–158

Schisling, Franz 63
Schottelius, Justus Georg 54–59
Schröder, Rudolf Alexander 15
Seneca 134
Serenus Sammonicus, Quintus 3, 12 f.
Servilius 3
Servius 10
Sixtus V., Papst 145 f.
Smetius, Henricus 112–115
Span von Spanau, Laurentius 18, 115 f.
Spitteler, Carl 158
Spreng, Johannes 63–77
Stiefel, Michael 144
Stimmer, Tobias 97, 103
Stoltz von Stoltzenberg, Daniel 123

Tacitus 134
Terentianus Maurus 54
Theognis 13, 19 f., 77
Thomson, James 10
de Thou (Thuanus), Jacques Auguste 4
Toxites, Michael 117
Trajan, röm. Kaiser 145 f.

Ungnad, Hans 63

Vadian, Joachim 10
Vanière, Jacques 38
Varro 13
Vergil 3 f., 9–11, 13, 15, 21, 29, 31, 35–37, 39 f., 47, 52 f., 61, 63, 80, 99, 126, 132, 140
Vesalius, Andreas 145
Vida, Marco Girolamo 4, 11–13, 31, 37, 44–54, 61, 78 f.
Voss, Johann Heinrich 6
Vossius, Isaac 61
Walahfrid Strabo 12
Waldis, Burkard 21
Wickram, Gregorius 95 f.
Wieland, Christoph 154
Wimpfeling, Jacob 18
Winsbecke 61
Wolff, Christian 153

Xenophanes 29
Xylander, Wilhelm 104–111

Zincgref, Julius Wilhelm 139

www.ingramcontent.com/pod-product-compliance
Lightning Source LLC
Chambersburg PA
CBHW020844160426
43192CB00007B/771